中国慈善事业行政监管论纲

陈为雷 著

国家社科基金后期资助项目
『中国慈善事业整体性监管体制研究』
（17FSH014）阶段性成果

山东人民出版社·济南
国家一级出版社 全国百佳图书出版单位

图书在版编目（CIP）数据

中国慈善事业行政监管论纲 / 陈为雷著．-- 济南 ：山东人民出版社，2018.12

ISBN 978-7-209-11884-2

Ⅰ．①中… Ⅱ．①陈… Ⅲ．①慈善事业－监督管理－研究－中国 Ⅳ．① D632.1

中国版本图书馆 CIP 数据核字（2018）第 296123 号

中国慈善事业行政监管论纲

ZHONGGUO CISHAN SHIYE XINGZHENG JIANGUAN LUNGANG

陈为雷　著

主管单位　山东出版传媒股份有限公司

出版发行　山东人民出版社

出 版 人　胡长青

社　　址　济南市英雄山路 165 号

邮　　编　250002

电　　话　总编室（0531）82098914

　　　　　市场部（0531）82098027

网　　址　http://www.sd-book.com.cn

印　　装　山东临沂新华印刷物流集团有限责任公司

经　　销　新华书店

规　　格　16 开（169mm × 239mm）

印　　张　13.75

字　　数　220 千字

版　　次　2018 年 12 月第 1 版

印　　次　2018 年 12 月第 1 次

印　　数　1—1000

ISBN 978-7-209-11884-2

定　　价　36.00 元

目 录

第一章

慈善事业行政监管的特征、目标和功能

中国的慈善事业历史悠久，源远流长。改革开放以来，民众日益增长的社会服务需求同供给之间存在缺口，与此同时，随着我国经济、政治和社会领域的改革，慈善组织在满足民众需求方面发挥了重要作用。党和国家作出了一系列决策和部署，慈善事业获得了极大发展，但同时要看到，由于监管不到位和慈善组织自身原因，慈善组织的公信力降低，一度出现“郭美美炫富事件”“嫣然天使基金风波”等慈善丑闻，导致公众对慈善组织的信任出现危机，阻碍了慈善组织的发展壮大，也成为社会发展的不和谐因素。因此，当前需要加强慈善事业行政监管，提高慈善事业的公信力，保障捐赠人的权利，促进慈善事业可持续发展。

第一节　慈善事业行政监管的含义与特征

什么是慈善事业行政监管？它有哪些特征？这是首先需要解决的问题。

一、慈善事业行政监管的含义

慈善事业行政监管，是指县级以上人民政府民政部门和其他有关部门对慈善活动的监督检查，以及对慈善组织遵守法律法规情况的监督和管理。慈善事业行政监管是一个有机的系统，包括以下几个方面的内容：

（一）慈善事业行政监管的主体

2016年9月1日施行的《中华人民共和国慈善法》（以下简称《慈善法》）第六条规定："国务院民政部门主管全国慈善工作，县级以上地方各级人民政府民政部门主管本行政区域内的慈善工作；县级以上人民政府有关部门依照本法和其他有关法律法规，在各自的职责范围内做好相关工作。"根据规定，县级以上人民政府民政部门和其他有关部门是慈善事业行政监管的主体。此前《社会团体登记管理条例》《民办非企业单位登记管理暂行条例》《基金会管理条例》等行政法规规定了慈善组织的双重管理体制，即慈善组织受业务主管部门和登记管理部门的双重监管。《慈善法》则明确，"设立慈善组织，应当向县级以上人民政府民政部门申请登记"，这样就在法律上取消了慈善组织双重管理体制。民政部门对慈善事业有管理和监督两种职能，管理职能更多地体现在慈善组织的资格认定环节，而监督职能则更多地体现在资格认定后的各个环节。

慈善监管中的其他有关部门包括财政、税务、审计等部门。财政部门统一监（印）制捐赠票据，对慈善组织领用（购）、使用、保管捐赠票据进行监督检查。例如，在慈善组织领用捐赠票据时财政部门要审核慈善组织提供的申请材料，对符合公益事业捐赠票据管理规定的申请，予以核准，办理财政票据领用（购）证，并发放公益事业捐赠票据。① 财政部门在慈善监管中的职责还体现在购买慈善服务以及资助支持慈善组织发展方面，财政部门有作为合作方来监督慈善活动相关组织和相关人士的权力，也有作为出资方来评估慈善活动效果的权力。② 税务部门对慈善活动和慈善组织涉及税收事务具有监管职责。依法确认免税资格、依法给予税收优惠是税务部门的工作职责；税务部门对获得税收优惠的慈善组织有审查义务，也有权力审查慈善组织的备案登记记录。税务部门还有权查处弄虚作假骗取税收优惠的慈善组织。政府审计部门主要负责各级政府部门和所有企事业单位的审计监督工作，在慈善活动中，审计部门要对涉及政府资金的慈善项

① 《财政部、民政部关于进一步明确公益性社会组织申领公益事业捐赠票据有关问题的通知》（财综〔2016〕7号），中华人民共和国财政部网站（http：//www.mof.gov.cn/zhengwuxinxi/caizhengwengao/wg2016/wg201604/201608/t20160812_2387091.html）。

② 郑功成主编：《慈善事业立法研究》，北京：人民出版社2015年版，第246页。

目和相关慈善组织进行审计。《慈善法》还规定：具有公开募捐资格的慈善组织的财务会计报告须经审计。

（二）慈善事业行政监管的客体和内容

慈善事业行政监管的客体是慈善活动和慈善组织。《慈善法》第九十二条规定："县级以上人民政府民政部门应当依法履行职责，对慈善活动进行监督检查，对慈善行业组织进行指导。"开展慈善活动的主体既包括慈善组织，也包括自然人和其他组织。慈善组织通过募捐、提供慈善服务开展慈善活动，自然人、法人和其他组织可以通过捐赠财产或者提供服务开展慈善活动。因此，对慈善活动的监管就包括监管慈善组织开展的慈善活动、自然人开展的慈善活动和其他组织开展的慈善活动。

慈善行政监管的另一重点是慈善组织。慈善组织是慈善事业和从事慈善活动的核心主体，对慈善事业的行政监管也必然要以依法成立的慈善组织为主要对象，包括慈善组织及其负责人或法人。未登记的小型慈善组织、社区或单位慈善组织以及非慈善组织开展的慈善活动，则不属于慈善组织监管的范畴，它主要通过上文提及的对慈善活动的监督来履行监管职责。对依法成立的慈善组织与非登记的小型慈善组织等则加以区别对待。这符合国际通行的"抓大放小"的监管做法，既有利于调动人人向善、人人行善，又可以集中监管力量来确保依法成立的慈善组织更加健康、有序地发展壮大。①

（三）慈善事业行政监管的目标

慈善事业行政监管的目标有：通过行政监管，规范慈善活动，使自然人、法人和其他组织开展的慈善活动符合法规政策的要求；监督慈善组织，使其遵守法规政策，按章程规定开展活动；通过行政监管，维持慈善事业的秩序和社会秩序，保护慈善组织、捐赠人、志愿者、受益人等慈善活动参与者的合法权益，促进社会进步，共享发展成果。

（四）慈善事业行政监管的方式

慈善行政监管有许多方式，包括资料审查、现场检查、年度检查、规范内部管理、调查、查询慈善组织的金融账户、明确信息披露、评估、行

---

① 郑功成主编：《慈善事业立法研究》，北京：人民出版社2015年版，第249页。

政处罚、财务审查和税务审查等。

二、慈善事业行政监管的特征

同慈善组织内部治理和社会监督相比，慈善事业行政监管具有以下特征：

（一）慈善事业行政监管的合法性

国务院《全面推进依法行政实施纲要》明确提出要合法行政：行政机关实施行政管理，应当依照法律、法规、规章的规定进行；没有法律、法规、规章的规定，行政机关不得作出影响公民、法人和其他组织合法权益或者增加公民、法人和其他组织义务的决定。[①] 对慈善活动和慈善组织进行行政监管是政府的一项职能，这是由法律法规明确规定的。慈善事业行政监管的合法性体现在以下几个方面：

1. 主体合法

主体合法，是指进行行政监管的组织必须具有相应的监管资格，能以自己的名义作出行政监管行为，并能独立承担法律责任。根据《慈善法》和有关法律法规规定，能够进行慈善事业行政监管的组织是民政部门和其他有关部门。慈善事业行政监管通常是由监管机关的具体工作人员实施，因此这些工作人员履行行政监管职责，应具备法定条件。只有这样，才能保证行政监管合法有效。

2. 行为合法

行为合法要求慈善事业行政监管行为有确凿的证据证明，有充分的事实根据；监管有明确的依据，正确适用法律、法规、规章和其他规范性文件；监管必须公正、合理，符合立法目的和立法精神。

3. 职权合法

行政职权是指行政机关依法享有的、对于某一行政领域或某个方面行政事务实施行政管理活动的资格及其权能。[②] 行政职权是国家行政权的具体

---

① 《国务院关于印发全面推进依法行政实施纲要的通知》（国发〔2004〕10号），中华人民共和国中央人民政府网站（http：//www. gov. cn/ztzl/yfxz/content_374160. htm）。

② 莫于川：《行政职权的行政法解析与建构》，《重庆社会科学》2004年第1期。

配置和转化，是具体分配到特定行政主体的国家行政权，突出的是权力性特征。慈善事业行政监管机关必须享有法律法规规定的职权，监管必须在法定的权限范围内实施。监管机关的职权是法律明文规定的，监管机关不得自我授权，更不得越权。监管机关的立法权不仅要受到授权、职权限制，而且要受到法律保留、法律优先原则的限制。同时，政府进行慈善事业行政监管不得滥用职权。

4. 程序合法

程序是实施监管所经过的步骤、时限、方式等。所有行政行为均须通过一定的程序表现出来，没有脱离程序的行政行为。行为的程序是否合法，影响着行政行为实体的合法性。慈善事业行政监管程序合法要求监管符合行政程序法确定的基本原则和制度，监管符合法定的步骤和顺序，监管必须在法定期限内完成。程序正当是依法行政的基本要求。行政机关实施行政管理，必须严格遵循法定程序，依法保障行政管理相对人、利害关系人的合法权益。《中华人民共和国行政处罚法》（以下简称《行政处罚法》）第三十七条规定："行政机关在调查或者进行检查时，执法人员不得少于二人，并应当向当事人或者有关人员出示证件。"《慈善法》第九十四条规定："县级以上人民政府民政部门对慈善组织、有关单位和个人进行检查或者调查时，检查人员或者调查人员不得少于二人，并应当出示合法证件和检查、调查通知书。"以上法律对程序合法作出了明确规定。

5. 形式合法

慈善事业行政监管行为的意思表示，必须借助于一定的载体才能为慈善组织、捐赠人、志愿者、受益人等慈善活动参与者所知晓，这种载体就是行政监管的形式。法律从严格执法和保护慈善组织、捐赠人、志愿者、受益人等慈善活动参与者的角度出发，往往对行政监管作出严格的规定。如果慈善事业行政监管不具备法定形式，则构成违法。

（二）慈善事业行政监管的权威性

慈善事业行政监管具有很强的权威性，这种权威性体现在以下几个方面：

第一，慈善事业行政监管是立法机关通过法律授权行政机关实施的，因而这是代表公众利益的行为。

第二，慈善事业行政监管是由民政部门和其他有关部门进行的监管，而这些部门代表公共利益，拥有强制权和处罚权，这些权力是由《慈善法》和有关法律法规明确授予的。慈善组织、捐赠人、志愿者、受益人等慈善活动参与者必须服从并配合监管机关的行政监管行为。否则，监管机关将予以制裁或强制执行。

第三，慈善事业行政监管职权沿着科层体系自上而下流动。监管机关有不同层次和级别，各级监管机关构成一个科层体系，其权力的流动是自上而下的，在慈善事业行政监管中，科层体系中的下级在上级的领导和指导之下进行监管，相对于下级，上级具有权威性。

第四，政府往往是慈善组织、捐赠人、志愿者、受益人等慈善活动参与者利益的仲裁者和协调者，能够维护慈善组织和有关慈善活动参与者的利益，从而得到它们的承认，因而具有权威性。

第五，慈善事业行政监管具有单方意志性。在慈善事业行政监管中，监管机关不必与行政相对方——慈善组织、捐赠人、志愿者、受益人等慈善活动参与者协商或征得其同意，即可依法自主作出监管行为。这种单方意志性与强制性是紧密联系在一起的，没有行政行为的强制性，就无法实现行政监管的单方意志性。

(三) 慈善事业行政监管的专业性

慈善事业行政监管涉及不同部门，每个部门所负责的工作都具有极强的针对性和专业性。例如，民政部门负责登记、年检等工作，税务部门负责财务审核，尤其是税务部门的监管体现了明显的专业性。近年来，慈善组织所发生的违法行为大多和财务有关，而对财务报表的审核具有较强的专业性，要由税务机关来完成。当前，对慈善组织、捐赠人、志愿者、受益人等慈善活动参与者的监管向专业化发展的一个标志是民间第三方评估机构参与对慈善组织的评估。

(四) 慈善事业行政监管的自由裁量性

从一般语义来看，裁量是指根据自己的理解作出判断和处置。在法律意义上，行政裁量是指行政主体及其工作人员根据法律法规所设定的范围、限度乃至标准或者原则，按照自己的理解作出判断和处置的方式、方法或者形态。[1] 慈善事业行政监管具有一定的自由裁量性，这是由立法者认知能力的局限，不确定概念的表述，固定规范与流动现实的矛盾，执行人员的个人原因，行政管理的广泛性、变动性、应变性所决定的。当然，任何权力都可能被滥用，尤其是没有获得及时、全面而有效监督的权力，很有可能会蜕变为腐败的温床。因此，对包括行政裁量权在内的任何权力都应该予以必要的限制。

第二节　慈善事业行政监管的理念、目标与功能

慈善事业行政监管理念是指统领慈善事业行政监管的指导思想，可以说，有什么样的慈善监管理念就有什么样的慈善监管制度安排。慈善事业行政监管的目标是监管要达到的结果和标准，可以将其归结为维护慈善组织、捐赠人、志愿者、受益人等慈善活动参与者的基本权利，维持慈善事业秩序以及社会秩序。

一、慈善事业行政监管的理念

国外的慈善事业监管理念有两种：控制理念和自由理念。实证主义法律观念主张公民权利源于法律授予，没有授权的行为即为禁止性行为，应予以禁止。根据这种观念，政府对组织资格的获得、组织的形式、组织的宗旨进行规定，没有得到政府许可的慈善组织就是非法组织。在控制理念之下，慈善组织监管的进路就是一种组织的进路，政府垄断组织合法性的资源，设置慈善组织准入的门槛，控制、引导慈善组织的发展。通常所说的“预防制”大体上就是这样的进路，目前依然被亚洲部分国家所采用。全能国家对国家安排社会生活的能力充满自信，确信国家可以合理安排社会生活，自然也可以安排社团和非政府组织事务。在这种观念的指导下，国家不但计划经济，而且计划社会。转型之前的社会主义国家大体上就是这种进路。

自由理念的基础是自然权利和人民主权，认为公民权利是政府权力的

---

① 杨建顺：《行政裁量的运作及其监督》，《法学研究》2004 年第 1 期。

根源，公民个人权利和自由对于政府权力具有先在的意义。只要没有代表公民意志的法律的禁止，不违反法律的规定或损害他人的权利和自由，公民就有权自主从事任何事情。按照这样的逻辑，政府对公民的结社活动总体上持放任态度，认为它属于意思自治和契约自由的领域，不加干涉。政府对慈善组织在资格准入、具体组织方式方面也没有多少限制。但是慈善组织一旦由私人自主领域进入公共活动领域，比如要募集资金，就要取得某种形式的许可，并且要符合相应的条件。要取得法人资格，就应当符合法人成立的条件，并履行法人登记手续。要享受税收优惠，财务制度就应符合会计准则的要求，并履行相应的程序。在这样的逻辑之下，对慈善组织管理采取的是行为的进路，即视慈善组织的行为和个人行为无异，根据行为的性质，而不是根据组织的性质来确定行为的责任。通常所说的“追惩制”就是这样的进路。欧盟国家和美国基本上遵循这样的思路。①

以上两种监管理念和思路都是理想类型，现实中多是以上两种理念和思路的变形或混合。在不同的发展阶段，中国政府对慈善事业的监管理念不同。新中国成立以来我国慈善事业行政监管的历史表明，中国慈善事业监管理念经历了从严格控制、分类控制到当前的分类发展的演变。

（一）控制

政府对慈善事业的监管深受历史及现实的影响。历史上，广大民众反抗统治者的工具之一就是结社，结社往往带有浓厚的“民反官”的色彩，人们的思想中遗留了结社等同于与政府对抗的印迹。因此，在政府眼中，结社会导致社会秩序混乱，特别是结社自由中蕴含的个人表达和行动能量的乘积效应使其包含着政府无法控制的巨大社会力量，这种力量可能在某些情况和条件下对社会稳定构成威胁。受此影响，1949 年新中国成立后，政府对旧有的慈善机构进行接收、改造和调整，从而巩固新生政权建设，维护整个社会秩序。1950 年，政务院制定了《社会团体登记暂行办法》，确立了一系列关于社会团体的问题。同时，政府通过一系列措施削弱社会团

① 刘培峰：《非营利组织管理模式的思考》，《北京师范大学学报（社会科学版）》2012 年第 2 期。

体的社会基础。首先，以多党合作制度把各种政治性团体纳入其中，使社会团体成为政治力量的基础；其次，建立高度集中的计划经济体制，控制了全部的社会资源，社会团体因缺少资源而失去了存在的经济基础；再次，通过单位和集体组织功能泛化，把个人的经济与生活纳入其中，个人的社会需要通过单位和集体组织来实现，从而使社会团体丧失了社会基础；最后，国家对那些不符合其要求的社会团体予以取缔和改革，慈善组织便属于此类。整个计划经济时期慈善事业的监管贯穿了严格控制的理念。从现实来看，改革开放后的一段时间，中国处于经济社会转型时期，以经济建设为中心保持社会秩序的稳定是国家发展大计，在此背景下需要一个具有高度权威的政府，尽量克服地方分散主义，优化资源配置。因此，对于结社自由对社会稳定的作用易于从消极方面去理解。受这一“秩序中心主义”观念的影响，从维护和保障社会秩序稳定的角度出发，对社团和结社自由采取了抑制政策。[①]

1989 年，国务院发布了《社会团体登记管理条例》，重申并具体规定了由登记管理机关和业务主管部门共同负责核准登记的社会团体的监督管理。1998 年 10 月，国务院发布了新的《社会团体登记管理条例》和《民办非企业单位登记管理暂行条例》，在制度上对双重管理体制作出了更加明确和精致的规定。双重管理虽然对社会组织的成立设立了门槛，但与严格控制不同，它体现和贯彻了分类控制的理念。这种理念主张，政府为了自身利益，根据慈善组织提供的公共物品，对不同的慈善组织采取不同的控制策略。这是一套国家利用“非政府方式”，在新的经济环境中，对社会实行全面控制、为社会提供公共物品的新体制。[②] 分类控制理念指导下的双重管理体制的建构从根本上说源于中国慈善组织“先发展、后管理”的现实，是在存在大量已经成立并得到相关政府部门支持的慈善组织的情况下，推行统一登记制度时政府部门之间彼此妥协的结果。[③] 这种妥协体现在部门利益和

---

① 盖威：《市民社会视角的中国社团立法研究》，复旦大学博士学位论文，2010 年，第 150 ~ 151 页。

② 康晓光、韩恒：《分类控制：当前中国大陆国家与社会关系研究》，《社会学研究》2005 年第 6 期。

③ 王名、刘求实：《我国社会组织管理体制的形成及其改革建议》，载陈金罗、刘培峰主编《转型社会中的非营利组织监管》，北京：社会科学文献出版社 2010 年版，第 53 页。

监管分工上。从部门利益角度考虑，政府既要发展慈善组织，又要对其加以管理，这时政府首先强调管理责任。而管理就要有权限和责任，尤其是要尽量规避风险和责任，把风险和责任降到最低。在这种情况下，双重管理可起到分担责任、规避风险的作用。这对登记管理部门和业务主管部门都是较好的选择，尽管可能不是最优的选择。双重管理体制还体现了部门与部门之间利益的妥协。一些慈善组织是由政府相关部门支持成立的。在这种情况下，一下子斩断这些部门同这些组织的联系，等于侵犯这些部门的利益。因此，在法律法规出台的过程中，这些部门就要积极争取自己的利益，双重管理就是部门妥协的结果。从监管分工角度看，业务主管部门具有专门技术和专业上的优势，对慈善组织的业务比较熟，可以较好地监控慈善组织的活动，并在必要时给予指导。登记管理部门则负责对慈善组织的形式进行审查，看其是否具备形式上慈善组织的各种要件，起到把关者的作用。这样“双管齐下”，可以实现各自的目标，而且能够把风险降到最低。不过这种监管模式也存在着非预期后果，也就是存在过度监管和监管缺位的现象，不利于慈善组织的培育和发展。在很多情况下，一些部门出于自身利益的考虑，或者出于“宁肯不干事，也不要出事”的观念，对慈善组织的发展采取不理不睬的态度，既不支持也不反对，但就是不登记、不注册，迫使这些慈善组织转而向工商部门登记，从而形成了目前大量的在工商部门登记注册的社会公益组织。据俞可平估计，在中国实际存在的慈善组织可能超过 300 万个，且年均增长率在 8% ~10%。这意味着，近九成民间组织处于“非法状态”，从而使得大量的慈善组织游离于政府监管之外，处于非法地位，[①] 为慈善组织健康长久稳定发展埋下一定隐患。

（二）培育和发展

自从双重管理体制确立以来，它就成为我国慈善监管的基本体制。近几年来，贯穿这种双重管理体制的理念开始被突破，从强调控制向强调发展方向转变。这里的发展不是普遍发展而是一种分类发展，因此这种理念

---

① 谭日辉：《社会组织发展的深层困境及其对策研究》，《湖南师范大学社会科学学报》2014 年第 1 期。

可称之为分类发展与培育理念。如前所述，在中国，政府对慈善组织的控制在于担心慈善组织这种体制外力量会对社会的稳定产生影响，因此存在控制需求。与此同时，政府又存在对慈善组织的资源需求，希望通过慈善组织来获取更多的体制外资源。在政府的偏好结构中，控制需求优先于资源需求。但当政府执政能力和执政方式的“先进性”不断提高、民众对政府的福利要求不断增大、慈善组织主动采取“依附”策略以及慈善组织在福利制度中发挥的作用越来越重要的情况下，政府对体制外力量威胁自身统治的担心程度会下降，而推动慈善组织发展的积极性会提高。这时，政府对慈善的监管理念就会由控制转变为发展和培育。

从控制到发展理念的转变，主要基于以下几个方面的原因：

第一，慈善组织采取“依附”策略，增强了政府的“有机信任”。政府对慈善组织的信任程度越高，就越有可能不断供给有利于慈善组织发展的各种制度和政策。慈善组织通过主动依附政府，使自己的目标与政府的预期保持一致，从而使政府增强了对慈善组织的信任。

第二，政府对慈善组织的过度介入会影响慈善组织获取的资源总量，因此，政府存在主动对慈善组织让渡权力的动力。当前，慈善组织动员社会资源离不开政府认可，官办慈善组织往往依赖政府行政动员体系。但政府的过度介入会使慈善组织的“政府性”严重超过“社会性”，从而使慈善组织实际成为“二政府”，这会极大地影响捐赠人（特别是企业家）的信任，从而使慈善组织失去企业这块巨大的潜在资源。因此，当政府的介入严重影响慈善组织的资源获取能力时，政府会主动约束自己的干预，赋予慈善组织更多的自主性。

第三，慈善组织在福利制度体系中的重要性增大会促使政府对慈善组织进行更多的权力让渡。福利多元主义是中国福利制度改革的主要方向，慈善组织是重要的福利提供主体，在福利输送体系中占据重要位置。改革开放后，中国社会的主要矛盾几经变化，人民日益增长的物质文化需要同落后的社会生产之间的矛盾成为一段时间的主要矛盾。面对民众日益增长的需求，政府由于财政力量难以满足，需要依靠慈善组织提供一定的社会服务。当整个社会的福利供给与需求失衡需要慈善组织来弥补时，政府就会对非营利组织进行权力让渡。当前我国社会主要矛盾已经转化为人民日益增长的美好生活需要和不平衡不充分的发展之间的矛盾，需要完善慈善事业制度，调动包括慈善组织在内的社会力量为全面建成小康社会而努力。

第四，中国目前还处于急剧的社会转型过程中，以协助解决社会问题、推行社会服务和促进社会稳定为目的的非营利组织十分符合政府“构建和谐社会”的治理目标。政治上与政府目标保持一致，使得政府会积极推动慈善组织的发展，以便更好地发挥慈善组织的作用。①

政府对慈善组织进行培育和推动的最主要形式是不断供给有利于慈善组织发展的制度。对于慈善组织来说，政府的制度推动是决定性的，因为在中国，政府是制度供给最重要的主体。政府对慈善组织的制度推动表现为权威政治话语的肯定（如国家领导人的肯定性讲话或官方主流媒体的支持性报道）和法律法规的出台。1999 年 6 月 28 日，第九届全国人民代表大会常务委员会第十次会议通过了《中华人民共和国公益事业捐赠法》（以下简称《公益事业捐赠法》），这是 1949 年之后第一部关于捐赠方面的法律。2000 年 12 月 25 日，国务院印发了《关于完善城镇社会保障体系的试点方案》，指出：“大力发展慈善机构、服务于贫困家庭的基金会等非营利机构。非营利机构用于公益事业的支出，可按税法有关规定在缴纳企业所得税前扣除；企业和个人向慈善机构、基金会等非营利机构的公益、救济性捐赠，可全额在税前扣除。”② 2001 年 1 月 15 日，财政部、国家税务总局、海关总署联合发布了《扶贫、慈善性捐赠物资免征进口税收暂行办法》。2004 年，党的十六届四中全会作出的《中共中央关于加强党的执政能力建设的决定》提出：“健全社会保险、社会救助、社会福利和慈善事业相衔接的社会保障体系。”③ 2005 年国务院政府工作报告提出：“支持慈善事业发展。”④ 慈善事业首次出现在政府文件中。2006 年 10 月 11 日，党的十六届六中全会通

① 苏永华：《“依附式”合作与双重推动：中国慈善组织与政府、企业的关系研究》，厦门大学硕士学位论文，2007 年，第 59 ~ 60 页。

② 国务院：《国务院关于印发完善城镇社会保障体系试点方案的通知》（国发〔2000〕42 号）中华人民共和国国务院办公厅网站（http：//www. gov. cn/xxgk/pub/govpublic/mrlm/201011/t20101112_62507. html）。

③ 《中共中央关于加强党的执政能力建设的决定》，《人民日报》2004 年 9 月 27 日，第 1 版。

④ 《2005 年国务院政府工作报告》，中华人民共和国中央人民政府网站（http：//www. gov. cn/test/2006 - 02/16/content_201218. htm）。

过的《中共中央关于构建社会主义和谐社会若干重大问题的决定》提出："适应人口老龄化、城镇化、就业方式多样化，逐步建立社会保险、社会救助、社会福利、慈善事业相衔接的覆盖城乡居民的社会保障体系。""发展慈善事业，完善社会捐赠免税减税政策，增强全社会慈善意识。""发展和规范各类基金会，促进公益事业发展。"[①] 2007 年，党的十七大报告明确肯定慈善事业是社会保障体系的补充[②]。2010 年，党的十七届五中全会提出："大力发展慈善事业。"[③] 2012 年，党的十八大报告提出要"支持发展慈善事业"[④]。2013 年，党的十八届三中全会通过的《中共中央关于全面深化改革若干重大问题的决定》指出："完善慈善捐助减免税制度，支持慈善事业发挥扶贫济困积极作用。""激发社会组织活力。正确处理政府和社会关系，加快实施政社分开，推进社会组织明确权责、依法自治、发挥作用。适合由社会组织提供的公共服务和解决的事项，交由社会组织承担。支持和发展志愿服务组织。限期实现行业协会商会与行政机关真正脱钩，重点培育和优先发展行业协会商会类、科技类、公益慈善类、城乡社区服务类社会组织，成立时直接依法申请登记。"[⑤] 2015 年，党的十八届五中全会将"共享"作为新时期必须坚持的重要发展理念，将"支持慈善事业发展，广泛动员社会力量开展社会救济和社会互助、志愿服务活动。完善鼓励回馈社会、扶贫济困的税收政策"作为"坚持共享发展，着力增进人民福祉"的重要内容。[⑥] 2017 年 10 月，党的第十九大报告提出："完善社会救助、社会福利、慈善事业、优抚安置等制度，健全农村留守儿童和妇女、老年人关爱服务体系。"[⑦] 为了促进慈善事业发展，2014 年 11 月 24 日，国务院专门发布了

---

① 《中共中央关于构建社会主义和谐社会若干重大问题的决定》，新华社，2006 年 10 月 18 日。

② 胡锦涛：《高举中国特色社会主义伟大旗帜 为夺取全面建设小康社会新胜利而奋斗——在中国共产党第十七次全国代表大会上的报告》，新华社，2007 年 10 月 24 日。

③ 《中共中央关于制定国民经济和社会发展第十二个五年规划的建议》，新华社，2010 年 10 月 27 日。

④ 胡锦涛：《坚定不移沿着中国特色社会主义道路前进 为全面建成小康社会而奋斗——在中国共产党第十八次全国代表大会上的报告》，新华社，2012 年 11 月 17 日。

⑤ 《中共中央关于全面深化改革若干重大问题的决定》，新华社，2013 年 11 月 15 日。

⑥ 《中共中央关于制定国民经济和社会发展第十三个五年规划的建议》，新华社，2015 年 11 月 3 日。

⑦ 习近平：《决胜全面建成小康社会 夺取新时代中国特色社会主义伟大胜利——在中国共产党第十九次全国代表大会上的报告》，《人民日报》2017 年 10 月 28 日，第 1 版。

《国务院关于促进慈善事业健康发展的指导意见》，该意见指出：鼓励支持与强化监管并重，推动慈善事业健康发展，到2020年，慈善监管体系健全有效，扶持政策基本完善，体制机制协调顺畅，慈善行为规范有序，慈善活动公开透明，社会捐赠积极踊跃，志愿服务广泛开展，全社会支持慈善、参与慈善的氛围更加浓厚，慈善事业对社会救助体系形成有力补充，成为全面建成小康社会的重要力量。① 2016年3月16日，第十二届全国人大第四次会议审议通过了《中华人民共和国慈善法》，并已于2016年9月1日施行。《慈善法》是社会领域的重要法律，是慈善制度建设的基础性、综合性法律。随后，民政部公布了《慈善组织认定办法》《慈善组织公开募捐管理办法》《公开募捐平台服务管理办法》等部门规章和政策，同时，与《慈善法》配套的其他法规政策正在修订和完善之中。由是观之，慈善组织发展“政策利好”，空间越来越大。② 政府对慈善组织的制度供给直接决定了后者的生存和发展空间。在一般情况下，政府的制度供给会呈现“刚性”特点，即政府供给的制度总量会不断增加，制度会越来越完善。并且，以后的政府制度供给应主要表现为慈善相关法律法规的不断出台。

二、慈善事业行政监管的目标

（一）维护慈善活动参与者的基本权利

慈善事业行政监管的一个目标在于规范慈善组织、捐赠人、志愿者、受益人等慈善活动参与者的活动，维护慈善活动参与者的基本权利。公民有参与慈善事业的自由，这种自由受国家宪法的保障。但是公民的组织并不总是积极的。接受政府资助和社会捐赠的慈善组织有可能滥用慈善资源，造成腐败。例如，1992年，《华盛顿邮报》首先揭露联合之路总裁威廉·阿拉莫尼用慈善捐款包养情人、谋取私利的内幕。后经媒体证实，阿拉莫尼挪用总额达60万美元的善款用于和年轻情人到尼罗河旅游、购买豪华别墅和其他奢侈物品。丑闻曝光后，阿拉莫尼于1995年被判处7年监禁。在

---

① 《国务院关于促进慈善事业健康发展的指导意见》（国发〔2014〕61号），中华人民共和国中央人民政府网站（http：//www. gov. cn/zhengce/content/2014－12/18/content_9306. htm）。

② 谭日辉：《社会组织发展的深层困境及其对策研究》，《湖南师范大学社会科学学报》2014年第1期。

1992 年美国联合之路劝募丑闻案后，美国国会在 1996 年通过法案，规范慈善团体主管人员的薪资和津贴，并且要求非营利组织必须将 990 报表向社会大众公开，表中需反映慈善组织资产收入、支出以及人员薪金情况，包括机构前 5 名收入最高成员的名单、前 5 名支付最高的合同名单以及与所有董事会成员有关的金融交易记录。同年 10 月，美国联邦《综合统一及紧急补充提拨法案》通过，要求具有免税资格的非营利组织须向大众揭露其基本数据与财务信息，并使大众能广泛取得。[①] 有些慈善组织可能从事法律法规不允许的经营牟利行为，降低慈善事业的公信力。随着社会公众对慈善事业关注度和参与度的不断提升，一些以支持公益慈善事业发展为名而开展的，但实际上是以营利为目的的募捐活动不断出现，甚至假借慈善名义从事非法集资、传销等违法犯罪的行为也日益增多。某些组织和个人打着慈善的旗号，披着慈善组织的外衣，干着牟利的勾当，极大地损害了慈善组织在社会公众心目中的形象，阻碍了慈善事业的健康发展。2017 年，公安部门查处的“善心汇”案、“人人公益”网络传销案等，就是典型的披着公益慈善外衣的非法传销组织制造的违法事件。[②] 具有垄断地位的慈善组织可能垄断慈善资源和有关机会，阻断社会其他人群参与和分享慈善活动的机会；强大的慈善组织也可能滥用组织的权力，压抑组织的成员。这些问题不但会影响社会秩序的正常运转，而且会对结社自由造成实质的危害。因此，除了立法手段，通过一定的行政管理活动来规范慈善组织的活动也是必要的。特别是在当今社会，慈善组织介入社会生活的深度和广度在不断扩大，组织的规模和能力在不断扩大，管理活动对规范慈善组织的活动至为重要。[③] 实施行政监管，能够规范慈善组织和其他慈善活动参与者的活动，维护它们的权利。

（二）维持慈善事业发展秩序和社会秩序

就慈善领域而言，秩序的范围有大小之分，大范围的秩序即整个社会

---

① 袁晓彬：《美国慈善组织应对丑闻不遮掩》，网易新闻（http：//view. 163. com/special/re-views/unitedway0807. html）。

② 民政部：《加强社会组织监管 防范和处置非法集资》，中国经济网（http：//finance. ce. cn/rolling/201804/23/t20180423_28920532. shtml）。

③ 刘培峰：《非营利组织管理模式的思考》，《北京师范大学学报（社会科学版）》2012 年第 2 期。

的秩序，小范围的秩序是慈善事业领域的秩序。慈善事业行政监管的目标在于维持慈善事业发展秩序和社会秩序。

1. 维持慈善事业发展秩序

慈善事业是由各个慈善活动参与者参与的事业，其中各个慈善活动参与者各有一定的权利和义务。通过行政监管，形成一定的秩序，有利于维护慈善事业的秩序。通过对慈善事业的监管，首先可以保证慈善事业发展秩序，其次可以为慈善事业发展提供保证，并促进维持良好的社会秩序。

2. 维持社会秩序

在现代社会，政府作为公众利益和社会利益的代表，其重要职能在于维持社会秩序。思想家查恩宁认为：在公众中，少数几个人就能煽动起大家强大而激烈的情绪，产生巨大的优势。他进而指出，应当对它们备加留心。①

关于慈善和救济的近现代立法，除了前述“国家控制私人组织实施此种活动”的意图外，起初根本上是为了维护公共秩序。在近现代世界，贫困已开始被意识到是对合法秩序的威胁。在 17 世纪和 18 世纪前半叶，为了消除路上行乞的穷人，统治者首先是设立了一般性的救济院，让他们在其中参加劳动。为了统一和改造慈善事业，国家对该事业施以严格监护。国家这样做的目的是消除行乞，保障城市安全，而不是为了教育穷人、鼓舞穷人或使穷人获得新生。救济院已成拘禁所而不是慈善地，法国试图将穷人驱逐至殖民地，还在监狱之外处处对未经允许而行乞的行乞者施以肉刑。意大利在其统一后不久就颁布了 1865 年第 2248 号法律，许多与穷人相关的规定被写进其有关公共安全组织的附件二，尤其是被写在关于危害社会的阶层的规范中。相关穷人常被拘禁或以乞讨罪、流浪罪被追究刑责。②

事实上，在当代社会，只要是组织，就会存在其天然的缺陷。“对于组织而言，独立或自治（这两个术语是交替使用的）也创造了作恶的机会。

① William Ellery Channing. Remarks on Associations. in *Collected Work of William Ellery Channing Boston*：American Unitarian Association，1929．Quoted in Peter Frumkin. *On Being Nonprofit*：*A Conceptual and Policy Primer*. Harvard University Press，2005.

② 蒋军洲：《慈善捐赠的世界图景——以罗马法、英美法、伊斯兰法为中心》，北京：法律出版社 2016 年版，第 59 ~ 60 页。

组织可能利用这样的机会增加或维持不公正而非减少不公正。它也可能损害更广泛的公共利益来促进其成员狭隘的利己主义，甚至有可能削弱或摧毁民主本身。”[①] 慈善组织在满足社会公共需求中是一支独立的力量，既有与政府合作的一面，也有与政府对立的一面。慈善组织可以成为动员弱势群体并表达少数人意见的工具，但它也可以成为强势群体表达意见、压制多元化并丑化少数群体的工具。[②] 因此，对政府来说，发展慈善事业也需要考虑整个社会的秩序，考虑如何通过发展慈善事业促进维持良好的社会秩序，保持稳定与和谐。从本质上说，保障政治稳定和社会秩序是国家发展慈善事业的核心目标，也是政府对慈善事业进行行政监管的重要目标之一。正如波齐所言：“国家总是代表它自己作为对社会进行全面管理的核心，超越地方主义，凝聚所有的个人，从社会中建构权力。”[③]

综上所述，慈善事业监管的理念和目标不是单一的而是复杂的，这与慈善事业的复杂性、社会发展的现实情况相符。在这种理念指导下，为了实现监管目标，政府构建了一套监管体制与机制。

三、慈善事业行政监管的功能

在慈善事业整体性监管体系中，慈善事业行政监管具有如下功能：

（一）有利于弥补慈善组织内部治理和社会监督的不足

在慈善事业监管体系中，慈善组织内部治理是慈善组织自身建设和赢得社会信任的重要途径，但是内部治理可能不尽如人意。慈善组织同其他组织一样，具有法人地位，理论上应该具备理事会、监事会等治理结构。但是，由于中国慈善组织尚处于发展初期，还不成熟，一些慈善组织治理结构不完善，有些可能只具有形式意义，这样就难免存在治理漏洞。例如，慈善组织的负责人或管理者独揽大权，把理事会、监事会置于一边，独断专行，侵害捐赠人和受益人的合法权益。此外，由于慈善组织缺少一个具

---

① ［美］罗伯特·A. 达尔：《多元主义民主的困境——自治与控制》，周军华译，长春：吉林人民出版社2006年版，第1页。

② ［美］罗伯特·L. 佩顿、迈克尔·P. 穆迪：《慈善的意义与使命》，郭烁译，北京：中国劳动社会保障出版社2013年版，第200页。

③ ［美］贾恩弗朗哥·波齐：《国家：本质、发展与前景》，陈尧译，上海：上海人民出版社2007年版，第126页。

有商业动机和法律能力并能够通过诉讼来执行信义义务的委托人，慈善组织的理事或董事很少有时间去关注这些问题，社会公众也缺乏商业动机和法律能力来承担有效监督者的角色，因此就会产生利益冲突交易等内部治理问题。在这种情况下，监管机关可以通过调查、行政约谈、行政处罚等手段有效制止慈善组织滥用自治权的行为；也可以通过信用评级、行政奖励、税收减免等行政授益监管手段引导慈善组织避免滥用自治权，从而有效降低慈善组织滥用自治权的风险①，弥补慈善组织内部治理不足。

不仅慈善组织内部治理存在局限，慈善事业社会监督也可能存在不足之处。慈善事业社会监督需要一定的条件，特别是依赖慈善组织发布的信息和社会公众的素质。但是由于一些慈善组织信息不公开，公众不能获得及时、全面的信息，所以这种监督就起不到应有的作用。有关人员可能会传播虚假信息，错误引导公众。公众监督本质上是一种舆论监督，不具有法定效力。在这种情况下，监管机关发挥监管作用，通过搭建信息公开平台等手段，能有效缓解慈善组织存在的信息不对称问题；通过多种行政监管方式保障公开信息的真实性，甚至在符合法定条件的前提下，主动调查慈善组织信息并予以公布，可以弥补慈善事业社会监督的不足。

综上所述，由于慈善组织内部治理先天不足，社会监督因缺乏全面信息，公众素质有限和参与不足等，监督效果不明显。因此，只有政府行政机关介入慈善监管，发挥其长处，通过具体的行政监管手段消除慈善组织的负外部性，才能有效克服慈善组织内在的缺陷与不足②，弥补慈善组织内部治理和社会监督的不足。

（二）有利于提升慈善组织公信力

慈善事业的生命力在于获得社会支持。从资金来源看，慈善组织的很大一部分资金来自社会捐赠。当前慈善领域存在的一些不良现象或失范行为，已经引发了公众的质疑，也阻碍了一些慈善组织的发展壮大。这种状况需要借助有效的监管才能改变。慈善组织为了维护良好形象，获得社会持久关注和支持，就必须重视公信力建设。民政部门和其他有关部门对慈

① 马驰骋：《论慈善法治构建中的最佳行政》，《山东社会科学》2015 年第 3 期。

② 崔冬：《慈善组织行政规制研究》，吉林大学博士学位论文，2015 年，第 107 页。

善组织进行有效监管，能够及时预防和解决问题，帮助其赢得社会公众的信任。尤其是在慈善事件和慈善丑闻频出的时刻，政府必须积极作为，发挥作用，查清事件的来龙去脉，及时向社会公布调查结果。此外，捐赠人和慈善组织在各国普遍享有税收优惠待遇，政府为此付出了很大的代价。因此，为了确保捐赠人和慈善组织享受政府特别优待的合法性和真实性，国家必须进行监督，以确保那些享受到优待的组织真正符合它们所声称的性质或目的，防止慈善组织成为逃避税收或脱离国家监管的工具。①

（三）有利于克服慈善组织负责人道德自律的不足

从慈善组织的财产产权构造来看，慈善组织不存在清晰的财产权所有人或股东，也不存在剩余索取权，这种产权结构使得董事会成员和高级管理人员等实际控制者能躲避制衡，在没有利润指标等绩效考核要求和有效问责机制的情况下，慈善组织易于沦为实际控制者的自利工具。② 慈善事业是以道德和价值为基础的社会事业，道德和价值是慈善事业的内核。但是，具体人的道德、良心有时不可靠，慈善组织和其他慈善活动参与者有时会追求私利，践踏法律。例如1999年发生的“中国妈妈”胡曼莉事件。中华绿荫儿童村的创始者胡曼莉，在美国慈善机构“妈妈联谊会”会长张春华的许可下，以代理人身份来到云南丽江，建设当地的孤儿学校。但是丽江妈妈联谊会未按照美国妈妈联谊会的捐赠意愿使用捐款。③ 作为资助方，“美国妈妈”张春华对胡曼莉进行调查。为什么张春华对胡曼莉进行调查呢？这是因为美国妈妈联谊会作为美国慈善组织，享受免税地位，并接受美国国税局的监管。如果张春华不能合理解释税务单据存在的瑕疵，美国国税局将取消其慈善机构的免税地位。美国国税局为防止不法之徒借慈善机构逃税与洗钱，需要监管慈善机构的资金流向。所以，美国妈妈联谊会在中国的捐助须向美国国税局提交各种合法的票据和财务报表来作出证明。它像美国的其他慈善机构一样，财务收支必须公开，并在每年5月中旬向美国国税局报税，美国国税局根据慈善机构提供的财务报表和审计报告，批

---

① 王雪琴：《论我国慈善组织法人治理机制的重构》，《法商研究》2015年第2期。

② 税兵：《非营利法人解释》，《法学研究》2007年第5期。

③ 甄茜：《跨国调查“中国母亲”胡曼莉》，《南方周末》2001年12月20日；傅剑锋：《官方报告揭示“中国母亲”真相“美国妈妈”打赢七年慈善战争》，《南方周末》2007年12月18日。

准是否继续免税。[1] 因此，必须依靠完善的监督机制而不能仅靠人们的爱心维持慈善组织的公信力，要一方面强调自律和道德建设，另一方面加强行政监管和社会监督。

（四）有利于缓解慈善信息不对称

对不同的慈善活动参与者来说，他们所掌握的信息数量多寡不一。一般来说，相较于捐赠人、受益人和社会公众，接受捐赠的慈善组织掌握着较多的信息，这些信息包括捐赠人、捐赠数额、救助对象、慈善资金开支领域、使用情况、效率与效益等。而捐赠人一般掌握的信息较少，有些捐赠人甚至不关心捐赠款物的用途和使用方向。慈善组织的受益人，对接受救助心存感激，一般不太关心是否按照捐赠人的意愿救助、救助数额是否准确、提供的服务是否有瑕疵等。相对于慈善组织、捐赠人和受益人，作为一般参与者的社会大众则更不可能获得更多的信息，他们对慈善组织的监督缺乏充分的信息。这表明，在慈善场域中，慈善活动的不同参与者掌握的信息是不同的，在这种情况下，慈善组织可能会利用所掌握的信息谋取私利，存在道德风险。要解决这个问题，只能通过对慈善组织的行政监管和有效的社会监督来实现。与社会监督相比，行政监管更直接、有效、专业，比社会监督的效率更高。

（五）有利于维护慈善活动参与者的权益

慈善组织和其他慈善活动参与者之间可能存在不一致或矛盾和冲突，尤其是当出现慈善组织僵局问题时，政府介入尤为必要。慈善组织僵局是指慈善组织因会员或者管理人员之间的利益冲突和矛盾，会出现慈善组织运作障碍，严重者会导致慈善组织的运作机制完全失灵，会员大会、理事会、监事会等机构无法对慈善组织事项作出任何决定，组织的一切事务处于瘫痪状态，运作陷于僵局，就如同电脑死机。[2] 对于存在的冲突和矛盾，监管机关在对慈善组织进行监管时，扮演一个协调者和裁判员的角色，在对待有关争议时认真对待，公正客观地处理，有利于维护慈善组织、捐赠人、志愿者、受益人

---

① 傅剑锋：《官方报告揭示“中国母亲”真相“美国妈妈”打赢七年慈善战争》，《南方周末》2007 年 12 月 18 日。

② 金锦萍：《我国慈善组织行政处罚制度审视——从登记管理机关的角度》，载陈金罗、刘培峰主编《转型社会中的非营利组织监管》，北京：社会科学文献出版社 2010 年版，第 154～155 页。

的权益。

（六）有利于防治慈善绑架现象

慈善绑架是指慈善活动中捐赠人以捐赠的名义胁迫受益人满足其私人目的或利益的行为。慈善绑架主要有三种表现形式：一是在慈善活动中胁迫受益人感恩或写感谢信，并以此作为其是否有资格接受或者继续接受救助的条件；二是在慈善活动中胁迫受益人配合捐赠人进行自我宣传，比如有的捐赠人每次捐赠都带着媒体，然后要求受益人配合自己作秀、合影、进行自我宣传等；三是在慈善活动中不顾受益人的意愿与尊严肆意曝光其私人信息，特别是受益人不愿意公开的有损其人格与尊严的信息，比如贫困状况、身体缺陷、意外变故等。① 慈善事业行政监管能够有效防治以上现象。国家通过出台《慈善法》和有关法律法规，明确捐赠人、受益人、其他慈善机构的权利和义务，以及慈善违规行为应该承担的责任，依法加强对慈善活动的监管，打击慈善活动中的违法犯罪活动，限制慈善绑架现象的产生。

（七）有利于克服志愿失灵

美国学者萨拉蒙提出，志愿失灵是慈善组织的缺点，它表现为慈善不足、慈善的特殊主义、慈善的家长式作风、慈善的业余主义。萨拉蒙认为，志愿失灵使得政府的行动成为必要，并使得政府对志愿部门的支持有着更充足的理由。② 慈善事业的发展离不开政府的推动，而慈善组织作为慈善事业发展的载体，其发展自然离不开政府的支持。良好的社会环境是慈善组织发展的外部条件，良好的外部环境的营造同样离不开政府的培育和规范。为慈善组织发展创造良好的外部环境，既是发展慈善事业的必然选择，更是政府进行社会管理的职责所在。③

---

① 覃青必：《慈善绑架问题及其防治》，《中州学刊》2015 年第 5 期。

② ［美］莱斯特 · M. 萨拉蒙：《公共服务中的伙伴——现代福利国家中政府与非营利组织关系》，田凯译，北京：商务印书馆 2008 年版，第 47 页。

③ 崔冬：《慈善组织行政规制研究》，吉林大学博士学位论文，2015 年，第 105 页。

第二章
慈善事业行政监管的理论与历史

第一节　慈善事业行政监管的理论

一、社会责任理论

（一）社会责任的含义

社会中的各个主体都承担着一定的责任，这种责任就是社会责任。戴伊等人认为，社会责任最基本的内涵是在不同个体之间就哪些行为能够为人所接受，以及行为者使用何种方式为其行为辩护达成共识。杰克逊则认为，社会责任一词意味着对曾经做过、正在做和计划做的事作出解释和辩护；在一方有权要求另一方就其行为进行解释这一点上，可以说后者对前者负有责任。凯登认为，社会责任即行为主体对其职责负责，它们受外界评判机构的控制并对其汇报、解释、说明原因、反映情况、承担义务和提供账目。①

以上分析表明，社会责任的构成至少应具有以下三个要素：责任主体、责任内容、责任客体。责任主体就是承担社会责任的政府，以及企业和非营

① 周志忍、陈庆云主编：《自律与他律——第三部门监督机制个案研究》，杭州：浙江人民出版社1999年版，第17～18页。

利组织等各种组织。责任客体则是其所服务或行为实施的对象。责任内容有三层意思：在行为实施之前，社会责任是一种职责，负责任意味着具有高度的职责感和义务感，行为主体在行使权力之前就明确了行使权力所追求的社会目标；在行为实施的过程中，社会责任表现为主动述职或自觉接受监督；在行为实施之后，社会责任是一种评判，并对不当行为承担后果。

组织的社会责任可被定义为组织追求有利于社会长远目标的一种义务，它超越了法律和经济所要求的义务，是一种自觉地对社会需要的回应。社会责任超越了只是符合经济的和法律的标准的限度，加入了一种社会道德的要求，促使组织致力于让社会变得更美好的事情，而不做那些有损于社会的事情。之所以如此做，是因为这些事情是应做的、正确的或是合乎道德的事情。社会责任要求组织明辨是非，决策要符合道德标准，行为活动要合乎道德规范。一个具有道德责任感的组织只做正确的事情，只做回应社会需要的事情，因为它自觉有责任这样做。①

（二）慈善组织的公共性和社会责任

一般来说，慈善组织的筹资渠道有政府资助、社会捐赠、收取会员费、投资收益、产业收入、彩票收益等。政府资助在许多国家都是慈善组织资金来源的重要渠道，包括政府拨款、补贴、税收优惠、行政奖励、设立配套资金和政府购买服务等。萨拉蒙教授所主持的 CNP 项目的分析数据表明，在 22 个国家的慈善组织筹资渠道中，公共部门的支付占 40%。其中，美国慈善组织资金的政府投入占 30%，澳大利亚占 31%，日本占 45%，英国占 47%，法国占 58%，德国和以色列占 64%，爱尔兰和比利时则高达 77%。②除政府资助外，私人捐赠也是慈善组织获得社会捐款的主要来源。以美国为例，2008 年慈善捐赠额计 3076.5 亿美元，其中个人捐赠为 2292.8 亿美元，占捐赠总额的 75%。③ 美国对个人慈善行为的一项调查表明：90% 以上的受访者称有过捐赠，50% 以上的受访者表示捐赠额占其收入的 1% 左右，

---

① 崔开华等：《组织的社会责任》，济南：山东人民出版社 2008 年版，第 19 ~20 页。

② ［美］莱斯特 · M. 萨拉蒙：《全球公民社会——非营利部门视界》，贾西津、魏玉等译，北京：社会科学文献出版社 2007 年版，第 22 页。

③ Giving USA. U. S. Charitable Giving estimated to be ＄307. 65 billion in 2008. http：//www. givingusa. org，2009. 转引自高鉴国：《美国慈善捐赠的外部监督机制对中国的启示》，《探索与争鸣》2010 年第 7 期。

有25%的受访者称其捐赠额达到其收入的3%及以上。[①] 在慈善事业发达的国家，志愿服务也是捐赠的一种经常方式，即人们在慈善组织注册登记，并定期或经常性地通过慈善组织向社会提供志愿服务，以这种方式承担社会责任，履行公民义务。我国慈善事业也有了很大发展，慈善捐赠数额连年增长。如2002年中国公众和企业的慈善捐赠款物总额仅12亿元，2007年则达223.16亿元，占当年GDP的0.09%。[②] 2008年慈善捐赠总额达到1070亿元，占GDP的比重上升到0.356%。[③] 虽然这些数据与美国等慈善事业相对成熟的国家还不能相提并论，但对于长期靠政府财政支持的中国慈善事业而言，已经是巨大的飞跃。

因而，慈善资金来源的公共性决定了慈善组织的活动必须具有公益性，承担社会责任。慈善组织使用善款必须从事公益活动，必须有利于社会公益，而不能只为特定人员服务，更不能借此牟利敛财。对此，各国法律都进行了明确规定，要求慈善组织必须遵循公益标准，否则就会被取消慈善组织资格和税收优惠。在英国，公益性标准在慈善法中具有极其重要的地位。一个慈善信托在符合信托设立的基本条件的基础上，还必须满足公益性的要求。英国慈善委员会在《慈善组织与公共利益》中明确了关于公益性的判定标准：其一，慈善组织的公益性必须是可识别的、客观的，其追求慈善目的所带来的利益必须具有公益性。其二，慈善组织的受益人必须是社会公众或社会公众的一部分，其受益人或可能受益人必须是足够多的并且本质上是开放的，对受益的机会限制必须是合法的、适当的、合理的、正当的，而且要求任何私人利益在慈善组织中都必须是附带的、次要的、从属性的，慈善组织被要求在其年度报告中，要对其公益性作出评估。[④] 美国《税法实施条例》把慈善组织的目的分为济贫、发展教育、宗教、推动

---

① White Arthur H. Philanthropic Giving: Studies in Varietiesand Goals. Richard Magat. London: Oxford University Press, 1989. 转引自李卫华：《慈善组织的公共责任与信息公开》，《理论探讨》2017年第6期。

② 《民政部发布2007年度中国慈善捐赠情况分析报告》，中华人民共和国中央人民政府网站（http://www.gov.cn/gzdt/2008-01/31/content_876526.htm）。

③ 《民政部召开发布会公布2008年度中国慈善捐助报告》，中华人民共和国中央人民政府网站（http://www.gov.cn/gzdt/2009-03/10/content_1255955.htm）。

④ 王涛：《英国慈善法中的公益性标准及启示》，《聊城大学学报》2014年第4期。

科学进步、减轻政府负担以及通过下列有计划的活动改善社会福利。有计划的活动包括：缓解邻里紧张关系，消除偏见和歧视，保护法律赋予的人权和公民权利，防止社区道德败坏和青少年犯罪。[①] 在我国，《慈善法》第三条明确规定了公益活动的范围：扶贫、济困；扶老、救孤、恤病、助残、优抚；救助自然灾害、事故灾难和公共卫生事件等突发事件造成的损害；促进教育、科学、文化、卫生、体育等事业的发展；防治污染和其他公害，保护和改善生态环境；符合该法规定的其他公益活动。

慈善组织的公益性以及其减免税收待遇，使得其所承担的责任不仅仅是契约责任，更包含了大量的社会责任，必须接受民众的公共问责。[②] 慈善组织问责的实质是要求慈善组织对其他慈善活动参与者负责和报告，解释和接受为基于共同期望而实施委托责任的要求。问责的最终目的是更好地确保慈善组织达成某些公益使命，更好地赢得公众的信任和肯定。[③] 这种问责不仅靠慈善组织内部治理和社会监督，还需要政府行政监管。因而，问责机制是一个内部治理和外部监管相结合的机制。

二、政府与慈善组织关系理论

在国外，萨拉蒙提出第三方政府理论和志愿失灵理论[④]，纪德伦等提出政府-第三部门四模式关系理论[⑤]，伍夫努提出政府、市场、志愿部门相互依赖理论[⑥]。

（一）市场失灵/政府失灵理论

美国学者维斯布罗德认为，政府和市场都可以提供公共物品。就市场提

---

① ［美］贝希·布查尔特·艾德勒、大卫·艾维特、英格里德·米特梅尔：《通行规则：美国慈善法指南》，金锦萍等译，北京：中国社会出版社2007年版，第6页。

② 毛刚：《我国非营利组织内部治理机制研究》，西南交通大学博士学位论文，2005年，第60页。

③ 张明：《非营利组织的治理机制研究》，暨南大学博士学位论文，2008年，第44页。

④ ［美］莱斯特·M. 萨拉蒙：《公共服务中的伙伴——现代福利国家中政府与非营利组织的关系》，田凯译，北京：商务印书馆2008版，第42~51页。

⑤ Benjamin Gidron，Ralph Kramer，L. M. Salamon. *Government and the Third Sector*. San Francisco：Jossey-Bass Publishers，1992.

⑥ Robert Wuthnow. *Between States and Markets：The Voluntary Sector in Comparative Perspective*. Princeton. N. J.：Princeton University Press，1991.

供公共物品来说，由于没有消费者会自愿为可以免费的产品付费，所以通过市场排他性地提供公共物品会导致供给不足。由于市场需求很少，生产者就会生产少于公众真正需要和向往的商品或服务。这就是市场失灵。由于政府可以向人们征税来生产“公共物品”，它能够克服“市场失灵”。但是，在民主社会中，政府作为公共物品的生产者只生产能够获得大多数选民支持的公共物品的种类和数量，这就不可避免地留下了一些未得到满足的需求。之所以需要非营利组织，正是为了满足这些对公共物品未得到满足的需求。①

（二）合约失灵理论

美国学者汉斯曼认为，对某些商品或服务来说，消费者和生产者在信息上存在不对称，可能是因为服务的购买者并不是最终的消费者，也可能是由于服务本身的性质太复杂，消费者对它难以评估，或者因为其他原因。在这种情况下，购买者开始寻求对最终服务质量可以给予信任的替换办法。非营利组织受到“非分配约束”，值得信任。②

（三）志愿失灵理论

萨拉蒙认为，非营利组织存在四个缺陷：慈善不足、慈善的特殊主义、慈善的家长式作风和慈善的业余主义。这就是志愿失灵。志愿部门的弱点正好是政府的长处，反之亦然。在某些方面，无论是志愿部门替代政府，还是政府替代志愿部门，都没有二者之间的合作有意义。第三方治理的概念强调了公共和私人机构之间大量的责任共享，以及公共部门和私人作用的大量混合，这是美国福利国家的特点。③

（四）四模式理论

美国学者纪德伦、克莱默和萨拉蒙等人提出四模式理论。他们以服务的资金筹集和授权以及服务的实际提供两种要素为维度，提出了政府与非

---

① ［美］莱斯特·M. 萨拉蒙：《公共服务中的伙伴——现代福利国家中政府与非营利组织的关系》，田凯译，北京：商务印书馆2008年版，第40～41页。

② 温艳萍：《民间非营利组织的社会与经济效应研究》，上海：上海人民出版社2008年版，第35～37页。

③ ［美］莱斯特·M. 萨拉蒙：《公共服务中的伙伴——现代福利国家中政府与非营利组织的关系》，田凯译，北京：商务印书馆2008年版，第46～51页。

营利组织关系的四种基本模式。①

政府支配模式：政府在人类服务的资金筹集和服务提供中占据着支配性地位。政府既是主要的资金提供者，又是福利服务的主要提供者。政府通过税收制度来筹集资金，由政府雇员来提供需要的服务。

第三部门支配模式：在这个模式中，非营利组织在资金筹措和服务提供中起着支配性的作用。

双重模式：这是处于政府支配模式和第三部门支配模式之间的一种模式。在这种模式中，政府和非营利组织在属于自己的领域内既筹措资金又提供服务。存在以下两种形式：其一，非营利组织给国家力量没有达到的顾客提供同样类型的服务，以补充国家提供的服务；其二，非营利组织提供政府没有提供的服务，以补足政府的服务职能。双重模式最显著的特征是存在两个相当大的，但相对自治的服务的资金筹措和提供体系。

合作模式：在这种模式中，典型情形是由政府提供资金，由非营利组织提供服务。合作模式包括两种方式：一是“合作的卖者”模式，非营利组织仅仅是作为政府项目的代理人出现，拥有较少的处理权或讨价还价的权利；二是“合作的伙伴关系”模式，非营利组织拥有大量的自治和决策的权利，在项目管理上也更有发言权。合作的伙伴关系模式在福利国家中更加普遍。美国是典型的合作模式。

纪德伦等人提出的政府与非营利组织关系的四种基本模式见表 2－1。

表 2－1　政府与非营利组织关系模式

	模　式			
功　能	政府支配模式	双重模式	合作模式	第三部门支配模式
资金筹措	政　府	政府/第三部门	政　府	第三部门
服务提供	政　府	政府/第三部门	第三部门	第三部门

资料来源：Benjamin Gidron, Ralph Kramer, L. M. Salamon. *Government and the Third Sector*. San Francisco: Jossey-Bass Publishers, 1992: 18.

① 田凯：《非协调约束与组织运作——中国慈善组织与政府关系的个案研究》，北京：商务印书馆 2004 年版，第 21～23 页。

（五）政府、市场、志愿部门相互依赖理论

美国学者罗伯特·伍夫努提出了国家、市场和志愿部门相互依赖的三部门模式理论。在他看来，政府、市场和志愿部门之间存在着频繁的互动和交换关系，这包括：竞争与合作、各种资源的交换、各种符号的交易等。当不止一个部门的组织提供相似的服务的时候，就存在着竞争关系。当集中不同的资源来共同解决社会问题的时候，彼此之间就是合作关系。①

维斯布罗德提出的市场失灵/政府失灵理论为我们理解慈善组织的出现提供了理论视角，但他所说的政府失灵主要是中位选民偏好的投票决策方式导致的失灵，这和中国慈善组织产生的制度环境是完全不一样的。第三方治理理论指出，政府给慈善组织提供资金，慈善组织提供服务，中国当前中央财政和各级地方政府通过购买服务委托非营利组织提供服务，与第三方治理理论模式越来越相似，因此第三方治理理论对理解中国政府与慈善组织之间的关系具有重要的借鉴意义。但是由于中国在政府购买服务方面还没有层次较高的、比较规范的制度化的法规和政策，政府还远远没有担当起资金提供者的角色，此外由于慈善组织发展的历史较短、能力较弱，难以真正承担起服务提供者的重任。汉斯曼关注非营利组织与市场组织之间的区别，提出了非营利组织“非分配约束”的特征对我们理解慈善组织的本质颇有帮助，但他没有对政府与非营利组织之间的关系作出专门的论述。纪德伦等人提出的政府－非营利组织关系的类型学，伍夫努提出的政府、市场、志愿部门相互依赖理论，为我们观察二者的关系提供了参考框架，但由于中国的慈善组织类型和性质多样，水平参差不齐，很难划归到其中的某一种类型或模式当中。这需要根据具体情况具体分析，通过大规模的调查研究和个案访谈，对中国慈善组织和政府的关系进行总结和概括，以便加深对二者关系的认识。②

① 田凯：《非协调约束与组织运作——中国慈善组织与政府关系的个案研究》，北京：商务印书馆2004年版，第24～25页。

② 陈为雷：《社会服务项目制的建构及其影响研究》，北京：中国社会科学出版社2015年版，第32～33页。

三、治理理论

（一）治理的含义

英文中的 governance 源于拉丁语 gubenare，意为统治、掌舵。据《英汉大字典》《柯林斯英语词典》《韦氏新世界词典》等英语权威词典，governance 的基本含义为统治、支配、管理、管理方式。在汉语中，governance 被译成“治理”，最早出现在市政学中，用来研究如何有效地解决城市和地方上的种种问题。20 世纪 90 年代以来，西方学者特别是政治学家和政治社会学家对治理作出了许多新的界定。全球治理理论的主要创始人之一罗西瑙（James N. Rosenau）在其主编的《没有政府的治理》中指出：“治理与政府统治并非同义词。尽管两者都涉及目的性行为、目标导向的活动和规则体系的含义，但是政府统治意味着由正式权力和警察力量支持的活动，以保证其适时制定的政策能够得到执行。治理则是由共同的目标所支持的，这个目标未必出自合法的以及正式规定的职责，而且它也不一定需要依靠强制力量克服挑战而使别人服从。换句话说，与统治相比，治理是一种内涵更为丰富的现象。它既包括政府机制，同时也包含非正式、非政府的机制，随着治理范围的扩大，各色人等和各类组织得以借助这些机制满足各自的需要、并实现各自的愿望。”① 治理理论的另一位代表人物罗茨（R. A. W. Rhodes）认为：“治理标志着政府管理含义的变化，指的是一种新的管理过程，或者一种改变了的有序统治状态，或者一种新的管理社会的方式。”②

格里·斯托克（Gerry Stoker）认为：“治理所指，是统治方式的一种新发展，其中的公私部门之间以及公私部门各自的内部的界线均趋于模糊。治理的本质在于，它所偏重的统治机制并不依靠政府的权威或制裁。”他探讨了治理理论的五个论点，它们是：（1）治理指出自政府但又不限于政府的一套社会公共机构和行为者。（2）治理明确指出在为社会和经济问题寻

① ［美］詹姆斯·N. 罗西瑙主编：《没有政府的治理》，张胜军、刘小林等译，南昌：江西人民出版社 2001 年版，第 4～5 页。

② ［英］R. A. W. 罗茨：《新治理：没有政府的管理》，《经济管理文摘》2005 年第 14 期。

求解答的过程中存在的界线和责任方面的模糊之点。（3）治理明确肯定涉及集体行为的各个社会公共机构之间存在的权力依赖。（4）治理指行为者网络的自主自治。（5）治理认定，办好事情的能力并不在于政府的权力，不在于政府下命令或运用其权威。政府可以动用新的工具和技术来控制和指引，而政府的能力和责任均在于此。①

全球治理委员会在名为《我们的全球之家》的研究报告中对治理的界定具有代表性和权威性，指出：治理是各种公共的或私人的个人和机构管理其共同事务的诸多方式的总和。它是使相互冲突的或不同的利益得以调和并且采取联合行动的持续的过程。它既包括有权迫使人们服从的正式制度和规则，也包括各种人们同意或以为符合其利益的非正式的制度安排。它有四个特征：治理不是一整套规则，也不是一种活动，而是一个过程；治理过程的基础不是控制，而是协调；治理既涉及公共部门，也包括私人部门；治理不是一种正式的制度，而是持续的互动。②

从上述各种关于治理的定义中我们可以看到，"治理"一词的基本含义是指官方的或民间的公共管理组织在一个既定的范围内运用公共权威维持秩序，满足公众的需要。治理的目的是在各种不同的制度关系中运用权力去引导、控制和规范公民的各种活动，以最大限度地增进公共利益。所以，治理是一种公共管理活动和公共管理过程，它包括必要的公共权威、管理规则、治理机制和治理方式。③

（二）慈善事业治理

治理理论为慈善事业行政监管提供了思路。根据治理理论，治理的主体既可以是政府，也可以是慈善组织、媒体及社会公众，还可以是政府与慈善组织及社会的合作。治理是政治国家与公民社会的合作、政府与慈善组织的合作、公共机构与私人机构的合作、强制与自愿的合作。慈善组织治理是慈善组织的各个利益相关者共同管理慈善组织，对慈善组织进行监

① ［英］格里·斯托克：《作为理论的治理：五个论点》，《国际社会科学杂志（中文版）》1999 年第 1 期。

② The Commission on Global Governance, *Our Global Neighborhood: The Report of the Commission on Global Governance*, New York: Oxford University Press, 1995, p2 - 3. 转引自俞可平：《全球治理引论》，《马克思主义与现实》2002 年第 1 期。

③ 俞可平：《全球治理引论》，《马克思主义与现实》2002 年第 1 期。

督和制衡的机制。这种机制为慈善组织规定正确的目标，并使其按照正确的方式追求正确的目标。因此，治理的目的是避免慈善组织做出违背社会意愿和利益的事情，或者在出现问题时，通过惩罚与激励等措施，使之回归到正确的道路上来。因此，既要发挥政府对慈善事业行政监管的作用，也要发挥其他主体对慈善事业的监管作用。

在治理理论框架下，慈善事业治理的主要特征“不再是监督，而是合同包工；不再是中央集权，而是权力分散；不再是由国家进行再分配，而是国家只负责管理；不再是行政部门的，而是根据市场原则的管理；不再是由国家‘指导’，而是由国家和私营部门合作”①。治理是一个上下互动的管理过程，它主要通过合作、协商、伙伴关系、确立认同和共同的目标等方式实施对慈善事业的管理。慈善治理的实质在于建立在社会责任原则、公共利益和认同之上的合作。它所拥有的管理机制主要不是依靠政府的权威，而是合作网络的权威。其权力向度是多元的、相互的，而不是单一的和自上而下的。

第二节　国外慈善事业行政监管的历史

一、英国慈善事业行政监管的历史

参考王名等编著的《英国非营利组织》和其他资料，我们可以把英国慈善行政监管的历史简单梳理如下：

（一）中世纪和都铎王朝时期的慈善监管

英国民众互助传统源远流长。据史料记载，最早的慈善组织出现在公元597年。而有组织的志愿活动，如互助会和友谊会，在公元55年就出现了。中世纪时期（约公元476～1453年），罗马天主教会机构占据了正式慈善活动的中心位置，向穷人提供救济品或护理服务是天主教会教义很自然的结果，几乎所有形式的捐赠都首先要接受教会的管理。都铎王朝

① 弗朗索瓦－格扎维尔·梅里安：《治理问题与现代福利国家》，《国际社会科学杂志（中文版）》1999年第1期。

（1485～1603 年）时期，英国慈善事业的基本形式是公益信托。当时大约 2/3 的捐赠来自遗赠，1/3 为馈赠。据统计，在 1480～1660 年间，英格兰地区的 10 个国家对慈善组织的捐赠总计超过了 300 万英镑，并在 1610～1640 年间达到高峰。经过多年的发展，由教堂赞助的更加专业的慈善组织系统建立起来了，随着信托法的发展，这些组织也变得越来越普遍。

在相当长一段时间内，慈善行为是个人行为，根本不需要慈善法制。然而，一旦捐助者不断扩大他们的慈善捐助范围，从直接帮助一个特定人到帮助更加广泛的非特定人，这些人中有一部分为捐助人所不熟悉，这些捐赠物的管理者所要发挥的角色远非通过道德义务来完成捐赠人的愿望。因此，就需要一种机制来确保捐赠物按照捐赠人的目的来使用。1601 年，英国颁布了《慈善用途法》，这不仅是英国首部慈善法，也是世界上第一部慈善法。随着捐助者越来越关注长期目标，再将教堂看作慈善的守护者已经不太合适。因此，《慈善用途法》不仅划定了公益慈善组织的范畴，强调了这类组织所具有的公益性、慈善性和民间性等原则，而且提出了政府鼓励和支持民间慈善事业的法定框架，给出了进行各种形式社会募捐以筹措公益资源的法律依据。它对于英国民间公益事业的发展起到了重要的作用。该法案第一次对慈善作出定义，并将慈善作为一种制度来进行管理。该法案的一个关键条款就是自愿信托关系原则，也就是说，慈善资金的受托者应当身体力行促使慈善目标的实现，而不是寻求个人利益。相反，慈善托管人的薪水则是由此之外的款项来进行支付。

（二）18～19 世纪的英国慈善事业及其行政监管

在 18 世纪，联合慈善事业得到了发展。联合慈善事业是一种全新的捐赠形式，比如慈善学校活动。慈善学校是由各种志愿捐赠建立的学校，一般是由宗教组织来管理的。慈善学校最早起源于伦敦，后来在英格兰与威尔士的城镇地区得到大量发展。截止到 1729 年，英格兰有超过 1400 个慈善学校，收容了超过 22000 名学生。此外，施粥所、热病医院、诊疗所、残疾人慈善训练、世界范围的工业和星期日学校运动等在 18 世纪晚期也得到发展。通过发展慈善事业，国家对社会的控制加强。安德鲁关于 18 世纪慈善事业的研究认为，这个世纪的慈善活动有了根本的变化，这些变化迎合了国家的需求。譬如，她发现 1740～1760 年间的慈善活动，由以前的促进教育和雇佣转到了妇产科医院和儿童福利机构，而这个转变的目的是增加伦敦的工作人口，从而为国家的战争需求、海军扩张和殖民地扩张增加人口。

19 世纪是英国慈善事业发展的黄金年代，各种志愿和慈善组织纷纷建立并蓬勃发展。英国于 1884 年建立了世界上第一个社区服务中心——汤恩比馆，1869 年建立了慈善组织协会，以协调各慈善机构的关系，促进合作。据统计，到 1862 年，仅伦敦地区就有 640 个慈善机构，其中 279 个成立于 19 世纪上半叶，144 个成立于 19 世纪 50 年代到 60 年代间。19 世纪 70 年代的研究表明，大多数英国成年人都参加志愿活动，每个人平均属于 5 ~ 6 个志愿组织，包括工会、友谊协会和各种节俭协会。同时，这些慈善组织的收入有了很大的增长。普罗卡斯卡 1990 年指出，到 19 世纪 90 年代，除了食物外，英国普通中产阶级家庭花在慈善活动方面的支出是最多的。史密斯研究发现，根据 1885 年《时代》杂志的统计，伦敦各类慈善机构的总收入超过了包括瑞典、丹麦和葡萄牙在内的好几个国家的政府收入，甚至是瑞士政府收入的两倍。①

在这个时期，英国颁布了《新济贫法》和《慈善信托法》，用以规范慈善活动。《新济贫法》试图建立一个更加集中的系统来取代基于教区的救济方案，该系统减少了地方自主权，通过废除院外救济来恢复贫民习艺所的作用。对于有劳动能力的贫民，该法案认为社会系统应该提供激励机制，以便他们寻求工作，自给自足而避免依赖国家。1853 年的《慈善信托法》建立了一个中枢性的永久慈善调查团，而 1855 年和 1860 年的立法赋予了慈善调查团一些权力。

（三）20 世纪政府推动下慈善组织的发展

19 世纪晚期，英国经济发展缓慢，社会问题越来越严重。20 世纪初，仅仅依靠民间慈善组织的活动已经很难解决问题，人们开始呼吁国家要扮演更加重要的角色。1911 年的《国家保险法案》大大提高了国家在社会福利方面的作用。其他的立法包括提高学校的三餐、学校的医疗服务、老年养老金以及一定量的失业保险。这些措施显示了国家责任的大幅度扩张和志愿机构责任的相应降低。切斯特曼提出，从 1914 年开始，影响英国慈善事业发展最显

① 王名、李勇、黄浩明编著：《英国非营利组织》，北京：社会科学文献出版社 2009 年版，第 27 ~ 28 页。

著的因素是政府的介入。志愿机构主导的慈善机构逐渐失去了最关键的地位，地方政府也开始建立志愿机构，为老年人和残疾人提供膳食住宿和帮助。在两次世界大战之间，英国福利的提供依然多元化，英国志愿部门在福利提供方面仍然发挥着特别重要的角色。第二次世界大战期间，国家在提高英国人民生活水平方面承担着越来越大的责任。为了解决战争带来的紧急情况，新的志愿组织在政府的鼎力支持下又一次成立起来，如妇女志愿服务协会。英国红十字会和圣约翰救护机构以健康部的名义对辅助医院进行监管。到了20世纪中期，政府颁布的法令保护了志愿部门在教育和社会方面的作用，却把医疗保健和生活费用保障等职能直接划给了中央政府。

（四）二战后英国慈善事业行政监管

第二次世界大战后，英国建立了福利国家，建立了覆盖全体国民的“从摇篮到坟墓”的社会安全保障网络。福利国家对英国慈善事业和非营利组织的发展带来一定冲击。在福利国家的理念和实践下，政府普遍而深入地介入社会生活和经济生活，尤其是其“从摇篮到坟墓”的关注个人的计划，使得许多志愿组织的工作变得完全没有必要。此外，福利国家坚持对公民社会的支配。如前所述，1944～1948年间颁布法令保护志愿部门在教育和社会方面的作用，却将医疗保健和生活费用保障等职能直接划分给了中央政府。20世纪40年代末，由志愿部门主办的慈善医院网络的所有权被转交给政府来集中控制，这代表资源开始向政府部门进行大规模转移。在提供保险方面，政府与友谊会之间的“委托代理关系”在二战后也被政府的直接提供方式所取代。医院改革给互助组织带来了巨大的破坏。在新的环境下，这些社会保障计划已经不受地方志愿部门的控制，而成为政府部门的下属分支机构。由于对所有阶层开放的质押制度已经初见成效，志愿机构也不再在减少失业方面发挥以前的作用。此外，政府往往也对志愿组织能否真正发挥作用表示怀疑，有时甚至还认为，志愿组织在帮倒忙。因为与国家拨款的社会服务机构相比，这些组织都是非专业水平的，而且行动变幻莫测，每每在接受其服务的人们面前表现出一种大恩人的姿态。[①] 总的来说，福利国

① ［英］安东尼·吉登斯：《第三条道路——社会民主主义的复兴》，郑戈译，北京大学出版社2000年版，第10页。

家改变了志愿部门运转空间的大小和形状，传统形式上的慈善事业如扶贫、促进就业等被边缘化。

但是国家福利的完善并没有使贫穷和其他社会问题得到根除，福利国家一味地扩张政府的作用，缩小个人的作用，抑制了国家发展和个人进取。这种福利国家助长了人们不愿工作的情绪，加重了民众对国家的依赖程度，削弱了人民把握自己命运的能力。20 世纪 90 年代以来，英国工党奉行的第三条道路认为，一个积极的公民社会的存在是非常有益的，国家不能取代和吞没公民社会。最好的方式是通过与公民社会建立合作伙伴关系，以充分发挥公民社会的作用。英国前首相布莱尔说："政府需要与非官方部门建立新的伙伴关系。无论是在教育、卫生、社会工作、预防犯罪方面，或是在儿童看护方面，一个'有能力的'政府加强而不是削弱了公民社会。"① 第三条道路认为，国家和公民社会应当开展合作。沃芬敦委员会曾在一项报告中指出，志愿组织能够存活下来，是因为"志愿组织……可以被视为官方或非正式组织的有益补充和延续"，也就是说志愿组织的工作填补了传统社会机构在福利保障事务方面留下的空白，并且开拓了许多新的服务种类和方式。从这个角度看，志愿组织比国家性的福利机构更具灵活性，工作效率也更高，前者可以以更新颖的独创方式提供更为优质的服务。该报告还认为，志愿组织与政府福利机构不应该是互相竞争的关系，而是双方各自取长补短，尽各自最大努力为待救济者服务。该报告还发现志愿组织的很大一部分资金收入都来源于政府资助，或者一些民间或私人组织，而这些组织也同时享受着国家财政援助。②

监管对于提升慈善组织声誉、提升志愿部门地位具有重要作用。通过监管，志愿部门托管人更加审慎决策，更加关注受益人，更加对捐助人负责。因此，监管是政府对志愿部门发展进行鼓励与支持的一种手段。20 世纪 60 年代末，英国普遍兴起一股对政府机关官僚作风的醒悟和抵制的潮流，

---

① ［英］托尼·布莱尔：《第三条道路：新世纪的新政治》，载陈林、林德山主编《第三条道路：世纪之交的西方政治变革》，北京：当代世界出版社 2000 年版，第 19～20 页。

② Peter Halfpenny. *Research on the Voluntary Sector—An Overview*, Presented at the Centre for Voluntary Organisation 20th Anniversary Conference, "Third sector organisation in a Changing Policy Context", London School of Economics and Political Science, September 1998. 转引自王名、李勇、黄浩明编著：《英国非营利组织》，北京：社会科学文献出版社 2009 年版，第 36 页。

人们更加倾向于通过规范化的程序来解决社会问题。一些志愿组织纷纷提出要求，希望政府能将更多的精力用于规范志愿组织活动，很多慈善组织还纷纷抱怨慈善管理的混乱。如 1992 年之前，英国没有任何法律要求审计志愿部门和慈善组织的账目，在当时主要是根据慈善托管人的判断来决定，因此出现许多丑闻，损害了志愿部门和慈善组织的公信力。因此，为了使志愿部门和慈善组织健康发展，对它们的监管亟待加强。但是总的来说，当时的监管措施仍然处于建立或者巩固的阶段，包括 1992 年和 1993 年颁布的慈善法中规定的一些法律措施。这些措施试图让监管环境更适应当代的需要，并确保相关部门具有充分的问责和监督权力。根据法律，志愿部门和慈善组织应当向慈善委员会和公众开放，必须随时准备诚实地回答委员会的质询。在公众提出疑问后，慈善组织要尽快给予答复，让公众清楚地了解它们的政策。慈善委员会每年都在网站上公布慈善组织账目的详细情况，以便公众监督。2002 年，全英各地开展了声势浩大的“安全捐款”活动，向慈善组织提出了更透明、更完善的社会监督要求。除了这种一般性的立法，政府部门还在某些特定领域通过监管手段与志愿部门保持互动。如中央政府通过住房公司对各个住房协会进行监管（以及资助）；而在地方当局那里，则由督查组对志愿部门的社会照料设施进行监督。

20 世纪末，工党政府意识到志愿组织已不能对以减免税收的方式下拨的社会经济救助金进行有效的管理与使用，社会公众对志愿组织的信任度正在逐渐降低，并且原有的法律法规体系也限制了慈善组织的运行效率和正常发展。为解决这些问题，2001 年 6 月，英国内阁办公室执行与创新局开始对英格兰和威尔士地区涉及志愿组织活动的法律和规章制度进行汇总审核。除此之外，苏格兰行政院在广泛征求苏格兰慈善法律再审委员会的建议基础上，成立了苏格兰慈善委员会，并重新对慈善活动进行了界定。2001 年，北爱尔兰社会发展部也同样对与慈善相关的法律规章进行了再审。

进入 20 世纪后半期，英国政府和议会都认识到，当时的慈善法已经不能适应英国志愿部门和慈善组织迅速发展的局面，不能成为有效地管理、保护和促进民间公益事业可持续发展的依据，政府相关部门的管理、监督和服务工作也已经滞后。经过 1960 年、1992 年、1993 年、2006 年的四次修改，英国现行的慈善法变得更加完善。2006 年慈善法首次明确慈善委员会的法律地位。慈善委员会成立于1853年，100多年以来它虽然一直是英国官方对民间公益性组织的监管机关，但其自身作为一个官方机构的法律地位并不明确，仅是作为慈善委员会委员手下的办事机构，依法行使职权。新法撤销了原来的慈善委员会委员办公室，首次明确规定：慈善委员会是具有特殊独立性的主管民间公益性事业的政府机关，它只对议会负责。该法还规定新法生效后，以前有关法律中所有涉及慈善委员会委员的地方均应理解为慈善委员会这个机关。新法用很大篇幅重新规定了慈善委员会的机构设置、人事配备、任务、职能与权限，使慈善委员会真正成为享有明确法律地位，并依法有效管理民间公益性事业的机关。2006年慈善法还首次为民间公益性事业给出了法律定义。根据2006年慈善法的定义，只有那些为公众利益服务的、具备慈善目的的事业才能被认可为民间公益性事业。法律从最初的4项慈善目的定义扩展到现在的13项。新法还引入全新的民间公益性组织形式，即慈善公司组织。这是一种专门为英国民间公益性组织设计的具有正式法律地位的公司式组织形式。此外，新法还对公共场所的募捐和挨家挨户的募捐进行了规范和必要的限制，引入了统一的公共场所募捐执照制度，改革了原有的地方募捐许可制度。统一的募捐许可制度的创建，严格规范了志愿部门的筹款募捐活动。新法还设立慈善申诉法庭，为保护民间公益性组织的权益开辟了新的法律途径。新法通过专门的条款和附则，详细地规定了法庭的机构、人员、职能、经费来源、工作程序以及该法庭与高等法院和检察机关的关系。法律规定：慈善组织可以就主管机关——慈善委员会的“任何决定”首先向慈善申诉法庭进行申诉，如果慈善申诉法庭作出了决定而慈善组织仍然不服，可以继续上诉到高等法院。[①]

二、美国慈善事业行政监管的历史

在美国，包括慈善组织在内的非营利组织的发展伴随着相应的监管演变。在一定意义上可以说，美国慈善组织发展史也是相应慈善组织监管演变的历史。

---

① 王名、李勇、黄浩明编著：《英国非营利组织》，北京：社会科学文献出版社2009年版，第24～43页。

（一）从慈善信托到非营利法人法的转变

慈善信托制度早在17世纪的英国就已经出现，它是宗教改革以来英国慈善活动的主要组织形式和监管手段。作为英国的殖民地，美国建国以前对非营利组织尤其是慈善组织进行监管主要依靠慈善信托制度。1601年的《慈善信托法》成为殖民地时期美国监管慈善组织的主要法律。美国革命时期和刚独立之后，美国大多数州对慈善保持沉默。美国建立后，许多州限制慈善。同时，很多州放弃慈善信托制度。1790年，纽约州立法机关为很多宗教、文学、科学、仁爱及慈善目的的组织颁发了法人特许状。

19世纪中期之后，美国大多数州开始制定法人法监管慈善组织。依靠法人法而不是特许状对慈善组织进行监管，使得成立慈善组织成为公民的一项权利而不再是政府的特权。纽约州和其他州颁布《一般法人法》，慈善组织可以成为法人。1850年，加利福尼亚州也通过了类似的法律——《有关法人行为法》，允许慈善组织进行注册。1931年，加利福尼亚州通过了《一般非营利法人法》，放弃了对慈善法人的诸多限制。这些州采用慈善法人而不是慈善信托的另一个原因，是州的立法机关或行政长官可以赋予慈善法人很多特权，且由此能够对慈善法人进行更大的控制。

在这个阶段，对慈善组织的监管权力主要存在于州政府层面。出于对道德期望的考虑，各州法律普遍对慈善组织提供诸多特权和优惠。在这个阶段，慈善组织几乎在所有针对商事法人的新税收和管理措施中得到豁免待遇，免于缴纳企业所得税和销售税，且大多数慈善组织免于缴纳财产税的传统实践也得以保留并普遍化。同时，慈善组织也在下列有关联邦法律规则中得到豁免——强制性破产、集体谈判、证券登记、社会保障、失业保险、最低工资以及不公平贸易实践，且在版权法和垄断法方面也得到优惠对待。

在这个阶段，慈善组织监管呈现如下特点：第一，对慈善组织的监管主要不是依靠普通法中的慈善信托制度，而是依靠法人制度。但是慈善组织管理人员的义务则类推适用了信托义务。第二，从非营利法人特许状到非营利法人自由成立的转变，使得成立慈善组织的法律基础得以确定，成立慈善组织成为公民的一项权利。第三，各州法律基本上把慈善组织当作单一类别对待。第四，各种非营利法人法为慈善组织规定了诸多近乎偏执的特权和优惠待遇。第五，商业组织法对慈善组织法人法的发展产生了越来越大的影响。

（二）从组织法、管理法的监管到税法的监管

在20世纪之前，对慈善组织的监管主要靠各州来实现，其基本方式是制定组织法和管理法。直到1913年联邦所得税机构成立，联邦税法才开始对美国慈善组织发挥重要作用。自此，对慈善组织的监管主要依靠财税法和管理法。美国对慈善组织进行税收豁免的传统深深植根于美国的历史之中。但美国税法授予慈善和志愿组织税收豁免的法律结构在1894年至1969年间的立法中才确定下来。美国1894年的《关税法》规定了慈善、宗教和教育组织的慈善豁免特权。随后，一些税法随着联邦税法对慈善组织税收豁免和对捐赠人所得税减免规定的出台而完善，在联邦层面，美国国税局对慈善组织承担了主要的监管责任。

早期的税收豁免规则主要围绕三个主要原则发展：一是以慈善为目标的组织的联邦所得税豁免；二是慈善组织不得从事私人目的，即慈善组织收入不能用于增进与组织有关的人的利益；三是对捐赠人的所得税减免，以鼓励慈善捐赠。表2－2为美国慈善组织税收立法大事年表。

表2－2 美国慈善组织税收立法大事年表

法　　律	涉及慈善组织的税法规定
1894年关税法	最早的关于对某些组织进行税收豁免的法律
1909年税法	提出禁止慈善组织用于个人目的
1913年税法	对某些组织豁免所得税
1917年税法	对进行慈善捐赠的个人免除一定的所得税
1918年税法	对慈善捐款减免遗产税
1934年税法	允许慈善组织进行游说但不能参与政治活动
1936年税法	慈善组织企业所得税豁免
1943年税法	首次要求慈善组织填写990表
1950年税法	设立非相关商业活动所得税

续表

法　律	涉及慈善组织的税法规定
1954 年税法	现代税法建立，制定针对免税组织的 501（c）条款，正式确立对慈善组织政治活动的限制
1964 年税法	提高向慈善组织捐赠减免应纳税所得额占调整后收入比例至 30%
1969 年税收改革法	确立私人基金会相关规则，包括最小慈善支出，对净投资收益征收 4% 的消费税，提高向运作型私人基金会和公共慈善机构的捐赠减免，应纳税所得额占调整后收入比例的 50%
1978 年税法	私人基金会净投资收益消费税降至 2%
1984 年税收削减法	提高向非运作型私人基金会捐赠减免应纳税所得额占调整后收入比例至 30%，对某些运作型基金会净投资收益免税，对某些满足条件的基金会净投资收益消费税征收比例降至 1%
1993 年税收抵免法	对会员制组织的某些游说和政治支出征收代理税
1996 年纳税人权利法案	提出超额收益交易中间处分规则
1997 年纳税人减税法案	对提供商业保险的某些组织撤销免税资格
2006 年养老金保护法案	要求 501（c）（3）条款下的组织向公众提供 990-T 表

资料来源：王名、李勇、黄浩明编著：《美国非营利组织》，北京：社会科学文献出版社 2012 年版，第 25 ~ 26 页。

这个时期是联邦政府运用税收权力形成对慈善组织监督体系的时期，同时对慈善组织相对于营利性纳税实体可能获得的不公平优势进行了考虑。在 20 世纪 40 年代，美国首先取消了慈善组织的“卫星”组织（完全从事与慈善组织使命和宗旨无关的商业活动，把这种商业活动的收益全部用于支持慈善组织）的税收豁免权。

这个时期美国的慈善组织法呈现如下特点：第一，美国慈善组织的主要监管主体从州的层面转向联邦层面；第二，税法取代组织法和管理法成为监管慈善组织的主要法律依据；第三，开始对不同慈善组织、同一慈善组织的不同行为进行区分对待。

（三）分类监管的发展

在美国慈善组织发展的早期，慈善组织规模、数量及影响比较小，依靠州的一般法人法和联邦税法或慈善信托足以进行监管。但二战后，随着政府支出的增加，慈善组织的复杂性、多样性不断增强，旧有的法律体制已经不能适应新形势的需要。基于此，联邦及州政府进行了大规模的非营利法人的修法活动。在这次大规模的修法中，比较有代表性的是美国律师协会的《非营利法人示范法》、纽约州的《非营利法人法》、特拉华州的《一般法人法》以及加利福尼亚州的《非营利法人法》。

在联邦层面，联邦税法亦开始对不同的慈善组织、同一慈善组织的不同行为进行区分对待，详见表 2－2。这一时期法律逐步放弃对慈善组织的偏爱，开始对慈善组织享有的特权和豁免进行理性梳理。其主要表现形式是在某些领域，所有慈善组织所享有的特殊待遇或豁免被完全取消。最早的例证之一是 1942 年乔治敦大学校长及董事诉休斯案中非营利组织侵权责任“慈善豁免”原则的废止。在 1970 年至 1976 年的一系列案例中，美国全国劳动关系理事会否认了长期以来“崇高事业”豁免的原则，对慈善组织采取与普通商业公司一视同仁的对待。慈善组织原来享有的减免缴纳社会保障税，在 1983 年的社会保障税中明确规定，非营利公司也需要与商业公司一样必须缴纳此税。1970 年，慈善组织失业保险税豁免待遇也在州一级层面上被取消，反垄断法也几乎毫不犹豫地适用于慈善组织。

总之，这一时期美国慈善组织监管的发展呈现如下特点：第一，在州的层面上，很多州开始对慈善组织进行分类管理；第二，各州之间的非营利法人法呈现较大的差异性；第三，在联邦层面上，税法也日益对非营利法人及其活动进行分类管理；第四，法律开始放弃对慈善组织的偏爱，开始对慈善组织享有的特权和豁免进行理性梳理。

（四）从管理到治理

20 世纪 90 年代以来，由于慈善组织的类型、数量和规模急剧增加，慈善组织商业化导致的使命与手段之间的矛盾以及政府法律的缺陷、监管手段的缺乏，使得非营利部门中各种丑闻不断，慈善组织的公信力明显下降。例如，1992 年的“联合之路丑闻”、2001 年的“美国红十字会丑闻”等。据报道，从 1995 年到 2002 年，慈善组织的各种丑闻涉及的资金总额达 12.8

亿美元。一项调查显示，2001 年至 2002 年，受访者对慈善组织的信任度从 90% 下降到 60%。2006 年调查显示，71% 的受调查人认为慈善组织大量滥用捐款。30% 的受访者认可慈善组织的活动，仅有 11% 的受访者信任慈善组织的支出。这使得人们较多地选择建立私人基金会，而不是信任和支持已有的慈善组织。联邦和地方政府在慈善组织监管、问责的法律法规、监管手段等方面存在的问题越来越突出，制度建设和监管方面的变革呼声日高，推动着美国慈善组织相关法律制度的改革创新。在此之前，对慈善组织治理首先作出突破性规定的是 1970 年纽约州的《非营利法人法》。该法的重要目标之一是增强慈善组织理事的作用和加强对它的问责，并对会员衍生诉讼首次作出规定：5% 以上的会员、持有出资证明者或拥有收益权者可以为了法人的利益提起诉讼。起诉时原告必须获得理事会的授权，或者说明没有获得授权的理由。这一派生诉讼如果没有法庭允许则不得中止、和解或自行解决。加利福尼亚州作出了进一步规定：共益型和互益型非营利法人的会员可以提出派生诉讼，但需要遵守一般法人法的规定。

2000 年以后，在立法上享有相应权力的许多相关部门和州开始修改或制定相关的示范法律，以加强对慈善组织的监督和问责。2000 年，美国法学会（ALI）理事会启动了“非营利组织法原则”项目。ALI 通过法院判决、倡导、学术奖和持续的法学教育来影响州法律。其关注的重点是慈善组织问责。2006 年 2 月，美国律师协会（ABA）发布了《非营利法人示范法改革草案》（征求意见稿），关注慈善组织的治理行为与问责。2002 年，美国统一各州法律全国委员会（NCCUSL）起草委员会开始修改 1972 年通过的《统一机构资金管理法》。2006 年，通过修改案并把该法律改为《统一机构资金审慎管理法》。新修改的法案对慈善组织在投资决策方面提供指导，并对资金发放限制规则进行扩展，减少对募款成本的限制。

这个时期，慈善组织法律发展的主要特点是增强慈善组织理事会的作用，加强会员和公众对理事会的问责。①

---

① 王名、李勇、黄浩明编著：《美国非营利组织》，北京：社会科学文献出版社 2013 年版，第 8 ~ 30 页。

第三节 我国慈善事业行政监管的历史

一、我国古代慈善事业行政监管的历史

（一）宋代以前的慈善事业行政监管

在我国漫长的古代社会，统治阶层为谋求政权长治久安，对贫病弱疾灾等各色困难群体实施惠政善举。尤其是在某些历史时期，慈善事业格外受到重视，中央官府不仅诏令颁布相关条例、制度，而且设有专门官职或监管机构予以规范和制约。在传统慈善事业发轫之初的西周时期，一整套的中央中枢机构和官制逐渐形成。其中重要官员地官“司徒”之职是，“以保息六养万民：一曰慈幼，二曰养老，三曰振穷，四曰恤贫，五曰宽疾，六曰安富”①。司徒之下还附设属官，大多掌管涉及民众生计的具体事务，“养耆老以致孝，恤孤独以逮不足”②，旨在教化百姓、辅佐礼治。自此，由政府主导、官民共同参与的各种慈善活动千百年来赓续不辍。南北朝时出现了专门收容贫病者的慈善机构——六疾馆，这在中国慈善事业发展史上具有划时代的意义，它标志着中国慈善活动正在迅速地兴起和发展，也表明中国慈善救济与福利制度正经历由以设官掌事为主向因事设署（机构）、以署（机构）定职的方向发展变化。③ 稍后，北魏宣武帝永平三年（510年）亦设立类似的慈善机构，救济患病的贫民。《北史》中有详尽记载：（永平三年冬十月）丙申，诏太常立馆，使京畿内外疾病之徒，咸令居处。严敕医署分师救疗，考其能否而行赏罚。④

公元6世纪以后，传入中国的佛教义理中含有强烈的行善观念，行善也从此成为中国佛教信仰的基本实践活动之一。佛教有三福田，以供养父母者为恩田，供佛者为敬田，施贫者为悲田。同时，悲田布施以集体方式为

---

① 林尹注译：《周礼今注今译》，台北：台湾商务印书馆1979年版，第99页。

② 〔清〕孙希旦撰：《礼记集解（上）》，沈啸寰、王星贤点校，北京：中华书局1989年版，第361页。

③ 周秋光、曾桂林：《中国慈善简史》，北京：人民出版社2006年版，第78页。

④ 周秋光、曾桂林：《中国慈善简史》，北京：人民出版社2006年版，第79页。

最佳的看法也已形成，按同时代的《像法决疑经》所说：“敬田者即是佛法僧宝。悲田者贫穷孤老乃至蚁子。此二种田。悲田最胜。善男子。若复有人。多饶财物独行布施。从生至老。不如复有众多人众。不同贫富贵贱。若道若俗。共相劝他各出少财聚集一处。随宜布施贫穷孤老恶疾重病困厄之人。其福甚大。”① 唐代的悲田养病坊就是由佛寺举办的救济贫病之人的医院。8 世纪初，悲田养病坊引起政府的猜忌，政府设专门的官员来监督。唐玄宗开元五年（717 年），宰相宋璟即有奏：“悲田养病，从长安以来，置使专知。国家矜孤恤穷、敬老养病，至于安庇，各有司存。今骤聚无名之人，著收利之便，实恐逋逃为薮，隐没成奸。昔子路于卫，出私财为粥，以饲贫者，孔子非之，乃覆其馈，人臣私惠，犹且不可，国家小慈，殊乖善政。伏望罢之，其病患人，令河南府按此分付其家。”② 长安为武后在公元 701 ~ 704 年的年号，在此时政府“置使专知”，监督这些佛寺所管理策划的医院。宋璟上奏时，佛寺的社会力量已引起政府更严重的顾忌。宋璟奏请的主要目的也是废除这些佛教救济组织，他觉得政府甚至不应监督这些可能“聚无名之人”的宗教机构，应干脆废止这种机构。但是他的建议并未被接受。不过，唐政府要控制这些组织的意愿还是日趋强烈，宋璟之奏后 17 年，即公元 734 年，玄宗下令将京师的乞儿全归病坊收管，所有额外经费由政府以利钱支付。此一诏令无疑是为了增加官方参与悲田院的分量，借此减弱佛寺的影响力。宋璟的建议在 100 多年之后才完全落实，在这段时间中，佛寺对社会的影响力不但不降，反而有增强之势，令政府感到越来越严重的威胁，到会昌五年（845 年），当时的武宗终于废天下僧寺。政府废佛但没有放弃悲田养病坊，佛寺被废以后，政府即直接承担这些机构的全部经费，并委任地方上有名望的人来监督机构的行政，即“悲田出于释教，并望改为养病坊。其两京及诸州，各于录事耆寿中，拣一人有名行谨信，为乡里所称者，专令勾当。其两京望给寺田十顷，大州镇望给田七顷，其他诸州，望委观察使量贫病多少给田五顷，以充粥食”③。换言之，

---

① 《像法决疑经》，南普陀在线（http://www.nanputuo.com/nptlib/html/201103/2814521573499.html）。

② 〔宋〕王溥：《唐会要》，北京：中华书局 1955 年版，第 863 页。

③ 〔宋〕王溥：《唐会要》，北京：中华书局 1955 年版，第 863 页。

从9世纪中期以后，政府从佛教组织的手中承接了慈善组织的管理工作，用公款支付养病坊的开销，并挑选地方上有名望的耆老管理事务，佛教组织的社会影响力因而减弱，但政府的社会责任也相对地增加了。①

（二）宋代的慈善事业行政监管

两宋均以文立国，重视仁政，“宋之为治，一本于仁厚，凡振贫恤患之意，视前代尤为切至”②，其慈善福祉活动，“规模之大、设施之全、内容之广，在中国封建社会无一朝能出其右”③。而且宋朝在对前朝隋唐例制损益的基础上多有创获，促使慈善之政逐渐趋向日常化和制度化。这个时期，政府还加大对慈善救济事业的监管力度。例如针对义葬机构漏泽园，中央政府规定，各地漏泽园须将收葬死者数目置立图籍，“以图籍交授，监司巡历取图籍点检”④，定期督查掩埋枯骨情况。此外，不少朝臣针对灾荒赈济纷纷建言献策，以图避弊趋善，尤以董煟集前代今朝救荒大成之作《救荒活民书》为代表⑤，朝廷据此制定详备的救灾章程，以备凶荒之年检视、督查与赈恤。

北宋时期，政府成立了以治病为主的安济坊和以施药为主的惠民药局两个慈善机构。安济坊草创之初，其主要功能是“养病之贫病者”“处民之有疾病而无告者”，为此，坊内设有专职郎中，并发给郎中“手历”（即“医疗登记簿”），详细记载有关患者的病情及治疗效果，“岁终考其数”。⑥惠民药局在北宋仁宗时期就已出现，它是出售或施舍中成药的专门医疗慈善机构，多建在城郭关厢。吴自牧在《梦粱录》中对南宋临安的慈善医疗救济有如下记载：“民有疾病，州府置药局于戒子桥西，委官监督，依方修制丸散㕮咀，来者诊视，祥其病源。给药医治。朝家拨钱一十万贯下局，令帅府多方措置，行以赏罚，课督医员，月以其数上于州府，备申朝省。或

① 梁其姿：《施善与教化：明清的慈善组织》，北京：北京师范大学出版社2013年版，第23 24页。

② 〔元〕脱脱等：《宋史》，北京：中华书局1977年版，第4335页。

③ 周秋光、曾桂林：《中国慈善简史》，北京：人民出版社2006年版，第96页。

④ 〔清〕徐松辑：《宋会要辑稿》（第七册），北京：中华书局1957年版，第6318页。

⑤ 李文海、夏明方主编：《中国荒政全书（第一辑）》，北京：北京古籍出版社2002年版，第1～145页。

⑥ 周秋光、曾桂林：《中国慈善简史》，北京：人民出版社2006年版，第99页。

民以病状投局，则畀之药，必奏更生之效。”①

宋度宗咸淳元年（1265年），马光祖知建康府。他在任上，除设立收养鳏寡孤独无告者的慈善机构外，更为重视慈幼之政。他对建康慈幼庄进行了大力整饬，务除陈弊，制定了更为完善的收养幼婴的措施，其条式可谓具体而完善，此处录其一于下：行下诸厢及两县尉司，严督巡逻诸处，如有抛弃小儿，仰即时申解提督厅，每收一人，与支犒酒一瓶。如鲁莽失收，觉察到官，厢官阁俸地分等人，等第究断，仍关缉捕房专一觉察。②

加强仓储管理。常平仓、义仓沿袭已久，其弊端在宋代日渐凸显。如时人所指出的：“常平赈粜米，其弊在于不能遍及乡村。今委隅官里正监视，类多文具，无实惠及民”，“然义仓不留诸乡而入县仓，悉为官吏移用。县仓于民尤近，厥后上三等户皆令输郡，则义米带入郡仓，转充军食，或资烦费，岂复还民?”即便在赈济过程中，也弊病丛生，即“强梁者得之，……鳏寡孤独疾病无告者未必得也”，此其一。其二，若支米，则搬运极费力，“往往夫脚与米价相等，更有在路减窃拌和之弊”；若支钱，“所委不得其人，亦有减克之弊”。在众人所指的情况下，常平仓的救济法在南宋时略有改进，开始以工役救荒。③

（三）明代的慈善事业行政监管

洪武元年（1368），《大明令·户令·收养孤老》规定：“凡鳏寡孤独，每月官给粮米三斗，每岁给棉布一匹，务在存恤。监察御史、按察司官，常加体察。”④ 该条确立了官方救济孤贫的基本范围和标准，并责成监察御史、按察司官行使监察之责，以确保法律和政策得到推行。明洪武十八、十九年律，即《律解辩疑》所载明律，便是在此基础上制定的。律云：“凡鳏寡孤独及笃废之人，贫穷无亲属依倚，不能自存，所在官司（应收养而不收养者），以监守自盗论。”该律进一步明确收养的范围，并规定对政策贯彻不力之官员进行惩处。《明律·户律·收养孤老》规定：“凡鳏寡孤独

---

① 〔宋〕孟元老等：《东京梦华录/梦粱录/都城纪胜/西湖老人繁胜录/武林旧事》，北京：中国商业出版社1982年版，第161页。

② 周秋光、曾桂林：《中国慈善简史》，北京：人民出版社2006年版，第108～109页。

③ 周秋光、曾桂林：《中国慈善简史》，北京：人民出版社2006年版，第112～113页。

④ ［日］夫马进：《中国善会善堂史》，伍跃、杨文信、张学锋译，北京：商务印书馆2005年版，第44页。

及笃废之人，贫穷无亲属依倚、不能自存、所在官司应收养而不收养者，杖六十。若应给衣粮而官吏克减者，以监守自盗论。”① 朱元璋还对各地官员下达了相关命令，要求官员到任后必须查点养济院的运作情况，“养济院见在孤老月支粮米岁支布匹逐一开报，须亲自点视给赐，毋致失所，以副朝廷存恤之意”。洪武二十四年（1391 年）八月又命户部遣官行县询鳏寡孤独之民，令有司修理养济院，勤加存恤。明政府为养济院制定了一系列相关性政策，其主观愿望是好的，但在实际管理中，渐渐显露出各种问题和弊端，其中胥吏的贪污舞弊是明代养济院的突出现象。明中后期的吕坤根据自己所了解的情况，将胥吏舞弄导致的弊端概括为：“有命在旦夕手无一文，不能自达于官者；有里老户房，徇情受贿不当收养而滥收者。老而无夫老而无妻始为鳏寡。有夫妇并收支双粮者；律称鳏寡孤独及笃疾之人皆当收养，今瞽目残肢养济院全不收一人者；有散月粮全不经眼，任仓斗通户吏侵渔者；有迟十日半月不打点再不给散者；有积年孤老为头指称使用科敛扣克者；有露宿地寝无室庐床炕者；有疾病而无医调理者；有私自顶替死名者；有缺名数多全不补完而积滑吏书冒粮侵蚀者；有借口钱粮额定眼看饿死而不收养一人者。”② 陋弊种种，不一而足。

（四）清代前期和中期的慈善事业行政监管

清入关后，承袭明制，建立起较为完备的以律、例、会典为主的封建成文法体系。鉴于明后期养济善政漏卮丛生，为确保仁政落到实处，清帝屡颁政令以推行养济院这项恤老慈善事业，而且管理制度愈来愈严明。顺治三年（1646 年），《大清律集解附例·户律·户役·收养孤老》规定：“凡鳏寡孤独及笃废之人，贫穷无亲属依倚，不能自存，所在官司应收养而不收养者，杖六十。若应给衣粮而官吏克减者，以监守自盗论（凡系监守者，不分首从，并赃论）。”该律基本沿袭了明律的基本内容，进一步明确了对“监守自盗”的处置标准是不分首从，坐以赃罪。对于养济院、普济堂、育婴堂等官办慈善机构，清政府也多次出台相关法令，加强善款使用

---

① ［日］夫马进：《中国善会善堂史》，伍跃、杨文信、张学锋译，北京：商务印书馆 2005 年版，第 45 页。

② 〔明〕吕坤：《吕坤全集（下）》，北京：中华书局 2008 年版，第 967 页。转引自周秋光、曾桂林：《中国慈善简史》，北京：人民出版社 2006 年版，第 149 页。

情形的监督与管理。乾隆二年（1737 年）的诏令曰："各州县设立养济院，原以收养孤贫，但因限于地额，不能一同占惠，嗣后，如有外来流丐，察其声音，讯其住址，即移送各本籍收养。令各保甲将实在孤苦无依者，开明里甲年貌，取具邻佑保结，呈报州县官，除验补足额外，其有浮于额数者，亦收养济院院内，动支公项，散给口粮，仍将散额外孤贫口粮名数，按年造册报销，如冒滥克扣，奉行不力，照例参处。"① 这项诏令对以前所收养的对象有了更严密的操作依据，以杜绝各项弊端。乾隆六年（1741 年）的另一道诏令，则是使养济院有了稽查责成之法。它要求各地方官时常督促养济院的经营，对经营管理不善者，予以相应的处罚。该诏令云："各处额设孤贫，令该管道府，每年遇查勘公事之时，即带原送册籍，赴养济院点验。如房屋完整，孤贫在院，并无冒滥，出具印结，呈报上司。如房屋坍塌，孤贫不尽在院，或年貌不符冒给者，该管官照例支给列，降一级调用。道府不行查验，遽行加结转详，照违例支给之转详官例，罚俸一年。若纵胥役及令为首之孤贫代领，以致侵蚀，该管官照纵役犯赃例，革职。道府不行查出，照预先不行查出例，降一级调用。如道府徇庇容隐，及持同出结，照徇庇例，降三级调用。"② 由此可见，一旦违反相关的法律条款，有关官员将会被追究法律责任，受到相应的行政处罚。其他慈善机构如普济堂、育婴堂，在监管方面也有较严密的法律规定。嘉庆四年（1799 年），中央政府就依法派出官员稽查京城普济堂，并以"育婴堂事同一例，即令巡视东城御史随时稽查，以昭核实"③。上述严格的管理条例反映出清朝政府恤孤济贫的理想主义色彩，实践中各地养济院的推行实施也并不尽如人愿，如甲头和胥吏狼狈为奸，合伙贪污"孤贫口粮"；里长也以种种方法营私。④ 其实，乾隆时期对养济院的严加管理体制及对胥吏舞弊贪污行为的严加防范，恰是从反面说明了此时养济院的积弊已深，在运营过程中所滋生

---

① 周秋光、曾桂林：《中国慈善简史》，北京：人民出版社 2006 年版，第 152 页。

② 周秋光、曾桂林：《中国慈善简史》，北京：人民出版社 2006 年版，第 152 ~ 153 页。

③ 《钦定大清会典事例（嘉庆朝）》（卷七七六），载沈云龙主编《中国近代史料丛刊三编第 70 辑》，台北：文海出版社 1992 年影印本，第 2037 页。转引自周秋光主编《中国近代慈善事业研究（中）》，天津：天津古籍出版社 2013 年版，第 766 页。

④ ［日］夫马进：《中国善会善堂史》，伍跃、杨文信、张学锋译，北京：商务印书馆 2005 年版，第 55 页。

的腐败现象已十分普遍，并有愈演愈烈的趋势。[①]

面对养济院运营中的问题，一些地方绅衿集资创建了普济堂。组织管理上，普济堂实行司事负责制，即由堂延请殷实的绅士轮流值理，期限为一月、一季或一年。一般地说，民办或官督民办的普济堂多采用董事制，而官办机构则实行聘任制。在制度管理上，各地普济堂均订有堂规，以便于正常运作。长沙普济堂的堂规就极其完备，对堂宇安置、入堂名额、日常开销、医药、首事、书吏杂色人役、食米数、葬埋及银款来源都有详细记载。清代最流行的官箴《牧令书》也辑录了不少当时普济堂的基本条规。可见普济堂在救济社会弱势群体的过程中已日臻完善，影响也日益扩大。[②]

二、我国近代慈善事业行政监管的历史

（一）晚清时期的慈善事业行政监管

晚清的传统慈善机构，除存在经费枯竭、堂舍毁坏等问题，其衰落的迹象还表现在管理运作方面十分混乱，弊病丛生。善堂系经营管理地方社会的善行义举之地。其善举不止一端，善堂之设也不止一处，有合多种善举而设一善堂者，也有聚众多善堂办理同一善举者。这些善举大概都是得人则兴，失人则废。所谓“中间董其事者，端正慈惠，固不乏人；而侵渔朘削，罔惜丧德者，亦间有之”[③]。一些不能洁身自爱的绅董差役，以为有利可图，“一旦银钱在于手，利令智昏，不顾公款之不敷，但顾私囊之充足；无论桥梁、街路、河道、义渡、义塾、医局、粥厂等项皆可随意侵吞；即育婴、恤嫠、施棺、掩埋、施衣、施药之费，亦无不为之侵蚀。不顾名义，不恤人言，但欲弊官长耳目，冀长享此不义之财”[④]。丁日昌谓其乡居时，曾见孤贫、育婴、恤嫠诸善举，由唯利是图的书差等人经营之后，竞相勾结，争相渔利，致使善款被“账房分十之二三，杂务门上分十之二三，

---

① 周秋光、曾桂林：《中国慈善简史》，北京：人民出版社2006年版，第153页。

② 周秋光、曾桂林：《中国慈善简史》，北京：人民出版社2006年版，第153～156页。

③ 《民国续纂泰州志·卷五·公署·义局》，转引自周秋光、曾桂林《中国慈善简史》，北京：人民出版社2006年版，第233页。

④ 《论清查善堂事》，《申报》1897年3月15日，转引自周秋光、曾桂林《中国慈善简史》，北京：人民出版社2006年版，第233～234页。

书差又复侵渔十之三四，穷民所占实惠不过一二而已”[①]。本为地方善政的养济院、育婴堂等慈善事业，由于劣绅的插手操纵，染指其间，“占为利薮”[②]，变得“大率有名无实，……黑幕重重，不可究诘”[③]。这在清末民初并非个例，而是普遍存在的现象。更有甚者，一些不肖不义之徒居然借设善堂而蒙蔽官长，博取美名，乃至搅乱地方，他们“所收之捐无非供其挥霍，赡其身家。所谓善举者，不过掩人耳目，甚有捐款一到，即大小瓜分”。晚清善堂那仅有的善款也“难保无滥费侵渔等弊”[④]。于是，社会舆论对传统善堂群相指摘，对其改良极为关注，认为善堂酿成此弊的原因有二：一是“立法尚未尽精详”，二是“司其事者未克实事求是”[⑤]。质言之，即是由于善堂的管理制度不善所导致。由于善堂的经费筹措困难，管理又不善，绩效自然也就越来越差。晚清湖南的一些育婴堂就因款额支出不足，往往由乳母一人合哺两三个幼婴。一乳多婴，乳母乳汁不足，遂有暗以麦浆、粮水止其啼哭。这就造成婴儿营养不良，体弱病虚以致夭折殇亡。由于善堂管理制度不严，所谓“失乳而多致夭殇亡，伪抱养而流为娼妓”之现象已为人所诟病[⑥]。凡此种种，显然与社会文明进步极不兼容。传统善堂在这种急剧变迁的社会背景下，趋向衰落也就不可避免了。

近代以来，由于西方资本主义疯狂的经济侵略，中国传统的自然经济渐趋解体，大量农民、手工业者因之破产、失业，最终被迫离土离乡，盲无目的地流向城市，或游荡在城乡之间，沦为流民、游民。连年的灾荒、频仍的战乱更是加剧了这股盲流的形成与涌动，并日益成为威胁统治秩序和危害社会安全的严重社会问题。[⑦] 1901 年，黄中慧倡议北京善后工艺局，

---

① 〔清〕丁禹生：《抚吴公牍》（一），台北：华文书局股份有限公司 1968 年版，第 518 页。

② 夏东元编：《郑观应集》（上），上海：上海人民出版社 1982 年版，第 533 页。

③ 程霖生：《市政论》，上海：商务印书馆 1925 年版。转引自周秋光、曾桂林《中国慈善简史》，北京：人民出版社 2006 年版，第 234 页。

④ 《论清查善堂事》，《申报》1897 年 3 月 15 日。转引自周秋光、曾桂林《中国慈善简史》，北京：人民出版社 2006 年版，第 234 页。

⑤ 《效法泰西以行善举议》，《申报》1897 年 5 月 31 日。转引自周秋光、曾桂林《中国慈善简史》，北京：人民出版社 2006 年版，第 234 页。

⑥ 湖南调查局辑：《湖南民情风俗报告书》（下册），湖南法制院 1912 年编印。转引自周秋光、曾桂林《中国慈善简史》，北京：人民出版社 2006 年版，第 234 页。

⑦ 迟子华：《中国流民史·近代卷》，合肥：安徽人民出版社 2001 年版，第 20 ~ 82 页。

收容孤贫幼童及流离失业无业游民，延聘教习，依其资质，分别授予数算、镌刻、织布、织绒毯、珐琅、瓦木诸作，以期两三年内学有所成，即出局自谋生计。[①] 1906～1908年间，经民政部核准立案，北京还相继创办了京师内城贫民教养院、外城初级教养工厂、外城中级教养工厂、外城教养女工厂、外城贫民工厂、内城公立博济初级、中级工厂等多所慈善教育机构。这些贫民教养院、工厂均“以收留贫民兼施教养、勿任失所为宗旨”[②]，属于慈善教育性质的机构。如京师内城贫民教养院，对于十二岁以上的贫民，“量其体力送往相宜之工厂，俾习工艺”；而对于已至七岁及应受教育之年的幼弱者，“特聘教习一人，使专教七岁以上之幼童、幼女。至其程度堪入小学时，男即送入小学校，女则送入相宜之女学校或由本院教以女红”[③]。1906年，内城市政公益会绅商共筹捐款设立博济教养初级工厂，“专为初级工徒而设，收留幼稚贫民、年在十三岁以上十八岁以下者，入厂学习工艺，俾出厂后得自谋衣食，以教养兼施为宗旨”[④]，分教科、工科，传授学童以基础学识与粗浅技艺。1903年，天津设半日学堂一所，招极贫子弟入堂读书。不久，又设工艺厂一所，“招幼童学习粗浅工艺，与半日学堂相表里”，令聪颖者学织布、织毛巾、造洋桌椅等活，椎鲁者习编柳条、织簸箕、提篮等艺。[⑤] 在此前后，直隶还开办工艺局、广仁堂女工厂、习艺所等多处，岑春煊也在成都设局，成立四川通省劝工局。此外，两广、东三省、河南、湖北、云南、新疆、热河、甘肃、安徽、陕西、浙江、福建、山西等省都建立了类似的工艺局、厂。[⑥] 工艺局、厂的兴办，“为解决中国传统的游民问题提供了新的模式”[⑦]，而相关章程、法规的颁行，也成为近代中国政府

---

① 彭泽益编：《中国近代手工业史资料（1840—1949）》（第二卷），北京：生活·读书·新知三联书店1957年版，第518～520页。

② 田涛、郭成伟整理：《清末北京城市管理法规（1906—1910）》，北京：北京燕山出版社1996年版，第241页。

③ 田涛、郭成伟整理：《清末北京城市管理法规（1906—1910）》，北京：北京燕山出版社1996年版，第242～244页。

④ 田涛、郭成伟整理：《清末北京城市管理法规（1906—1910）》，北京：北京燕山出版社1996年版，第377页。

⑤ 《慈善教育说》，《东方杂志》第1卷1904年第9期，第197～198页。

⑥ 迟子华：《中国流民史·近代卷》，合肥：安徽人民出版社2001年版，第354～357页。

⑦ 岳宗福：《近代中国社会保障立法研究（1912—1949）》，济南：齐鲁书社2006年版，第227页。

以行政法律手段积极介入慈善事业的开端。

在清末修律的同时，1904～1905 年，地方自治从东北兴起后，迅速扩展到天津、上海、武昌、广州等经济发达、风气开化的地区。在 1908 年前后，其已陆续在全国范围内展开。1909 年颁布的《城镇乡地方自治章程》，要求各地遴选公正之绅士，依章程将城镇乡自治各项事宜迅速筹办。这些自治事宜，共计八项，其中前六项均涉及地方慈善公益事业。它们是：（一）学务，包括中小学堂、劝学所、阅报社、图书馆等；（二）卫生，包括清洁街道、清除污秽，施医药局、医院、戒烟会等；（三）道路工程，包括修缮道路、建筑桥梁、疏通沟渠等；（四）农工商务，包括劝工厂、工业学堂等；（五）善举，包括救贫、恤嫠、保节、育婴、施衣、施粥、义仓积谷、贫民工艺、救生会、救火会、救荒、义棺义冢等；（六）公共营业，包括电车、电灯、自来水等。因此，该章程规定："地方自治以专办地方公益事宜，辅佐官治为主。"[①] 该章程中提及的自治事宜有关地方慈善事业的规定，已与传统时期慈善法制的规定迥异，表明中国近代慈善法制已经缓慢启动，并开始在清末地方社会发挥积极的作用。值得注意的是，清末的行政机构改革，改传统的六部之户部、礼部相关部门为民政部，主管慈善捐赠及褒扬事宜，并发布了一些相关法令，如 1906 年清政府颁布的《京师习艺所章程》，1907 年民政部奏准的《整饬课息善政并妥筹办法折》，这些都有助于清末慈善事业的发展。这也构成了近代慈善法制启动的一部分，对民国慈善法的出台有一定影响。[②]

（二）民国时期的慈善事业行政监管

民国时期，慈善事业行政监管按其发展进程，大致可分为两个时期：第一个时期是北洋政府时期（1912～1928 年），是民国慈善行政监管的初创阶段；第二个时期为南京国民政府时期（1927～1949 年），是中国近代慈善行政监管的发展、完善阶段。下面对这两个阶段的慈善事业行政监管分别予以概述。

---

① 故宫博物院明清档案部编：《清末筹备立宪档案史料》（下册），北京：中华书局 1979 年版，第 728～729 页。

② 周秋光主编：《中国近代慈善事业研究（中）》，天津：天津古籍出版社 2013 年版，第 770 页。

1. 北洋政府时期的慈善事业行政监管

北洋政府时期，政局动荡，战争频仍，社会经济不安定，政府法制建设不完备。这一时期慈善监管立法主要有两个方面：一是慈善行政机构立法。在该时期，北洋政府通过一系列立法，确立了主管慈善事务的行政机构，即在中央设内务部，各省设政务厅（内务科），县一级则由县知事公署具体负责。这样，逐步建立起一个相对统一、完整的慈善事业管理网络，对地方及全国的慈善组织及慈善活动执行监督和管理职能。二是慈善团体立法。北洋政府重视红十字会立法管理，1914 年，袁世凯以第 130 号教令形式公布《中国红十字会条例》。1915 年 10 月 5 日，北洋政府又公布了《中国红十字会条例施行细则》。施行细则对红十字会的各项事业、会员、议会、职员、资产、奖励及惩罚均作了详细规定。① 在对一般慈善组织管理方面，1914 年 3 月公布了《治安警察条例》，规定政治结社及其公共事务之结社②，慈善公益及相关救济活动属于其中之列。1915 年 12 月，北洋政府颁行《游民习艺所章程》，规范了习艺所这类慈善机构的设施、收养对象及教养科目等。③ 在这一时期，北洋政府确立了慈善监管行政机构，建立了从中央到地方的监管网络，对红十字会及其他慈善组织依法进行监管。在这个时期，慈善立法缺乏总体规划，不完备、不系统，没有形成一套全面、完整的慈善法律体系。④

2. 南京国民政府时期的慈善法律制度

南京国民政府时期，其在慈善行政监管方面做了不少努力，制定了一系列法律法规，实施对慈善事业的管理。一是确立慈善事业主管部门。1928 年 3 月公布的《国民政府内政部组织法》规定，在内政部下设民政司管理赈灾救贫及其他慈善事项，土地司负责有关水灾之防御及救济事项。此后，

---

① 周秋光主编：《中国近代慈善事业研究（中）》，天津：天津古籍出版社 2013 年版，第 779 页。

② 周秋光主编：《中国近代慈善事业研究（中）》，天津：天津古籍出版社 2013 年版，第 779 页。

③ 商务印书馆编译所编：《最新编订民国法令大全》，北京：商务印书馆 1924 年版，第 480 ~ 481 页。转引自周秋光主编：《中国近代慈善事业研究（中）》，天津：天津古籍出版社 2013 年版，第 779 ~ 780 页。

④ 周秋光主编：《中国近代慈善事业研究（中）》，天津：天津古籍出版社 2013 年版，第 782 页。

内政部一直都是南京国民政府的最高慈善行政管理机关。在地方上，1928年7月公布的《特别市组织法》和《市组织法》规定，特别市、市在不抵触中央法令的范围以内，应办理市区的公益慈善等事项，并由社会局主管。1928年、1930年通过的《修正省政府组织法》也有类似规定，由省民政厅负责管理各省的慈善公益事业。在一些特殊行政区域，如威海卫管理公署，也设有总务科，职掌“育幼、养老、济贫、救灾等设备事项”①。1929年12月，国民政府颁布了《监督寺庙条例》13条，规定寺庙应按其财产情形，兴办公益或慈善事业，其收支款项及所办事业，主持应每半年报告该管官署并公告之。据此，内政部又据中国佛教协会呈准，拟具了《佛教寺庙兴办慈善公益事业规则》，1935年1月由内政部正式公布施行。② 二是实施对慈善团体的管理。1928年6月，国民政府内政部制定公布了《各地方救济院规则》，开始对各地方原有之官立、公立慈善机关进行整理，凡其性质与该规则第二条各所（即养老所、孤儿所、残废所、育婴所、施医所、贷款所）名义相当者，得因袭其地址及基金继续办理，改正名称，使其隶属于救济院；而对于私人或私人团体集资办理的慈善事业，则一律维持现状，同样也受主管机关监督。不久，内政部即以此为法律依据，用部令形式颁行了《管理各地方私立慈善团体机关规则》。该规则对私立慈善组织的设立备案、财务状况及募捐情形均有规定。而后，内政部又分令各省民政厅：“此后各省地方关于公私立慈善机关，自应由民政厅恪照颁定规则，分别整顿。其办理毫无时效者，必予以切实指正督饬，限期改良，并随时加以审查，勿令发生任何流弊。”1929年6月，国民政府出台了《监督慈善团体法》。1932年9月，内政部又公布了《各地方慈善团体立案办法》。另外，内政部还于1928年9月公布了《义仓管理规则》。1933年6月，国民政府制定了《中华民国红十字会管理条例》及其施行细则，并于1934年9月、1935年7月和1936年7月先后进行了修订。③

---

① 周秋光主编：《中国近代慈善事业研究（中）》，天津：天津古籍出版社2013年版，第782～783页。

② 周秋光主编：《中国近代慈善事业研究（中）》，天津：天津古籍出版社2013年版，第783～784页。

③ 周秋光主编：《中国近代慈善事业研究（中）》，天津：天津古籍出版社2013年版，第784页。

1937 年“七七”事变后至 1945 年，中国进入全面抗战阶段。在这个阶段，国民政府一方面从抗日战争的实际需要出发，制定和颁行了一些应急性质的慈善法规；另一方面，也从长远目标着眼，公布了一些具有调整性质的慈善法规。1937 年 9 月行政院颁布了《非常时期难民救济办法大纲》，1938 年 2 月国民政府公布了《赈济委员会组织法》，将非常时期难民救济委员会和赈务委员会合并成立赈济委员会，掌理全国赈济行政事务。委员会下设第三处负责慈善机构的指导与监督、救济残废老弱、扶助贫民事项、教养游民及其他有关社会救济事项。1940 年 10 月国民政府公布《社会部组织法》，组织起社会部，掌管各项社会福利事项，慈善事业成为其中一项重要业务，这是南京国民政府有关慈善行政管理的重大转折与变革。[①] 1943 年 4 月国民政府命令公布《中华民国红十字会战时组织条例》，红十字会被完全纳入了国民政府的战时军事管理体系。另外，为加强民众团体组织的指导、监管与控制，1940 年 6 月，国民政府公布了《非常时期人民团体组织纲领》，规定“人民团体之组织，应以适合战时需要为前提”，“不得违反民主集权之精神”，其成立时应先经政府之许可，活动范围一般以行政区域为限。后来，经全面修订，于 1942 年 2 月公布了《非常时期人民团体组织法》。由此，战时一切慈善组织的设立及其活动的开展也都遵照这一纲领、组织法，接受国民政府严密的指导、监督。此类法规还有：1939 年，赈济委员会修正公布了原由内政部 1932 年颁行的《各地方慈善团体立案办法》。1939 年 8 月，内政部公布《私人办理济渡事业管理规则》。1941 年 6 月，行政院修正公布了《监督慈善团体法施行细则》，将中央的主管官署由内政部改为社会部，并规定院辖市的主管官署为社会局，如未成立社会局时，得指定其他各局为主管官署。1943 年 9 月国民政府公布实施《社会救济法》，1944 年 9 月行政院核准施行《救济法施行规则》，1945 年 9 月颁行《救济院规程》。由于《社会救济法》大体涵盖《监督慈善团体法》，1945 年 6 月和 8 月，《监督慈善团体法施行规则》和《监督慈善团体法》分别被废止。1944 年 9 月，行政院公布《管理私立救济设施规则》。根据该规则，教会、

---

① 周秋光主编：《中国近代慈善事业研究（中）》，天津：天津古籍出版社 2013 年版，第 788 ~ 789 页。

寺庙、家族、各种人民团体及外国人或国际团体在中国境内设立的各种救济设施，均属私立慈善救济设施；其创办、变更及停办，均须经主管官署核准。私立救济设施应设立董事会，由团体或创办人延聘7～15人为董事，并以团体的负责人或创办人为董事长。如外国人或国际团体在国内创办救济设施的董事会，还应有三分之一华籍董事。私立救济设施不得利用其事业进行宗教宣传或有其他影响的宣传，并不得兼营私人谋利的事业。办理不善时，主管官署应令其改进。如违反法令、情节重大者，得撤销其立案，或勒令停办。值得注意的是，该规则已将外国教会及其他慈善团体也纳入中国法律的调整管辖范围之内，同时各救济设施都要设董事会，对于慈善救济事业的长远发展也是十分有利的。①

抗战结束后，为应对新情况，加强对慈善事业的管理，国民政府制定了一系列法律法规。1946年2月，经立法院审议，《中华民国红十字会战时组织条例》被废止。1946年12月，社会部颁布《复员期间管理中华民国红十字会办法》，将红十字会的主管机关由军事委员会改为行政院，并依其业务性质，分别受社会部、卫生署和善后救济总署的监督指挥。此外，社会部还颁布《人民团体整理办法》，对沦陷区的各类人民团体包括慈善团体进行重新登记、彻底整理。除此之外，还公布了《各地方推行义诊办法》《各省市县社会救济事业协会组织规则》《冬令救济实施办法》《社会部重庆实验救济院规程》《旧有基金管理委员会组织规程》等法规章程。②

三、新中国成立后慈善事业行政监管的历史

（一）新中国成立初期的慈善事业行政监管（1949～1956年）

1. 接管

1949年10月1日，中华人民共和国成立。新中国成立初期，由人民政权接管部分社会组织（慈善机构占很大比重），以及外国教会创办或提供经费的慈善机构。1951年7月，中央人民政府内务部发出《解决会馆问题》

---

① 周秋光主编：《中国近代慈善事业研究（中）》，天津：天津古籍出版社2013年版，第789～791页。

② 周秋光主编：《中国近代慈善事业研究（中）》，天津：天津古籍出版社2013年版，第793～794页。

的指示，规定“组织瓦解，确已无人主持之会馆可由当地民政部门出面，负责代管或接管。有人主持而为机关借用之会馆应按原契约执行，如机关不再借用时，可劝导该会馆主持人将其房舍设备等使用于社会公益事业”。北京市救济分会，1952 年 4 月接收万国道德总会全部产业，1957 年 4 月至 5 月接管尚志学会财产。[①] 1953 年 2 月，北京市民政局会同有关部门接管世界红十字会北京分会。1951 年 3 月至 1954 年 12 月，北京市人民政府在北京市救济分会的协助下，接管了由美国、法国、荷兰、英国、意大利等国经营或补助津贴经管的救济慈善机构 30 个。[②]

2. 审批登记

为了巩固新生的人民政权，建立稳定的社会政治秩序，新中国成立初期，对新中国成立前后成立的符合人民利益的社会组织进行登记，保护其合法权益。《社会团体登记暂行办法》及《社会团体登记暂行办法施行细则》公布后，各级人民政府开始社会团体的登记和整顿工作。其中，全国性的社会团体由内务部审查批准，并进行登记。[③] 各地人民政府也对旧社会遗留的社会组织进行了登记整顿。经过清理和登记，独立于政府的社团基本上已经消失，中国进入了高度的国家统合社会的一体化的时代。

3. 整顿改造

新中国成立之初，各级人民政府对一些公益性的原有社会团体进行了整顿和改造。1950 年 4 月，董必武在中国人民救济代表大会上作《新中国的福利救济事业》报告，指出福利事业不再是统治阶级欺骗和麻痹人民的装饰品，而是政府和人民同心协力医治战争创伤、进行和平建设一系列工作中的一个组成部分，新中国的福利救济事业吸取个人和团体参加。1950 年 4 月 29 日，中国人民救济总会成立，并成为统筹全国救济工作的官方机构，新政府将原来各类民间慈善团体统统并入其中。在这种情况下，1953 年年底，全国各地

---

① 北京地方志编纂委员会：《北京志·政务卷·民政志》，北京：北京出版社 2003 年版，第 450 ~ 452 页。

② 刘春：《当代中国社会组织发展史研究》，中国社会科学院研究生院博士学位论文，2013 年，第 16 页。

③ 公安部政策法律研究室：《公安法规汇编 1950—1979》，北京：群众出版社 1980 年版，第 465 ~ 466 页。

已改造旧的慈善机构 419 处，调整旧的救济福利团体 1600 多个。[①] 截至 1957 年 7 月 12 日，上海结束的一般善团、善堂 88 个，福利事业机构 41 个，行业性会馆公所 21 个，地域性同乡会、会馆、公所、山庄 90 个。[②] 为了符合新政权统一领导的需要，新的慈善组织逐渐成为附属于政府部门的官方或半官方机构。如中国红十字会、中国福利基金会接受党和政府的领导，转变为政府行政体系的成员，成为履行政府职能的“民间组织”。在原有慈善组织改造整顿的同时，新式的人民团体开始建立起来，逐步建立起国家的救济福利体系。[③]

（二）计划经济体制时期社会组织的曲折发展（1957～1978 年）

1. 一元化的社会管理体制建立

1956 年，社会主义改造基本完成。随着第一个五年计划的制订，大规模的、有计划的经济建设开始实施，高度集中的计划经济体制逐步形成。在计划经济时代，中国社会管理的基本体制是政府承担着几乎全部社会职能，以单位为基础对社会实行总体控制，社会运行成为政府运行的组成部分。这是一种行政吸纳社会或社会运行行政化的管理体制。[④]

2. 社会组织无须集中登记注册

“一五”计划的实施要求对经济权力的管理必须高度集中，这对党政关系，尤其是党和各种社会组织之间的关系产生了巨大影响。1956 年之后，社会组织事务不再由某个政府部门统一管理。实际上，几乎所有党政机关都参与社会组织管理，每个部门都负责与自己业务相关的社会组织。社会组织无须集中登记注册。[⑤]

3. 社团登记工作停止

“文化大革命”期间，虽然没有明确宣布《社会团体登记暂行办法》失

---

① 周秋光、曾桂林：《中国慈善简史》，北京：人民出版社 2006 年版，第 366 页。

② 郭圣莉：《城市社会重构与新生国家政权建设》，复旦大学博士学位论文，2005 年，第 66～70 页。该句中“结束”一词，包括取消、归口管理等多种方式。

③ 刘春：《当代中国社会组织发展史研究》，中国社会科学院研究生院博士学位论文，2013 年，第 27 页。

④ 刘春：《当代中国社会组织发展史研究》，中国社会科学院研究生院博士学位论文，2013 年，第 64～65 页。

⑤ 马伊里、刘汉榜主编：《上海社会团体概览》，上海：上海人民出版社 1993 年版，第 10～11 页。转引自刘春：《当代中国社会组织发展史研究》，中国社会科学院研究生院博士学位论文，2013 年，第 66～67 页。

效，但实际上以一种模糊的方式停止了有关规定的施行。① 在整个“文化大革命”期间，中国的社会组织工作基本上是处于停顿状态。其中绝大部分团体停止了活动；少量的社会组织，如贸促会，以及某些负有外交使命的社会组织，如对外友协等，尚勉强艰难地开展一些活动；新增社会组织屈指可数。

（三）改革开放以来的慈善事业行政监管

改革开放以来，政府对慈善事业不断进行规范和管理。大体上看，这一时期的慈善事业行政监管发展经历了三个阶段。

1. 对全国性慈善组织的审查

改革开放后，人民群众各方面需求不断增加，但是由于中国整体经济实力还不强，还不能满足这些需求。在这种情况下，社会上出现了一些政府支持的基金会。中国红十字会、基督教青年会和基督教女青年会恢复工作，中国儿童少年基金会、华侨茶叶发展研究基金会、中国宋庆龄基金会、中国煤矿文化宣传基金会、孙冶方基金会、中国残疾人福利基金会、北京社会福利基金会等10余家基金会先后成立。一个通过基金会募集资金并开展社会公益活动的热潮很快形成，并在既无规章和先例，又无法规和监管的制度环境下，迅速遍及全国。这种情况产生了一些新的问题，尤其是有些全国性慈善组织的成立，不经中央一级党和政府部门审批，显得随意。1984年11月17日，中共中央、国务院发布《关于严格控制成立全国性组织的通知》，对当时几个突出问题的解决作出了规定。1985年9月25日，国家体制改革委员会制定了《关于成立全国性组织的若干规定》。按照规定，对从1982年1月1日至“通知”下达之日已成立的全国性社会团体，都必须进行复查，凡有中共中央、国务院关于同意成立该社会团体的批文，中共中央、国务院领导同志关于同意该社会团体的亲笔批件，中共中央、国务院授权部门的正式批文的，均可向审批机关申报说明情况，不再重新办理审批手续。上述情况以外的全国性社会团体都要重新进行审查。以上“通知”与“规定”可以看作改革开放后政府首次有意识地对慈善组织的发

---

① 徐立志：《“文化大革命”时期的结社政策》，载吴玉章主编《社会团体的法律问题》，北京：社会科学文献出版社2004年版，第244页。

展作出管理方面的回应。

2. 双重管理体制的建立

为规范慈善组织的有序发展，国务院于 1988 年在民政部设立了社会团体管理司，专门负责慈善组织的登记管理工作，并于 1988 年 9 月和 1989 年 10 月先后颁布了《基金会管理办法》和《社会团体登记管理条例》。《社会团体登记管理条例》第六条明确规定社会团体管理部门分工，即社会团体的登记管理机关是国务院民政部门和县级以上地方各级人民政府民政部门。社会团体的业务活动受有关业务主管部门的指导。这是首次用行政法规的形式明确规定了社会团体的登记管理机关是各级民政部门。第八条规定，有关业务主管部门和登记管理机关应当对经核准登记的社会团体负责日常管理，这一规定强调了登记管理机关与业务主管部门对社会团体的日常管理共同负责。这部法规初步确立了对慈善组织进行双重管理的基本制度框架。①

3. 双重管理体制不断完善阶段

1998 年，国务院颁布了《社会团体登记管理条例》和《民办非企业单位登记管理暂行条例》，这两部新法规在制度上对双重管理体制作出了更加明确和细致的规定。2004 年 6 月，国务院颁布了《基金会管理条例》。该条例在总结过去 16 年中国基金会管理实践经验的基础上，吸收和借鉴了世界慈善组织管理立法的经验，第一次系统地对基金会登记、组织机构、财产使用和管理、监督管理等进行了规范。在《基金会管理条例》的基础上，民政部还颁布了一系列完善基金会管理的规定。此外，相关部委主要制定了基金会的税收政策。②

（四）当前中国的慈善事业行政监管

近年来，中国政府开始逐步意识到传统的双重管理体制不但不利于鼓励慈善组织发展，而且也不利于政府对慈善组织进行更加精细化的监管，因此开始考虑对这一制度进行局部的调整和变通。2016 年 3 月 16 日，十二届全国人大四次会议审议通过的《慈善法》确立了直接登记制。

1. 对部分慈善组织进行备案

《现代汉语词典》对“备案”的解释为，“把情况用书面形式报告给主

① 王名：《社会组织论纲》，北京：社会科学文献出版社 2013 年版，第 295 页。
② 王名：《社会组织论纲》，北京：社会科学文献出版社 2013 年版，第 297 ~ 298 页。

管部门，供存档备查”[①]。根据这一解释，备案的核心内涵是指，当事人用书面形式向主管部门报告，主管部门接受这种报告、保存有关资料以便备查。备案是一种事实行为，备案的结果不会对需要备案的事项产生任何直接影响。[②] 慈善组织备案制，就是要求一些在成员人数、活动场所、业务经费等标准上达不到登记注册标准的慈善组织，在开展业务活动的时候只需向相应的民政部门提供一些基本的信息和证明资料即可开始运转的体制。2005 年 12 月，民政部发布《关于促进慈善类民间组织发展的通知》，提出："在农村乡镇和城市社区中开展这些活动[③]的慈善类民间组织，不具备法人条件的，登记管理机关可予以备案，免收登记费、公告费；法人条件成熟的，可予以登记。"这是通过放松准入门槛的方式来推动慈善类民间组织的成立和发展，后来这一模式开始逐步扩展至基层民间组织。2007 年，民政部开始在江西、北京、深圳、湖北等地进行民间慈善组织备案制试点。[④] 其中江苏省南京市降低登记门槛，放宽登记条件，简化登记程序，对南京的社区社会组织全面实行登记备案制度，创立了南京社区社会组织登记、备案的双轨管理体制；出台了《南京市基层民间组织备案管理暂行办法》，授权社区居委会或其他具备条件的组织作为社区社会组织的业务主管单位，在街道备案，并由街道负责日常管理工作。区县民政部门负责本辖区内社区社会组织的综合协调、指导和管理工作。市民政局负责全市社区社会组织的统筹规划、监督管理和指导协调工作。[⑤]

2. 对慈善组织试行直接登记

2004 年，深圳市成立行业协会服务署，统一行使行业协会业务主管单位的职责。2006 年年底，深圳市将行业协会服务署和市民政局民间组织管理办公室合并，组建市民间组织管理局，实行行业协会由民间组织管理部

---

① 中国社会科学院语言研究所词典编辑室编：《现代汉语词典》（第 7 版），北京：商务印书馆 2016 年版，第 56 页。

② 朱最新、曹延亮：《行政备案的法理界说》，《法学杂志》2010 年第 4 期。

③ 这些活动指：安老扶弱、助残养孤、扶危济困、救助赈灾、医疗、教育、住房、法律援助。

④ 刘鹏、孙燕茹：《走向嵌入型监管：当代中国政府社会组织管理体制的新观察》，《经济社会体制比较》2011 年第 4 期。

⑤ 江苏省南京市民政局：《社区社会组织登记管理体制改革》，360doc 个人图书馆（http：//www.360doc.com/content/11/0628/22/945260_130221666.shtml）。

门直接登记的管理体制。2008 年 9 月，深圳市加大改革步伐，出台了《关于进一步发展和规范我市社会组织的意见》，规定对工商经济类、社会福利类、公益慈善类社会组织实行由社会组织直接登记管理的体制。[①] 民政部与深圳市人民政府签订《推进民政事业综合配套改革协议》，探索建立社会组织直接向民政部门申请登记的制度。[②] 随后，各省、区、市纷纷响应社会组织登记新政。到 2012 年年底，全国已有 19 个省份开展或试行了社会组织直接登记。随着地方改革试点的广泛开展，中央层面也释放出取消社会组织双重管理体制的信号。2013 年 3 月 14 日，十二届全国人大一次会议批准通过了《国务院机构改革和职能转变方案》，提出："重点培育、优先发展行业协会商会类、科技类、公益慈善类、城乡社区服务类社会组织。成立这些社会组织，直接向民政部门依法申请登记，不再需要业务主管单位审查同意。民政部门要依法加强登记审查和监督管理，切实履行责任。"[③] 随后不久，《国务院办公厅关于实施〈国务院机构改革和职能转变方案〉任务分工的通知》要求民政部会同法制办于 2013 年 12 月底前完成《社会团体登记管理条例》等相关行政法规修订工作，民政部门按新制度加强监督管理，促进社会组织健康有序发展。2017 年基本形成统一登记、各司其职、协调配合、分级负责、依法监管的社会组织管理体制。[④] 于是，一直被诟病的双重管理体制在中央政策层面有了重大突破。

3. 慈善组织直接向民政部门登记

2016 年 3 月 16 日，十二届全国人大四次会议审议通过的《慈善法》第十条明确规定："设立慈善组织，应当向县级以上人民政府民政部门申请登记，民政部门应当自受理申请之日起三十日内作出决定。符合本法规定条件的，准予登记并向社会公告；不符合本法规定条件的，不予登记并

---

① 何增科：《深圳市社会组织登记管理体制改革的案例研究》，《甘肃行政学院学报》2010 年第 4 期。

② 《民政部、深圳市人民政府推进民政事业综合配套改革合作协议》，深圳民政网站（http：//www. szmz. sz. gov. cn/cn/xxgk_mz/zcfg/shzz_mz/zhl/201708/t20170816_8142326. htm）。

③ 《国务院机构改革和职能转变方案》，人民网（http：//theory. people. com. cn/n/2013/0310/c40531 – 20738452. html）。

④ 国务院办公厅：《国办关于实施〈国务院机构改革和职能转变方案〉任务分工的通知》，中华人民共和国中央人民政府网站（http：//www. gov. cn/zhengce/content/2013 – 03/28/content_7601. htm）。

书面说明理由。本法公布前已经设立的基金会、社会团体、社会服务机构等非营利性组织，可以向其登记的民政部门申请认定为慈善组织，民政部门应当自受理申请之日起二十日内作出决定。符合慈善组织条件的，予以认定并向社会公告；不符合慈善组织条件的，不予认定并书面说明理由。有特殊情况需要延长登记或者认定期限的，报经国务院民政部门批准，可以适当延长，但延长的期限不得超过六十日。”这表明，中国从法律上正式确立了慈善组织登记制，放松了准入门槛；同时，政府也加强了对慈善组织的事中和事后监督力度，明确了民政部门和其他有关部门的监督管理职责。

第三章

慈善事业行政监管体制

体制是管理机构和管理规范的结合体或统一体。不同的管理机构和不同的管理规范相结合就形成了不同的体制。慈善事业行政监管体制是指国家对慈善事业的监督管理体制，是慈善事业主管部门依据慈善事业法规政策对慈善组织和慈善行为进行监督管理的组织制度和法规政策的统一体。由于历史发展、政治经济体制、法律、社会等方面的影响，中国形成了具有中国特色的慈善事业行政监管体制。

第一节　中国慈善事业法规和政策体系

虽然在狭义上，法律与法规的范围并不相同，但考虑到法律文件也是行政机关进行行政监管的重要依据，因此本书从广义上认为，慈善事业法规和政策主要指与慈善事业发展相关的法律、行政法规、部门规章、司法解释、地方性法规、地方性政府规章及其他规范性文件以及对这些法律、法规的修改和补充。改革开放之后，慈善事业重新起步，经过多年发展，中国特色的慈善法规和政策体系形成了初步轮廓。

一、法律

法律是由全国人民代表大会及其常务委员会制定的各种法律的总称。

由国家立法机构制定正式的法律来规范政策行动，是当今各国普遍的做法。在中国，关于慈善事业的国家法律主要有：《中华人民共和国公益事业捐赠法》（以下简称《公益事业捐赠法》）、《中华人民共和国合同法》（以下简称《合同法》）、《中华人民共和国信托法》（以下简称《信托法》）、《中华人民共和国企业所得税法》（以下简称《企业所得税法》）、《中华人民共和国个人所得税法》（以下简称《个人所得税法》）和《中华人民共和国慈善法》。

《慈善法》制定的目的，是为了发展慈善事业，弘扬慈善文化，规范慈善活动，保护慈善组织、捐赠人、志愿者、受益人等慈善活动参与者的合法权益，促进社会进步，共享发展成果。《慈善法》共 12 章 112 条。《慈善法》明确了慈善组织的设立条件和程序，鼓励兴办慈善组织。它规范了慈善组织的内部治理，规定慈善组织应当根据法律法规以及章程的规定，建立健全内部治理结构，明确决策、执行、监督等方面的职责权限，开展慈善活动。它强化了慈善组织的信息公开义务。《慈善法》立足中国国情，对慈善活动的监督管理作了有针对性的规定。一是明确政府监管部门及其职责。《慈善法》规定，国务院民政部门主管全国慈善工作，县级以上地方各级人民政府民政部门主管本行政区域慈善工作。县级以上人民政府有关部门依法在各自职责范围内做好相关工作。《慈善法》同时对民政部门的监管职责、监管措施以及监管程序等作了明确具体的规定。二是提高行业自律水平。《慈善法》规定，慈善行业组织应当反映行业诉求，推动行业交流，提高慈善行业公信力，促进慈善事业发展。慈善行业组织应当建立健全行业规范，加强行业自律。三是加强社会监督。为畅通社会公众对慈善活动中不良行为的投诉举报渠道，《慈善法》规定，任何单位和个人发现慈善组织、慈善信托有违法行为的，都可以向民政部门、其他有关部门或者慈善行业组织投诉、举报。民政部门、其他有关部门或者慈善行业组织接到投诉、举报后，应当及时调查处理。国家鼓励公众、媒体对慈善活动进行监督，对假借慈善名义或者假冒慈善组织骗取财产以及慈善组织、慈善信托的违法违规行为予以曝光，发挥舆论和社会监督作用。

为了鼓励捐赠，规范捐赠和受赠行为，保护捐赠人、受赠人和受益人的合法权益，促进公益事业的发展，1999 年中国颁布了《中华人民共和国公益事业捐赠法》，它是中国第一部较为系统地规范公益捐赠的法律。依据该法，自然人、法人或者其他组织均可自愿无偿向依法成立的公益性社会团体和公益性非营利的事业单位捐赠财产，用于公益事业。公益事业的范围包括：（1）救助灾害、救济贫困、扶助残疾人等困难的社会群体和个人的活动，（2）教育、科学、文化、卫生、体育事业，（3）环境保护、社会公共设施建设，（4）促进社会发展和进步的其他社会公共和福利事业。捐赠应当是自愿和无偿的，禁止强行摊派或者变相摊派，不得以捐赠为名从事营利活动。捐赠财产的使用应当尊重捐赠人的意愿，符合公益目的，不得将捐赠财产挪作他用。捐赠应当遵守法律、法规，不得违背社会公德，不得损害公共利益和其他公民的合法权益。公益性社会团体受赠的财产及其增值为社会公共财产，受国家法律保护，任何单位和个人不得侵占、挪用和损毁。国家鼓励公益事业的发展，对公益性社会团体和公益性非营利的事业单位给予扶持和优待。国家鼓励自然人、法人或者其他组织对公益事业进行捐赠。对公益事业捐赠有突出贡献的自然人、法人或者其他组织，由人民政府或者有关部门予以表彰。对捐赠人进行公开表彰，应当事先征求捐赠人的意见。该法还对捐赠和受赠、捐赠财产的使用和管理、优惠措施、法律责任等作出了规定。

《企业所得税法》规定：企业发生的公益性捐赠支出，在年度利润总额12%以内的部分，准予在计算应纳税所得额时扣除。《个人所得税法》规定：个人将其所得对教育事业和其他公益事业捐赠的部分，按照国务院有关规定从应纳税所得中扣除。

《合同法》对赠与人与受赠人的权利和义务作出了规定：赠与人在赠与财产的权利转移之前可以撤销赠与。但是，具有救灾、扶贫等社会公益、道德义务性质的赠与合同或者经过公证的赠与合同，不适用这一规定。赠与人承诺捐赠财产以后就具有履约的义务，如果赠与人因故意或重大过失使赠与财产毁损、灭失的，赠与人应当承担损害赔偿责任。同时，《合同法》还赋予了受赠人交付请求权，即具有救灾、扶贫等社会公益、道德义务性质的赠与合同或者经过公证的赠与合同，赠与人不交付赠与的财产的，受赠人可以要求交付。《合同法》还规定：严重侵害赠与人或者赠与人的近亲属、对赠与人有扶养义务而不履行、不履行赠与合同约定的义务的，赠与人可以撤销赠与；因受赠人的违法行为致使赠与人死亡或者丧失民事行为能力的，赠与人的继承人或者法定代理人可以撤销赠与；赠与人的经济状况显著恶化，严重影响其生产经营或者家庭生活的，可以不再履行赠与义务。

《信托法》规定，为了下列公共利益目的之一而设立的信托，属于公益信托：救济贫困；救助灾民；扶助残疾人；发展教育、科技、文化、艺术、体育事业；发展医疗卫生事业；发展环境保护事业，维护生态环境；发展其他社会公益事业。公益信托的信托财产及其收益，不得用于非公益目的。《信托法》还对公益事业管理机构、信托监察人和公益信托的受托人的权利义务作出了规定。

二、行政法规

在中国，行政法规是指国务院根据宪法和法律制定的有关行政管理等方面的规范性文件。行政法规的名称一般称“条例”，也可以称“规定”“办法”等。国务院颁布的慈善事业方面的行政法规主要有：《中华人民共和国个人所得税法实施条例》《社会团体登记管理条例》《民办非企业单位登记管理暂行条例》《基金会管理条例》《中华人民共和国企业所得税法实施条例》。

《社会团体登记管理条例》《民办非企业单位登记管理暂行条例》和《基金会管理条例》对慈善组织的成立进行严格管理，它们最重要的特点就是确立了双重管理体制，即由登记管理机关和业务主管单位分别行使对民间组织的监督管理职能。在这种体制下，各级民政系统的登记管理机关在法律上是统一归口对民间组织进行监督管理的政府职能部门，其相应的职能通过相关法规的规定和各级政府授权加以明确。在统一归口的同时，相关法规还规定：与民间组织业务范围相关的政府职能部门或政府授权的单位，作为民间组织的业务主管单位行使监督管理职能。这样，在同一行政层级上，就存在两个分别对民间组织负责的监督管理部门：一个是统一的登记管理机关，另一个是分散的业务主管单位。中国慈善组织的双重管理体制和世界上大多数国家不同。

《中华人民共和国企业所得税法实施条例》和《中华人民共和国个人所得税法实施条例》对捐赠主体的税收优惠作出了具体的规定：企业发生的公益性捐赠支出，不超过年度利润总额12%的部分，准予扣除。捐赠额未超过纳税义务人申报的应纳税所得额30%的部分，可以从其应纳税所得额中扣除。

三、部门规章

在我国，部门规章是指国务院各部门根据法律和国务院的行政法规、决定、命令，在部门的职权范围内依照《规章制定程序条例》制定的规章。规章的名称一般称“规定”“办法”等，但不得称“条例”。有关慈善事业的部门规章主要有（以实施日期先后排序）：《公安机关接受民警伤亡抚恤捐赠管理办法》（2000年）、《卫生部接受社会捐赠财产管理暂行办法》（2006年）和《救灾捐赠管理办法》（2008年）。

为加强和规范公安机关接受社会各界对伤亡民警捐赠财产的管理，进一步做好伤亡民警及其家属的抚恤工作，根据《公益事业捐赠法》《公安机关人民警察抚恤办法》和《全国公安民警英烈抚恤补助基金暂行管理规定》，2000年12月公安部制定了《公安机关接受民警伤亡抚恤捐赠管理办法》。该办法规定：捐赠应当是自愿和无偿的，禁止强行摊派或者变相摊派。捐赠的财产应当是捐赠人具有处分权的合法财产，既可以是货币，也可以是实物。

为加强卫生部接受社会捐赠财产的管理，充分发挥捐赠资金使用效益，根据《公益事业捐赠法》及有关规定，2006年1月卫生部制定了《卫生部接受社会捐赠财产管理暂行办法》。该办法中所称的社会捐赠财产主要是指：发生重大疫情、突发公共卫生事件等特殊情况下，国内外单位和个人要求卫生部作为受赠人接受的捐赠；政府其他接受捐赠的部门将所接受的捐赠转交给卫生部的财产；公益性社会团体接受的捐赠分发给卫生部的财产。接受捐赠的财产包括款项、物资以及捐赠物资的变卖收入、捐赠资金利息收入。

为了规范救灾捐赠活动，加强救灾捐赠款物的管理，保护捐赠人、救灾捐赠受赠人和灾区受益人的合法权益，根据《公益事业捐赠法》和《国家自然灾害救助应急预案》，2008 年 4 月民政部制定了《救灾捐赠管理办法》。该办法规定：救灾捐赠应当是自愿和无偿的，禁止强行摊派或者变相摊派，不得以捐赠为名从事营利活动。

四、地方性法规

地方性法规是指根据《中华人民共和国宪法》《中华人民共和国立法法》等有关法律的规定，省、自治区、直辖市和较大的市的人民代表大会及其常务委员会，根据本行政区域的具体情况和实际需要，在不与宪法、法律、行政法规相抵触的前提下制定的规范性文件，以及自治州、自治县的人民代表大会依照法定职权和程序制定的自治条例和单行条例。制定地方性法规，一方面是为了执行法律、行政法规的需要，根据本行政区域的实际情况作出一些具体规定；另一方面是针对地方事务制定在本地区有效的法规。地方性法规可以被称为“条例”。有关慈善事业的地方性法规有：《江苏省慈善事业促进条例》《湖南省募捐条例》《上海市募捐条例》《上海市红十字条例》《上海市华侨捐赠条例》《宁夏回族自治区慈善事业促进条例》《广东省基金会管理条例》《广东省社会救济条例》《广州市募捐条例》《宁波市慈善事业促进条例》等。这些地方性法规对慈善事业的各个方面作出了规范。[①]

五、地方性政府规章

地方性政府规章是指省、自治区、直辖市和较大的市的人民政府根据法律、行政法规和本省、自治区、直辖市的地方性法规，依照《规章制定程序条例》制定的规章。地方性规章的名称一般称“规定”“办法”。如 2006 年甘肃省人民政府出台了《甘肃省慈善捐助管理办法》，内容涉及捐助的界定与原则、捐赠人、受赠人权利义务、法律责任等。再如 2013 年北京市人民政府出台的《北京市促进慈善事业若干规定》，规定了慈善活动范围、发展方针和活动原则、政府和部门职责、政府支持举措、慈善活动行

---

① 李永军：《慈善法律责任立法问题研究》，《聊城大学学报（社会科学版）》2014 年第 6 期；林闽钢、朱锦程：《我国慈善立法的目标定位和基本框架》，《湖北社会科学》2014 年第 11 期。

为规范、慈善文化建设、监督管理、法律责任等。

六、慈善事业政策文件

政策文件是指各级党政部门向其下属单位和社会发布有关政策的文件。慈善事业政策文件主要是党和政府及其职能部门以政策文件的形式向其下级组织下达政策指令，要求下级组织按照上级政府或其职能部门的要求办理公益慈善事务，或者为下级政府及其职能部门的工作提供指导原则，常以"通知""意见"等文件的方式下发，有时候也以对下级上报请示文件的"批复"等信函的方式下发。在慈善事业的法规和政策体系中，这一类数量最多，现列举如下：《关于深化收入分配制度改革的若干意见》(2013 年)、《国家宗教事务局关于接受境外宗教组织和个人捐赠批准权限问题的通知》(1993 年)、《国家宗教事务局、中共中央统战部、国家发展和改革委员会、民政部、财政部、国家税务总局关于鼓励和规范宗教界从事公益慈善活动的意见》(2012 年)、《财政部关于涉外收养捐赠资金性质的批复》(2005 年)、《财政部关于加强企业对外捐赠财务管理的通知》(2003 年)、《财政部关于企业公益性捐赠股权有关财务问题的通知》(2009 年)、《民政部、国务院扶贫开发领导小组关于在大中城市开展经常性捐助活动支援灾区、贫困地区的意见》(1996 年)、《民政部关于进一步开展经常性社会捐助活动的意见》(2001 年)、《民政部办公厅关于加强指导和规范管理基层慈善活动的通知》(2009 年)、《民政部关于完善救灾捐赠导向机制的通知》(2012 年)、《民政部关于加强和创新慈善超市建设的意见》(2013 年)、《民政部办公厅关于印发捐赠纺织品折价参考目录（试行）的通知》(2014 年)、《民政部关于建立儿童福利领域慈善行为导向机制的意见》(2014 年)、《民政部、全国工商联关于鼓励支持民营企业积极投身公益慈善事业的意见》(2014 年）等。

概览上述法律法规，我国大体从四个方面对当代慈善事业进行了法律规范：一是规范了慈善捐赠行为和捐赠财产的管理，如《公益事业捐赠法》《合同法》《救灾捐赠管理办法》等；二是规范了慈善组织的成立与运营，如《基金会管理条例》《社会团体登记管理条例》《民办非企业单位登记管理暂行条例》《红十字会法》等；三是规范了慈善捐赠税收减免，如《企业所得税法》《个人所得税法》《关于〈扶贫、慈善性捐赠物资免征进口税收暂行办法〉的实施办法》等；四是规范了社会公民的基本救助和应有保障，如《社会保险法》《社会救助暂行办法》等。[①]

第二节 慈善事业行政监管组织设置

《慈善法》颁布前，我国慈善事业行政监管的组织设置和架构是“登记管理 + 业务主管 + 相关部门”；《慈善法》颁布后，我国慈善事业行政监管的组织设置和架构转变为“主管部门 + 相关部门”。

一、“登记管理 + 业务主管 + 相关部门”的监管架构

（一）登记管理

为了加强对慈善组织的管理，1988 年民政部成立了社团管理司，专门负责社团登记管理工作。根据 1998 年国务院办公厅印发的民政部“三定方案”，民办非企业单位登记管理工作由民政部负责。国务院制定的《社会团体登记管理条例》《民办非企业单位登记管理暂行条例》规定，国务院民政部门和县级以上地方各级人民政府民政部门是本级人民政府的社会团体、民办非企业单位登记管理机关。《基金会管理条例》第六条规定，国务院民政部门和省、自治区、直辖市人民政府民政部门是基金会的登记管理机关。国务院民政部门负责下列基金会、基金会代表机构的登记管理工作：全国性公募基金会；拟由非内地居民担任法定代表人的基金会；原始基金超过 2000 万元，发起人向国务院民政部门提出设立申请的非公募基金会；境外基金会在中国内地设立的代表机构。省、自治区、直辖市人民政府民政部门负责本行政区域内地方性公募基金会和不属于上述规定情况的非公募基金会的登记管理工作。就民政系统层次看，民政部是国务院的一个组成部门，也是一个重要的行政主体，专门负责社会福利与慈善事业、慈善组织管理、社会救助、优抚安置、基层政权建设等社会行政事务。当前，民政部下设社会组织管理局（社会组织执法监督局），其职能是拟订社会团体、基金会、社会服务机构等社会组织登记和监督管理办法，按照管理权限对

① 周秋光、曾桂林：《中国慈善立法：历史、现状及建议》，《南京社会科学》2014 年第 12 期。

社会组织进行登记管理和执法监督，指导地方对社会组织的登记管理和执法监督工作。[①] 民政部下设的慈善事业促进和社会工作司，负责拟订促进慈善事业发展政策和慈善信托、慈善组织及其活动管理办法；拟订福利彩票管理制度，监督福利彩票的开奖和销毁，管理监督福利彩票代销行为；拟订社会工作和志愿服务政策，组织推进社会工作人才队伍建设和志愿者队伍建设。[②] 中国县级以上地方各级人民政府民政部门也设立了专门的机构或者配备了专门的人员负责对慈善工作进行管理，对在本管辖权内的慈善组织进行登记管理和执法监督。

（二）业务主管

《社会团体登记管理条例》《民办非企业单位登记管理暂行条例》规定，国务院有关部门和县级以上地方各级人民政府有关部门、国务院或者县级以上地方各级人民政府授权的组织，是有关行业、学科或者业务范围内社会团体、民办非企业单位的业务主管单位。《基金会管理条例》第七条规定，国务院有关部门或者国务院授权的组织，是国务院民政部门登记的基金会、境外基金会代表机构的业务主管单位。省、自治区、直辖市人民政府有关部门或者省、自治区、直辖市人民政府授权的组织，是省、自治区、直辖市人民政府民政部门登记的基金会的业务主管单位。尽管上述三部法规对慈善组织的业务主管单位作出了规定，但到底哪些部门和组织可以成为慈善组织的主管部门仍不明确。在这种情况下，2000 年，民政部制定了《关于重新确认社会团体业务主管单位的通知》。该通知进一步明确了社会团体的业务主管单位，包括：国务院组成部委、国务院直属机构、国务院办事机构及地方县级以上人民政府的相应部门和机构；中共中央各工作部门、代管单位及地方县级以上党委的相应部门和单位；全国人大常委会办公厅、全国政协办公厅、最高人民法院、最高人民检察院及地方县级以上上述机关的相应部门；经中共中央、国务院或地方县级以上党委、人民政府授权作为社会团体业务主管单位的组织；军队系统的社会团体的业务主

① 中华人民共和国民政部网站（http：//www. mca. gov. cn/article/jg/jgsz/jgsj/201901/20190100014620. shtml）。

② 中华人民共和国民政部网站（http：//www. mca. gov. cn/article/jg/jgsz/jgsj/201901/20190100014613. shtml）。

管单位的问题由总政治部明确。经中共中央、国务院或地方县级以上党委、人民政府授权作为社会团体业务主管单位的组织，应具备以下条件：能够全面履行社会团体业务主管单位职责的组织，中央或地方机构编制管理机关“定职能、定机构、定编制”的组织，有具体机构和人员从事社会团体管理工作的组织，经中共中央、国务院或地方县级以上党委、人民政府履行过授权程序的组织。同时具备以上条件的组织，方可作为社会团体的业务主管单位。授权下列组织为全国性社会团体的业务主管单位（含 2007 年以后新增授权主管单位，使用其当时名称）：中国社会科学院、国务院发展研究中心、中国地震局、中国气象局、中国证券监督管理委员会、中国保险监督管理委员会、中央党校、中央文献研究室、中央党史研究室、中央编译局、外文局、中华全国总工会、中国共产主义青年团、中华全国妇女联合会、中国文学艺术界联合会、中国作家协会、中国科学技术协会、中华全国归国华侨联合会、中华全国新闻工作者协会、中国人民对外友好协会、中国残疾人联合会、中国职工思想政治工作研究会、中国法学会、全国工商联、中国红十字会总会。社会团体业务主管单位的职能应能涵盖所属社会团体的业务范围，并能够对主管的社会团体进行业务指导。社会团体业务主管单位的管理职责包括：负责社会团体筹备申请、成立登记、变更登记、注销登记前的审查；负责社会团体的思想政治工作、党的建设、财务和人事管理、研讨活动、对外交往、接受境外捐赠资助；监督、指导社会团体遵守宪法、法律、法规和国家政策，依据章程开展活动；负责社会团体年度检查的初审；负责协助登记管理机关和其他有关部门查处社会团体的违法行为；会同有关机关指导社会团体的清算事宜。①

（三）相关部门

《社会团体登记管理条例》第三十条规定，社会团体应当接受财政部门的监督，如果资产来源属于国家拨款或者社会捐赠、资助的，还应当接受

---

① 《民政部关于重新确认社会团体业务主管单位的通知》（民发〔2000〕41 号），《民政部关于国务院授权中国法学会作为社会团体业务主管单位的通知》（民发〔2007〕43 号），《民政部关于国务院授权全国工商联作为全国性社会团体业务主管单位有关问题的通知》（民发〔2009〕78 号），《民政部关于国务院授权中国红十字会总会作为全国性社会团体业务主管单位有关问题的通知》（民发〔2009〕160 号）。

审计机关的监督。《民办非企业单位登记管理暂行条例》第二十二条规定，民办非企业单位必须执行国家规定的财务管理制度，接受财政部门的监督，如果资产来源属于国家资助或者社会捐赠、资助的，还应当接受审计机关的监督。这表明财政部门和审计机关是这两类慈善组织行政监管的主体。募集善款、使用善款是慈善组织的主要工作，因而慈善组织的财务状况是最为重要的也是最容易出现问题的环节。如近年来，慈善组织丑闻事件无一不与善款的筹集和使用有关，所以对慈善组织的财务审计和监督是重中之重。审计机关主要是通过对慈善组织的财务收支情况进行审查来监管。审计机关通常的做法是每年核查一次慈善组织的账目，类似于年检的方式，而且受人力、物力的限制只能对较大规模的慈善组织进行财务审计，对于许多规模小的慈善组织，审计机关一般无力进行审计监督。《基金会管理条例》第三十七条规定，基金会有接受会计主管部门、税务机关依法实施的会计监督和税务监督的义务。相应地，税务机关就拥有了依法对慈善组织进行监管的权力。从各国实践来看，税务机关在实践中通过引导性的免税政策发挥着重要的监管作用，但在中国情况有所不同。目前，关于慈善组织免税的法律规定，只有《企业所得税法》《个人所得税法》等的个别条款作了较为原则性的规定，而且实践中真正实现减税和免税困难重重。由于减免税制度落实不到位，使得税务机关的行政监管被虚置，严重影响了税务机关监管功能的有效发挥。相比之下，税务机关对慈善组织的监管要比登记管理机关和业务主管机关弱得多。

一些地方立法也对慈善组织的监管主体作出了规定，如《宁夏回族自治区慈善事业促进条例》第六条将对慈善组织的组织、协调、指导和监督权赋予县级以上人民政府民政部门，同时规定审计机关负责对慈善组织的收支情况进行审计监督。

综上，从此前慈善组织立法的内容看，行政监管权主要由民政部门、业务主管部门和有关其他部门行使。民政部门是登记管理部门，业务主管单位对慈善组织的登记成立、年检等实施监管，其他部门如税务部门、财政部门、审计部门也享有一定的监管权，海关和侨务部门在特定条件下也是慈善组织行政监管的主体。

二、“主管部门+有关部门”的监管架构

《慈善法》第六条规定：“国务院民政部门主管全国慈善工作，县级以上地方各级人民政府民政部门主管本行政区域内的慈善工作；县级以上人民政府有关部门依照本法和其他有关法律法规，在各自的职责范围内做好相关工作。”慈善法的这一条规定确定了中国慈善事业的监管架构，即“主管部门+相关部门”的监管架构。民政部门是慈善工作的主管部门，有关部门在各自职责范围内做好相关工作。其含义包括：

（一）民政部门主管

如前所述，国务院关于慈善组织登记管理的三部行政法规对民政部门职权的提法是“慈善组织的登记管理机关”。国务院在 2014 年 11 月下发的《国务院关于促进慈善事业健康发展的指导意见》中首次提出民政部门是“慈善事业主管部门”，《慈善法》则从法律上进一步明确规定民政部门是慈善工作的主管部门，这是明确授权、明确职责。其中，国务院民政部门负责主管全国的慈善工作，县级以上地方各级人民政府民政部门主管本行政区域范围内的慈善工作，这是惯例，是基于确保慈善领域法制统一、政令畅通的需要。这种按照行政区划来确立监管主体的法律规定，决定了地方各级民政部门必须承担起监管本区域所有慈善活动的职责。换言之，它们不仅要监管在本地注册登记的慈善组织及发生在本地的慈善活动，而且要监管虽然不在本地注册登记却在本地开展慈善活动的慈善组织的活动，这体现的是严格的属地监管原则。《慈善法》第二十三条明确规定，慈善组织到登记的民政部门管辖区域外进行公开募捐时，需要报其开展募捐活动所在地的县级以上人民政府民政部门备案。虽然是备案，不需要审批，但若出现违规违法行为，当地民政部门就必须依法进行监管，这是法定职责。因此，民政部门不能以在本地开展慈善活动的慈善组织或其他组织不在本地登记而放弃监管的责任。

在《慈善法》起草过程中，有人建议参照英国、新加坡、新西兰等国家的做法成立慈善委员会，作为慈善组织统一的监督管理机构。考虑到民政部门长期以来在慈善组织的管理方面积累了丰富的经验，所以，由民政

部门继续统一负责对慈善组织的监管工作是符合中国国情的。[①]

（二）有关部门做好相关工作

《慈善法》规定的“慈善”是“大慈善”，涵盖教育、科学、文化、卫生、体育、生态环境等多项社会公益事业，不同领域都有相应的行业行政主管部门。实践中，慈善活动要牵涉多方利益与复杂的法律关系，亦与多项公共政策紧密相关，虽然民政部门负有主管之责，但如果没有相关部门的协同，《慈善法》将很难得到全面贯彻实施。鉴于此，《慈善法》第六条规定，县级以上人民政府有关部门依照本法和其他有关法律法规在各自的职责范围内做好相关工作，这是对与慈善组织、慈善信托及慈善活动有关联的行政部门的概括性规范。相关部门参与慈善事业监管的依据有两种情形：

一是《慈善法》有规定的，按其规定办理。例如，《慈善法》第十八条规定慈善组织终止不成立清算组或者清算组不履行职责的，民政部门可以申请人民法院指定有关人员组成清算组进行清算。第三十八条规定慈善组织接受捐赠时应当开具财政部门统一监（印）制的捐赠票据。第四十一条规定捐赠人在法定情形下拒不交付捐赠财产的，慈善组织和其他接受捐赠的人可以依法向人民法院申请支付令或者提起诉讼。第四十三条规定国有企业实施慈善捐赠必须遵守有关国有资产管理规定，履行批准和备案程序，那么这就需要国有资产监管部门承担起相应的责任。第五十条规定慈善信托在该法中未规定的，适用《信托法》，那么这就需要信托监管部门承担起相应的责任。第八十五条规定慈善服务设施需要用地的，可以依法申请使用国有划拨土地或者农村集体建设用地，这与国土部门直接相关。第八十六条规定国家为慈善事业提供金融政策支持，此为金融监管部门的职责。第八十七条规定政府可以依法通过购买服务等方式对符合条件的慈善组织给予支持，此为财政部门的职责。第八十八条规定国家采取措施弘扬慈善文化，培育公民慈善意识，此为教育部门及新闻监管部门的职责。第一百零三条规定对骗取税收优惠的慈善组织由税务机关依法查处。第一百零四

① 全国人大常委会法制工作委员会编：《中华人民共和国慈善法释义》，北京：法律出版社2016年版，第18页。

条规定慈善组织从事、资助危害国家安全或者社会公共利益活动的由有关机关依法查处，此为公安机关、国家安全机关职责所系。第一百零七条规定自然人、法人或者其他组织假借慈善名义或者假冒慈善组织骗取财产的由公安机关依法查处。第一百零九条规定公安机关对慈善领域及相关活动中构成违反治安管理行为的要依法处罚，等等。由此可见，要保证慈善事业发展规范有序，上述相关部门必须依法履职，尽到职责。

二是《慈善法》未明确规定的相关部门，依照其他法律法规亦具有相应的责任。例如，海关对境外捐赠或者境内对境外的捐赠，负有进出口关税等方面的监管之责；教育、科学、文化、卫生、体育、环保等多个部门对从事这个领域的慈善组织与活动者，亦应当依据自己的法定职责负起相应的监督之责。不过，这些部门的监督应本着“不扰乱本行业发展”的原则，依法负责慈善组织开展的与本行业相关的业务督查，不设障碍、不介入慈善组织内部管理，同时确保慈善组织开展的相关活动遵守行业法律规定和行业规范，不扰乱行业发展，一些特殊领域尤其如此，如宗教界和国家安全领域。①

综上所述，无论从慈善组织在参与相关立法上所拥有的权利来看，还是从法律框架所体现出的政府与慈善组织的关系来看，我国慈善事业行政监管组织设置都具有鲜明的政府主导特色。② 在中国，国务院是最高的行政机构，是最重要的行政主体，地方各级人民政府是它的下级单位，受其领导。国务院统一领导所属各部、各委员会的工作和全国地方各级国家行政机关的工作。各级人民政府天然具有行政监管主体资格。一般来说，政府或者其工作部门在其权限范围内都可以作为行政监管主体。政府是社会事务的主要管理者之一，国家对于慈善组织的政策规定和具体的制度设计都有政府的参与，并由政府去执行。可以说，政府是最广义的慈善组织行政监管主体。对于慈善组织的监管，各级人民政府的主要功能在于执行法律、制定和解释政策。政府是国家机关的一种，是相对于其他国家机关而言的

① 郑功成主编：《〈中华人民共和国慈善法〉解读与应用》，北京：人民出版社2016年版，第38～39页。

② 康晓光等：《依附式发展的第三部门》，北京：社会科学文献出版社2011年版，第37页。

概念，更多地体现着一定的政治性色彩。实际上，政府的这些职能都是由具体的行政机关来完成的，即狭义的政府。狭义的政府指的是具体履行国家行政管理职能的国家行政机关，具体为各级人民政府及政府的工作部门，即通常所说的行政机关，某些被授权的组织也可以成为行政监管的主体。

第四章

慈善事业行政监管的内容、方式与慈善信息公开

第一节　慈善事业行政监管的内容

一、慈善组织监管

《慈善法》第八条第一款规定：“本法所称慈善组织，是指依法成立、符合本法规定，以面向社会开展慈善活动为宗旨的非营利性组织。”慈善组织是践行慈善行为的桥梁，传播慈善文化与理念的先锋，推进社会保障与建设的主力军。对慈善组织的监管包括登记和认定监管、规范慈善组织的内部治理、慈善组织内部管理监督、强化慈善组织的信息公开义务等。

（一）慈善组织登记和认定监管

一般而言，慈善组织的设立有许可主义和准则主义两种模式。在许可主义模式下，许可是慈善组织存在的前提和基础。没有经过许可，慈善组织无法登记，自然不可能成为合法的社会组织。准则主义模式即慈善组织只需按照法定的条件和程序登记即可取得合法资格。中国对慈善组织的设立实施行政许可制度。《慈善法》明确规定了慈善组织的设立条件和程序，并鼓励兴办慈善组织。《慈善法》第九条规定，慈善组织应当符合下列条件：（1）

以开展慈善活动为宗旨；（2）不以营利为目的；（3）有自己的名称和住所；（4）有组织章程；（5）有必要的财产；（6）有符合条件的组织机构和负责人；（7）法律、行政法规规定的其他条件。《慈善法》第十条第一款规定："设立慈善组织，应当向县级以上人民政府民政部门申请登记，民政部门应当自受理申请之日起三十日内作出决定。符合本法规定条件的，准予登记并向社会公告；不符合本法规定条件的，不予登记并书面说明理由。"目前，慈善组织需要依据《社会团体登记管理条例》《基金会管理条例》《民办非企业单位登记管理暂行条例》办理登记，究竟依据哪一个，要看所成立的慈善组织采取何种形式。但无论采取哪一种形式，都必须符合相应的登记条件，经登记管理机关审批，否则该慈善组织是不具有合法身份的。以基金会为例，《基金会管理条例》第八条规定，成立基金会应当具备下列条件：（1）该基金会的设立必须是出于某种公益目的；（2）达到基金会的原始基金要求，其中全国性公募基金会的原始基金不低于800万元人民币，地方性公募基金会的原始基金不低于400万元人民币，非公募基金会的原始基金不低于200万元人民币，而且原始基金必须为实际到账货币资金；（3）组织机构及名称要求，条例要求基金会须有规范的名称、章程、组织机构以及与其开展活动相适应的专职工作人员；（4）住所要求，基金会应有固定的住所；（5）责任能力要求，基金会须有独立承担民事责任的能力。除《基金会管理条例》外，《社会团体登记管理条例》和《民办非企业单位登记管理暂行条例》对慈善组织的成立也设定了许可。登记从本意而言，在行政行为中是一种行政确认而不是行政许可，如婚姻登记、房屋产权登记，只是对其民事主体资格的法律认可，登记的目的是获得法律保护。但有些登记，如工商企业登记、社会团体登记和民办非企业单位登记，法律规定了申请登记应当提交相应的文件，符合法定的和登记机关要求的条件，实际上已不是对民事权利的确认，而是赋予其新的民事权利。登记是其行为合法性的前提，没有经过登记，其行为是非法的，将会受到法律追究。这样的登记，其性质属于行政许可而非行政确认。

《慈善法》第十条第二款规定："本法公布前已经设立的基金会、社会团体、社会服务机构等非营利性组织，可以向其登记的民政部门申请认定为慈善组织，民政部门应当自受理申请之日起二十日内作出决定。符合慈善组织条件的，予以认定并向社会公告；不符合慈善组织条件的，不予认定并书面说明理由。”民政部制定的《慈善组织认定办法》第四条规定，基金会、社会团体、社会服务机构申请认定为慈善组织，应当符合下列五个方面的条件：（1）申请时具备相应的社会组织法人登记条件；（2）以开展慈善活动为宗旨，业务范围符合《慈善法》第三条的规定，申请时的上一年度慈善活动的年度支出和管理费用符合国务院民政部门关于慈善组织的规定；（3）不以营利为目的，收益和营运结余全部用于章程规定的慈善目的，财产及其孳息没有在发起人、捐赠人或者本组织成员中分配，章程中有关于剩余财产转给目的相同或者相近的其他慈善组织的规定；（4）有健全的财务制度和合理的薪酬制度；（5）法律、行政法规规定的其他条件。该办法第五条对不予认定为慈善组织的情形作出了规定，有下列情形之一的，不予认定为慈善组织：（1）有法律法规和国家政策规定的不得担任慈善组织负责人的情形的；（2）申请前二年内受过行政处罚的；（3）申请时被民政部门列入异常名录的；（4）有其他违反法律、法规、国家政策行为的。第十条规定：“认定为慈善组织的基金会、社会团体、社会服务机构，由民政部门换发登记证书，标明慈善组织属性。慈善组织符合税收法律法规规定条件的，依照税法规定享受税收优惠。”第十一条规定：“基金会、社会团体、社会服务机构在申请时弄虚作假的，由民政部门撤销慈善组织的认定，将该组织及直接责任人纳入信用记录，并向社会公布。对出具虚假审计报告的注册会计师及其所属的会计师事务所，由民政部门通报有关部门。”

（二）规范慈善组织的内部治理

慈善组织应当建立健全内部治理结构，明确决策、执行、监督等方面的职责权限，开展慈善活动。在具体内容上，《慈善法》作了如下规定：（1）规定慈善组织应当执行国家统一的会计制度，依法进行会计核算，建立健全会计监督制度，并接受政府有关部门的监督管理。（2）要求慈善组织履行年度报告义务。《慈善法》规定，慈善组织应当每年向其登记的民政部门报送年度工作报告和财务会计报告。（3）规范慈善组织与管理人员的关联交易行为。《慈善法》规定，慈善组织的发起人、主要捐赠人以及管理人员，不得利用其关联关系损害慈善组织、受益人的利益和社会公共利益；与慈善组织发生交易行为的，不得参与慈善组织有关该交易行为的决策，有关交易情况应当向社会公开。（4）规定慈善组织不得从事、资助危害国家安全和社会公共利益的活动，不得接受附加违反法律法规和违背社会公德条件的捐赠，不得对受益人附加违反法律法规和违背社会公德的条件。（5）明确慈善组织剩余财产处理原则。《慈善法》规定，慈善组织清算后的剩余财产，应当按照慈善组织章程的规定转给宗旨相同或者相近的慈善组织；章程未规定的，由民政部门主持转给宗旨相同或者相近的慈善组织，并向社会公告。

（三）慈善组织内部管理监督

慈善组织按照章程开展活动，但其内部管理活动仍受到登记管理机关的监督。登记管理机关有责任监督慈善组织内部的管理，其中比较重要的有以下几个方面：一是慈善组织按期换届问题。慈善组织必须按照章程规定按期组织换届。慈善组织因特殊情况需提前或延期进行换届的，应事先以书面形式报登记管理机关批准同意，并在批准期间内完成换届。二是慈善组织负责人任职资格、条件及备案制度。慈善组织领导班子职数、负责人的年龄、任期（届）资格条件应严格按照有关政策和章程规定执行。三是慈善组织法定代表人任职。慈善组织法定代表人由章程明确规定的负责人担任，不得兼任其他慈善组织法定代表人。拟任人选已担任其他慈善组织法定代表人的，应事先辞去已经担任的法定代表人职务。法定代表人人选同时担任其他社会团体法定代表人的，登记管理机关不予受理法定代表人变更备案。四是慈善组织会费标准的备案管理。慈善组织制定、修改会费标准，经会员大会（会员代表大会）以无记名投票方式审议通过后，向登记管理机关备案。制定或修改会费标准时，违反合理性原则，或者未履行规定程序的，登记管理机关不予备案。慈善组织不得依未经合法程序制定和备案的标准收取会费或者超标准收取会费。五是常务理事会的职权管理。常务理事会的职权，有一定的限制，不得任意扩大理事会闭会期间行使部分职权，没有选举和罢免慈善组织领导职务的权利。六是慈善组织分支机构的设立。慈善组织设立分支机构，应按照业务范围的界定和实际活动的需要组成。慈善组织设立的分支机构必须到登记管理机关办理注册登记。

（四）强化慈善组织的信息公开义务

增强慈善组织公信力，必须做好慈善组织的信息公开。《慈善法》对此规定了以下内容：（1）信息公开的内容。《慈善法》第七十二条规定：“慈善组织应当向社会公开组织章程和决策、执行、监督机构成员信息以及国务院民政部门要求公开的其他信息。上述信息有重大变更的，慈善组织应当及时向社会公开。慈善组织应当每年向社会公开其年度工作报告和财务会计报告。具有公开募捐资格的慈善组织的财务会计报告须经审计。”（2）《慈善法》针对慈善组织开展公开募捐和定向募捐的不同情况，明确规定了信息公开的对象、内容及其程序。《慈善法》第七十三条规定：“具有公开募捐资格的慈善组织应当定期向社会公开其募捐情况和慈善项目实施情况。公开募捐周期超过六个月的，至少每三个月公开一次募捐情况，公开募捐活动结束后三个月内应当全面公开募捐情况。慈善项目实施周期超过六个月的，至少每三个月公开一次项目实施情况，项目结束后三个月内应当全面公开项目实施情况和募得款物使用情况。”《慈善法》第七十四条规定：“慈善组织开展定向募捐的，应当及时向捐赠人告知募捐情况、募得款物的管理使用情况。”（3）向受益人公开相关信息。《慈善法》第七十五条规定：“慈善组织、慈善信托的受托人应当向受益人告知其资助标准、工作流程和工作规范等信息。”为了保护捐赠人和慈善信托委托人的隐私，《慈善法》第七十六条规定：“涉及国家秘密、商业秘密、个人隐私的信息以及捐赠人、慈善信托的委托人不同意公开的姓名、名称、住所、通讯方式等信息，不得公开。”

二、慈善募捐监管

慈善募捐，是指慈善组织基于慈善宗旨募集财产的活动。慈善募捐包括面向社会公众的公开募捐和面向特定对象的定向募捐。这也意味着《慈善法》规定个人不能公开募捐，但不禁止个人求助。个人求助，指的是求助人为自己或者亲属、同事、朋友等有直接关系的人请求帮助，并获得资助，其属性为“私益慈善”，法律并不禁止这种行为。而慈善组织开展的公开募捐等慈善活动的受益人是不特定的大多数人。被法律明确禁止的，是个人开展公开募捐。如果是为了救助本人及近亲属以外的他人在网络上发起的个人募捐，属于非法募捐，则需要承担相应的法律责任。无论是不是公众人物，只要以个人名义发起募捐，都属于违法行为。如有人在朋友圈或微博上发帖，以个人名义为山区贫困儿童募集学费，或者为陌生病人筹款治疗，这种个人开展公开募捐的行为则被《慈善法》明令禁止。

慈善组织开展公开募捐，应当取得公开募捐资格。若一个慈善组织不具有公开募捐资格，它可以同具有公开募捐资格的慈善组织合作进行募捐，由该组织接收和管理募集资金。因此，在这个环节，需要查验慈善组织是否具有公开募捐资格。那么申请公开募捐资格需要什么条件呢？民政部制定的《慈善组织公开募捐管理办法》第五条规定："依法登记或者认定为慈善组织满二年的社会组织，申请公开募捐资格，应当符合下列条件：（一）根据法律法规和本组织章程建立规范的内部治理结构，理事会能够有效决策，负责人任职符合有关规定，理事会成员和负责人勤勉尽职，诚实守信；（二）理事会成员来自同一组织以及相互间存在关联关系组织的不超过三分之一，相互间具有近亲属关系的没有同时在理事会任职；（三）理事会成员中非内地居民不超过三分之一，法定代表人由内地居民担任；（四）秘书长为专职，理事长（会长）、秘书长不得由同一人兼任，有与本慈善组织开展活动相适应的专职工作人员；（五）在省级以上人民政府民政部门登记的慈善组织有三名以上监事组成的监事会；（六）依法办理税务登记，履行纳税义务；（七）按照规定参加社会组织评估，评估结果为3A及以上；（八）申请时未纳入异常名录；（九）申请公开募捐资格前二年，未因违反社会组织相关法律法规受到行政处罚，没有其他违反法律、法规、国家政策行为的。《慈善法》公布前设立的非公募基金会、具有公益性捐赠税前扣除资格的社会团体，登记满二年，经认定为慈善组织的，可以申请公开募捐资格。"

关于申请公开募捐资格的条件，《慈善组织公开募捐管理办法》第六条规定："慈善组织申请公开募捐资格，应当向其登记的民政部门提交下列材料：（一）申请书，包括本组织符合第五条各项条件的具体说明和书面承诺；（二）注册会计师出具的申请前二年的财务审计报告，包括年度慈善活动支出和年度管理费用的专项审计；（三）理事会关于申请公开募捐资格的会议纪要。有业务主管单位的慈善组织，还应当提交经业务主管单位同意的证明材料。评估等级在4A及以上的慈善组织免于提交第一款第二项、第三项规定的材料。”在慈善组织提交了上述材料后，民政部门应当依法进行审核。情况复杂的，民政部门可以征求有关部门意见或者通过论证会、听证会等形式听取意见，也可以根据需要对该组织进行实地考察。民政部门应当自受理之日起二十日内作出决定。对符合条件的慈善组织，发给公开募捐资格证书；对不符合条件的，不发给公开募捐资格证书并书面说明理由。对于《慈善法》公布前登记设立的公募基金会，可以凭其标明慈善组织属性的登记证书向登记的民政部门申领公开募捐资格证书，在这种情况下就不需要提交上述材料。

当慈善组织具备公开募捐资格，它还要按照规定进行备案，此后可以公开募捐。在这个环节，民政部门要对符合条件的慈善组织提出的公开募捐申请进行备案。慈善组织在其登记的民政部门管辖区域外，以《慈善法》第二十三条第一款第一项、第二项方式开展公开募捐活动的，除向其登记的民政部门备案外，还应当在开展公开募捐活动十日前，向其开展募捐活动所在地的县级人民政府民政部门备案，提交募捐方案、公开募捐资格证书复印件、确有必要在当地开展公开募捐活动的情况说明。在慈善组织开展公开募捐活动时，民政部门可以进行现场监管，查看慈善组织是否在募捐活动现场或者募捐活动载体的显著位置公布本组织名称、公开募捐资格证书、募捐方案、联系方式、募捐信息查询方法等，以保证慈善募捐活动合法公开进行。

另外，《慈善法》不仅对发起慈善募捐的主体身份有一定限制，对发布公募信息的网络渠道也需进行认证。网络募捐是一种新兴募捐方式，针对网络募捐，民政部门要监督慈善组织是否在指定的慈善信息平台公开募捐信息。《慈善法》第二十三条规定：“慈善组织通过互联网开展公开募捐的，应当在国务院民政部门统一或者指定的慈善信息平台发布募捐信息，并可以同时在其网站发布募捐信息。”根据《慈善法》《公开募捐平台服务管理办法》有关规定，2016年以来民政部先后遴选指定两批慈善组织互联网公开募捐信息平台（简称互联网募捐信息平台），并接受了中国慈善信息平台、基金会中心网的退出申请。当前，共有20家互联网募捐信息平台可为慈善组织提供募捐信息发布服务。

对于不符合公开募捐条件和连续六个月不开展公开募捐活动的具有公开募捐资格的慈善组织，由登记的民政部门纳入活动异常名录并向社会公告。慈善组织被依法撤销公开募捐资格的，民政部门应当及时向社会公告。《慈善组织公开募捐管理办法》第二十三条规定："慈善组织有下列情形之一的，民政部门可以给予警告、责令限期改正：（一）伪造、变造、出租、出借公开募捐资格证书的；（二）未依照本办法进行备案的；（三）未按照募捐方案确定的时间、期限、地域范围、方式进行募捐的；（四）开展公开募捐未在募捐活动现场或者募捐活动载体的显著位置公布募捐活动信息的；（五）开展公开募捐取得的捐赠财产未纳入慈善组织统一核算和账户管理的；（六）其他违反本办法情形的。"

三、慈善捐赠监管

慈善捐赠，是指自然人、法人和其他组织基于慈善目的，自愿、无偿赠与财产的活动。慈善捐赠的主体包括自然人、法人和其他组织。慈善捐赠要基于慈善目的。英国《慈善法》明确了13类慈善目的，但对慈善目的表述中的公共利益没有详细解释；《英国慈善委员会指引》详细阐释了公共利益的内容。该"指引"指出，公共利益包括"利益方面"和"公共方面"。为满足公共利益的"利益方面"，慈善目的必须是有益的，且该目的带来的任何损害不得超过其带来的利益。为满足公共利益的"公共方面"，慈善的目的必须有益于全体公众或公众中的足够人群，且不会只产生个人利益。我国《慈善法》规定慈善目的包括如下方面：（1）扶贫、济困；（2）扶老、救孤、恤病、助残、优抚；（3）救助自然灾害、事故灾难和公共卫生事件等突发事件造成的损害；（4）促进教育、科学、文化、卫生、体育等事业的发展；（5）防治污染和其他公害，保护和改善生态环境；（6）符合《慈善法》规定的其他公益活动。前述慈善主体在进行慈善捐赠时要符合以上慈善目的的一个或几个，慈善活动要使公众受益。政府部门在监管时要对慈善目的、受益人群、慈善活动进行判断，保证慈善捐赠符合慈善目的。

慈善捐赠必须是自愿、无偿的，不能进行强制，因此政府部门要对慈善捐赠中的强捐和索捐进行重点监管。慈善捐赠涉及捐什么、向谁捐、怎么捐等，慈善捐赠要符合法律法规和政策的规定，政府有关部门可以依法进行监管。慈善捐赠的财产是自己拥有或控制的财产，捐赠人可以向社会不特定对象进行捐赠，可以直接捐赠也可以通过慈善组织进行捐赠。

当前我国慈善捐赠中的违法、不诚信行为屡见报端。捐赠承诺到位率不高，“诺而不捐”的现象并不罕见。一些慈善捐赠最终未能落地，更是激起了“假慈善、真避税”，以及洗钱、转移财产等方面的质疑。对此，《慈善法》第三十七条和第四十一条规定了慈善捐赠义务的强制履行及其例外情况，有效回应了“诺而不捐”的问题，有助于提升捐赠人的公信力。《慈善法》第三十七条规定：“自然人、法人和其他组织开展演出、比赛、销售、拍卖等经营性活动，承诺将全部或者部分所得用于慈善目的的，应当在举办活动前与慈善组织或者其他接受捐赠的人签订捐赠协议，活动结束后按照捐赠协议履行捐赠义务，并将捐赠情况向社会公开。”《慈善法》第四十一条规定：“捐赠人应当按照捐赠协议履行捐赠义务。捐赠人违反捐赠协议逾期未交付捐赠财产，有下列情形之一的，慈善组织或者其他接受捐赠的人可以要求交付；捐赠人拒不交付的，慈善组织和其他接受捐赠的人可以依法向人民法院申请支付令或者提起诉讼：（一）捐赠人通过广播、电视、报刊、互联网等媒体公开承诺捐赠的；（二）捐赠财产用于本法第三条第一项至第三项规定的慈善活动，并签订书面捐赠协议的。捐赠人公开承诺捐赠或者签订书面捐赠协议后经济状况显著恶化，严重影响其生产经营或者家庭生活的，经向公开承诺捐赠地或者书面捐赠协议签订地的民政部门报告并向社会公开说明情况后，可以不再履行捐赠义务。”我国《合同法》第一百八十八条规定：“具有救灾、扶贫等社会公益、道德义务性质的赠与合同或者经过公证的赠与合同，赠与人不交付赠与的财产的，受赠人可以要求交付。”同时，不允许撤销具有救灾、扶贫等社会公益、道德义务性质的赠与合同或者经过公证的赠与合同。《公益事业捐赠法》也对捐赠人必须按照赠与协议履行的法律责任作出明确规定。

企业是慈善捐赠的重要主体，《慈善法》对企业捐赠财产、捐赠程序、税收优惠作出了规定。《慈善法》第三十六条规定：“捐赠人捐赠的财产应当是其有权处分的合法财产。捐赠财产包括货币、实物、房屋、有价证券、股权、知识产权等有形和无形财产。捐赠人捐赠的实物应当具有使用价值，符合安全、卫生、环保等标准。捐赠人捐赠本企业产品的，应当依法承担产品质量责任和义务。”第四十三条规定：“国有企业实施慈善捐赠应当遵守有关国有资产管理的规定，履行批准和备案程序。”第八十条规定：“自然人、法人和其他组织捐赠财产用于慈善活动的，依法享受税收优惠。企业慈善捐赠支出超过法律规定的准予在计算企业所得税应纳税所得额时当年扣除的部分，允许结转以后三年内在计算应纳税所得额时扣除。”此外，其他有关企业参与慈善捐赠、履行社会责任的管理规范散见于《合同法》(1999 年)、《公益事业捐赠法》(1999 年)、《财政部关于加强企业对外捐赠财务管理的通知》(2003 年)、《企业财务通则》(2007 年)以及《国务院国有资产监督管理委员会关于加强中央企业对外捐赠管理有关事项的通知》(2009 年)等法律文件之中。具体监管内容包括：对企业对外捐赠自愿诚信等原则的要求，企业对外捐赠内部管理程序的制定与执行，企业内部审计（监察）机构或者财务管理部门对企业对外捐赠行为的监督等等。目的都是预防企业的无序捐赠行为，确保企业社会责任的正当履行。对央企对外捐赠的管理办法还需遵循《国有企业领导人员廉洁从业若干规定》的相关规定，强调国有企业捐赠行为需要经过履行国有资产出资人职责的机构批准。

四、关联交易与投资监管

慈善组织为了生存和发展，需要同个人和组织进行交易，以获取所需要的商品和服务。在这种情况下，交易要符合一般交易规则，不得损害慈善组织和社会公共利益。关联交易原本是企业经营领域的概念。根据财政部 2006 年颁布的《企业会计准则第 36 号——关联方披露》，在企业财务和经营决策中，如果一方控制、共同控制另一方或对另一方施加重大影响，以及两方或两方以上同受一方控制、共同控制或重大影响的，构成关联方。凡以上关联方之间发生转移资源或义务的事项，不论是否收取价款，均被视为关联交易。从某种意义上来说，慈善组织与其发起人、主要捐赠人以及管理人等之间也存在类似的控制或重大影响的关联关系，也可能发生类似的关联交易。《慈善法》第十四条对慈善组织关联交易事项作了规定：“慈善组织的发起人、主要捐赠人以及管理人员，不得利用其关联关系损害慈善组织、受益人的利益和社会公共利益。慈善组织的发起人、主要捐赠人以及管理人员与慈善组织发生交易行为的，不得参与慈善组织有关该交易行为的决策，有关交易情况应当向社会公开。”《慈善法》所说的关联交易，是指慈善组织与在本组织直接或间接占有权益、存在利害关系的关联方之间所进行的交易。关联方包括自然人、法人和其他组织，主要是慈善组织的发起人、主要捐赠人及行政管理人员等。慈善组织的发起人、主要捐赠人以及管理人员与慈善组织发生的交易行为，一般包括以下几种类型：（1）购买或销售商品；（2）购买或销售除商品之外的其他资产，如设备、建筑物等；（3）提供或接受劳务；（4）担保，如贷款担保；（5）提供资金，如以现金或实物形式提供贷款或股权投资；（6）租赁；（7）代理，如代理销售货物或代理签订合同等；（8）研究与开发项目的转移；（9）代表企业或由企业代表另一方进行债务结算；（10）支付关键管理人薪酬。[①] 在实际工作中，前三类关联交易是发生频率最高的，也是应当重点关注的情形。《慈善法》禁止不当的关联交易。慈善组织的发起人、主要捐赠人以及管理人员在和慈善组织之间发生的交易如买卖、租赁、贷款、担保、承揽、投资等关系中，有可能利用其影响力或控制力，假公济私，进行利益输送。与不存在关联关系、完全独立的交易主体之间达成的相同类型的交易相比，关联交易往往违背公平交易原则，在交易价格上或其他成交条件上，存在不公平之处，容易造成慈善组织的财产或利益以低于公允价格转移给关联人或者是慈善组织以高于公允价格向关联人购买需要的产品和服务，从而损害慈善组织、受益人的利益和社会公共利益。

需要注意的是，《慈善法》并未禁止关联交易，而是要求慈善组织的关联方不得利用其关联关系，损害慈善组织、受益人的利益和社会公共利益。这种基于慈善组织与关联方的交易也有可能是有利于慈善组织发展和社会公共利益的，不应当一律禁止。例如，慈善组织雇佣理事会成员做某个项目的顾问，不仅是因为其更了解慈善组织的运作情况，而且因为其对该组织负有责任，从而可能降低收费标准。在此情况下，与关联人发生交易不仅不会对慈善组织、受益人利益和公共利益有损害，反而有利于慈善组织、受益人利益和社会公共利益，这样的交易法律不应禁止。但是，从保障各方利益出发，《慈善法》作了两条防范性规定：一是当慈善组织的发起人、

① 阚珂主编：《中华人民共和国慈善法释义》，北京：法律出版社2016年版，第57页。

主要捐赠人以及管理人员与慈善组织发生交易行为时，由于他们在慈善组织进行决策时可能会对其他人员的决策产生重要影响，为避免他们通过影响其他人员决策而使其个人获益，从而确保决策的客观公正，要求其不得参与慈善组织有关该交易行为的决策。二是要求有关交易情况应当向社会公开，通过社会公众来监督交易是否符合慈善组织、受益人利益和社会公共利益，这与《企业会计准则第 36 号——关联方披露》的精神相一致，即将关联交易的信息披露放在十分重要的位置。如果社会公众发现慈善组织关联交易有违法情形的，可以向民政部门、其他有关部门或者慈善行业组织投诉、举报。慈善组织违法进行关联交易的，要承担法律责任。根据《慈善法》第九十九条规定，慈善组织违反第十四条关联交易规定，造成慈善财产损失的，由民政部门予以警告、责令限期改正；逾期不改正的，责令限期停止活动并进行整改；经依法处理后一年内再出现违反关联交易规定的情形，或者有其他情节严重情形的，由民政部门吊销登记证书并予以公告。按照民法规定，相关责任人要承担民事赔偿责任。需要说明的是，发起人、主要捐赠人以及管理人员向慈善组织进行捐赠不属于关联交易。

慈善组织投资，既关系到慈善目的的实现和慈善组织的可持续发展，又涉及税收优惠和市场公平竞争，事关重大，须慎重对待。在慈善立法过程中，是否允许慈善组织投资经营是一个有争议的问题。西方国家允许慈善组织通过投资来保值增值，如英国《慈善法》规定，慈善组织收入规模过大的，必须剥离一定资产成立基金会来进行投资；日本《公益社团法人及公益财团法人认定法》规定，慈善组织可以投资经营，对其经营业务分类实施税收减免优惠措施，但投资经营不得妨碍公益目的的实现。我国《公益事业捐赠法》和《基金会管理条例》都规定，基金会应当按照合法、安全、有效的原则实现基金的保值、增值。实践中，我国基金会有的有采用传统的办法来保值、增值，如银行存款等；也有一些开展了投资经营。《慈善法》第五十四条规定："慈善组织为实现财产保值、增值进行投资的，应当遵循合法、安全、有效的原则，投资取得的收益应当全部用于慈善目的。慈善组织的重大投资方案应当经决策机构组成人员三分之二以上同意。政府资助的财产和捐赠协议约定不得投资的财产，不得用于投资。慈善组织的负责人和工作人员不得在慈善组织投资的企业兼职或者领取报酬。前款规定事项的具体办法，由国务院民政部门制定。”《慈善法》第五十四条规定了慈善组织为实现财产保值、增值进行投资的基本原则和相关要求，并授权国务院民政部门制定具体办法。《慈善法》根据我国慈善事业发展需要并借鉴国外经验，第一次从法律上明确规定慈善组织可以投资，这对于壮大慈善组织、发展慈善事业具有重要意义。对慈善组织而言，其财产保值、增值在实践中主要有以下几种情形：一是银行存款、购买国债等基本的保值行为；二是直接投资企业或房地产等主动的投资行为；三是委托金融机构进行股票、企业债券、基金等间接投资；四是企业向慈善组织捐赠股权、房产等，慈善组织因受赠股权、房产等形成的被动投资；五是慈善组织利用自有资源直接开展一些经营行为而获取利润，例如出租房产、变卖捐赠物资、提供有偿服务等。允许慈善组织对财产保值、增值，可以使慈善组织不单纯依靠捐赠，有了自我造血机能，从而更好地实现可持续发展，有利于慈善目的的实现。捐赠人向慈善组织捐赠股权、房产等，也能够使得慈善组织获得相对稳定的收入来源。但是，慈善组织不是一般意义上的投资主体，不能因开展保值、增值而影响慈善宗旨的实现，影响捐赠协议的履行，影响受益人和公众的利益。慈善组织的保值、增值活动必须符合慈善组织的本质属性，必须受到约束。为此，《慈善法》对慈善组织的投资作了若干限制性规定，将慈善组织的投资经营与一般市场主体的投资经营行为区别开来：一是规定了基本原则，即运作要合法、安全、有效，投资取得的收益要全部用于慈善目的；二是规定了基本的决策机制，重大投资方案应当经决策机构组成人员三分之二以上同意；三是规定了投资财产限制，政府资助的财产和捐赠协议约定不得投资的财产，不得用于投资；四是规定了利益回避机制，慈善组织的负责人和工作人员不得在慈善组织投资的企业兼职或者领取报酬。

由于慈善组织投资经营情况复杂，目前我国经验不多，《慈善法》规定了慈善组织为实现财产保值、增值进行投资的基本原则和相关要求，具体办法授权国务院民政部门制定。为了贯彻落实《慈善法》，民政部在广泛听取社会各界意见，特别是在征求了财政部、人民银行、银保监会、证监会等金融监管部门意见的基础上，制定出台了《慈善组织保值增值投资活动管理暂行办法》。该办法规定了投资的基本原则——合法、安全、有效，对慈善组织的投资领域作了以下规定：（1）直接购买银行、信托、证券、基金、期货、保险资产管理机构、金融资产投资公司等金融机构发行的资产管理产品；（2）通过发起设立、并购、参股等方式直接进行股权投资；（3）将财产委托给受金融监督管理部门监管的机构进行投资。办法第六条对以上三类投资行为作了进一步的规定：慈善组织在投资资产管理产品时，应当审慎选择，购买与本组织风险识别能力和风险承担能力相匹配的产品；慈善组织直接进行股权投资的，被投资方的经营范围应当与慈善组织的宗旨和业务范围相关；慈善组织开展委托投资的，应当选择中国境内有资质从事投资管理业务，且管理审慎、信誉较高的机构。办法第七条规定，慈善组织不得进行下列投资活动：（1）直接买卖股票；（2）直接购买商品及金融衍生品类产品；（3）投资人身保险产品；（4）以投资名义向个人、企业提供借款；（5）不符合国家产业政策的投资；（6）可能使本组织承担无限责任的投资；（7）违背本组织宗旨、可能损害信誉的投资；（8）非法集资等国家法律法规禁止的其他活动。办法还规定了民政部门的监督管理责任：民政部门可以要求慈善组织就投资活动、风险控制、内部管理等事项作出说明，必要时可以进行约谈（第十六条）。慈善组织将不得用于投资的财产用于投资，民政部门依据《慈善法》第九十九条的有关规定进行处罚。慈善组织违反本办法规定，民政部门可以给予警告，并责令限期改正（第十七条）。慈善组织的财务和资产管理制度、重大投资情况应当依法依规向社会公开，接受社会监督（第十八条）。[①]

五、慈善财产监管

慈善组织的财产包括发起人捐赠、资助的创始财产，募集的财产以及其他合法财产。慈善组织旨在实施慈善活动，组织的绝大部分资财应当用于符合其宗旨的慈善活动和慈善项目，以防止组织通过各种方式将所取得的收入过度积累闲置或者过度用于行政开支、管理费用以及谋取个人私利

---

① 《慈善组织保值增值投资活动管理暂行办法》，中华人民共和国民政部网站（http：//www. mca. gov. cn/article/gk/fg/shzzgl/201811/20181100012651. shtml），2018 年 11 月 5 日。

等。正是基于这些考虑，目前很多国家的立法均对慈善组织的财产在每个年度用于组织宗旨范围的慈善活动和慈善项目的比例作出了最低要求。我国1998年颁布的《社会团体登记管理条例》和《民办非企业单位登记管理暂行条例》对于年度支出和管理费用均未作任何要求。2004年颁布的《基金会管理条例》第二十九条对此作了明确规定："公募基金会每年用于从事章程规定的公益事业支出，不得低于上一年总收入的70%；非公募基金会每年用于从事章程规定的公益事业支出，不得低于上一年基金余额的8%。基金会工作人员工资福利和行政办公支出不得超过当年总支出的10%。"在我国，基金会立法中的"上一年总收入的70%"与"上一年基金余额的8%"的标准曾经引起了广泛的争议。在执行中，这一标准也遇到了相当多的问题。根据登记管理机关的年检情况，在我国有超过半数的基金会不能完成法定的支出比例要求。对于存在的问题，我国《慈善法》作出了回应。《慈善法》第六十条规定："慈善组织应当积极开展慈善活动，充分、高效运用慈善财产，并遵循管理费用最必要原则，厉行节约，减少不必要的开支。慈善组织中具有公开募捐资格的基金会开展慈善活动的年度支出，不得低于上一年总收入的百分之七十或者前三年收入平均数额的百分之七十；年度管理费用不得超过当年总支出的百分之十，特殊情况下，年度管理费用难以符合前述规定的，应当报告其登记的民政部门并向社会公开说明情况。"2016年10月11日，民政部、财政部、国家税务总局联合印发《关于慈善组织开展慈善活动年度支出和管理费用的规定》，对慈善组织慈善活动支出和管理费用的列支原则、列支范围、列支比例等内容进行了明确和规范，并提出了相应的监管要求。该规定第四条规定："慈善活动支出是指慈善组织基于慈善宗旨，在章程规定的业务范围内开展慈善活动，向受益人捐赠财产或提供无偿服务时发生的下列费用：（一）直接或委托其他组织资助给受益人的款物；（二）为提供慈善服务和实施慈善项目发生的人员报酬、志愿者补贴和保险，以及使用房屋、设备、物资发生的相关费用；（三）为管理慈善项目发生的差旅、物流、交通、会议、培训、审计、评估等费用。慈善活动支出在'业务活动成本'项目下核算和归集。慈善组织的业务活动成本包括慈善活动支出和其他业务活动成本。"第五条规定："慈善组织的管理费用是指慈善组织按照《民间非营利组织会计制度》规定，为保证本组织正常运转所发生的下列费用：（一）理事会等决策机构的工作经费；（二）行政管理人员的工资、奖金、住房公积金、住房补贴、社会保障费；（三）办公费、水电费、邮电费、物业管理费、差旅费、折旧费、修理费、租赁费、无形资产摊销费、资产盘亏损失、资产减值损失、因预计负债所产生的损失、聘请中介机构费等。”第六条规定：“慈善组织的某些费用如果属于慈善活动、其他业务活动、管理活动等共同发生，且不能直接归属于某一类活动的，应当将这些费用按照合理的方法在各项活动中进行分配，分别计入慈善活动支出、其他业务活动成本、管理费用。”该规定第七条至第九条则具体规定了各类慈善组织的支出比例，见表4－1。

表4－1 慈善活动年度支出和管理费用标准

慈善组织性质		年度慈善活动支出标准		年度管理费用标准	
		计算规则	比例数值	计算规则	比例数值
具有公开募捐资格的基金会		年度慈善活动支出/上年总收入	≥70%	年度管理费用/当年总支出	≤10%
具有公开募捐资格的社会团体和社会服务机构		年度慈善活动支出/上年总收入	≥70%	年度管理费用/当年总支出	≤13%
不具有公开募捐资格的基金会	Ⅰ类：上年末净资产≥6000万元	年度慈善活动支出/上年末净资产	≥6%	年度管理费用/当年总支出	≤12%
	Ⅱ类：800万元≤上年末净资产＜6000万元	年度慈善活动支出/上年末净资产	≥6%	年度管理费用/当年总支出	≤13%
	Ⅲ类：400万元≤上年末净资产＜800万元	年度慈善活动支出/上年末净资产	≥7%	年度管理费用/当年总支出	≤15%
	Ⅳ类：上年末净资产＜400万元	年度慈善活动支出/上年末净资产	≥8%	年度管理费用/当年总支出	≤20%

续表

慈善组织性质		年度慈善活动支出标准		年度管理费用标准	
		计算规则	比例数值	计算规则	比例数值
不具有公开募捐资格的社会团体和社会服务机构	Ⅰ类：上年末净资产≥1000万元	年度慈善活动支出/上年末净资产	≥6%	年度管理费用/当年总支出	≤13%
	Ⅱ类：500万元≤上年末净资产<1000万元	年度慈善活动支出/上年末净资产	≥7%	年度管理费用/当年总支出	≤14%
	Ⅲ类：100万元≤上年末净资产<500万元	年度慈善活动支出/上年末净资产	≥8%	年度管理费用/当年总支出	≤15%
	Ⅳ类：上年末净资产<100万元	(1)年度慈善活动支出/上年末净资产，且 (2)年度慈善活动支出/上年总收入	(1)≥8%，且 (2)≥50%	年度管理费用/当年总支出	≤20%

资料来源：《民政部　财政部　国家税务总局关于印发〈关于慈善组织开展慈善活动年度支出和管理费用的规定〉的通知》（民发〔2016〕189号），中华人民共和国民政部网站（http：//www.mca.gov.cn/article/gk/wj/201611/20161115002335.shtml）。

六、税收优惠监管

（一）慈善组织免税资格认定

根据《中华人民共和国企业所得税法》第二十六条及《中华人民共和国企业所得税法实施条例》第八十四条的规定，财政部和国家税务总局2009年、2014年和2018年下发了三个《关于非营利组织免税资格认定管理有关问题的通知》，对认定的符合条件的非营利组织满足的条件、需报送材料、监督管理等作了具体规定。2009年和2014年的通知因新通知的下发而废止，下面对2018年2月7日财政部和税务总局下发的《关于非营利组织免税资格认定管理有关问题的通知》（财税〔2018〕13 号）中关于非营利组织免税资格认定管理的内容介绍如下。

依据通知认定的符合条件的非营利组织，必须同时满足以下条件：（一）依照国家有关法律法规设立或登记的事业单位、社会团体、基金会、社会服务机构、宗教活动场所、宗教院校以及财政部、税务总局认定的其他非营利组织；（二）从事公益性或者非营利性活动；（三）取得的收入除用于与该组织有关的、合理的支出外，全部用于登记核定或者章程规定的公益性或者非营利性事业；（四）财产及其孳息不用于分配，但不包括合理的工资薪金支出；（五）按照登记核定或者章程规定，该组织注销后的剩余财产用于公益性或者非营利性目的，或者由登记管理机关采取转赠给与该组织性质、宗旨相同的组织等处置方式，并向社会公告；（六）投入人对投入该组织的财产不保留或者享有任何财产权利，本条所称投入人是指除各级人民政府及其部门外的法人、自然人和其他组织；（七）工作人员工资福利开支控制在规定的比例内，不变相分配该组织的财产，其中工作人员平均工资薪金水平不得超过税务登记所在地的地市级（含地市级）以上地区的同行业同类组织平均工资水平的两倍，工作人员福利按照国家有关规定执行；（八）对取得的应纳税收入及其有关的成本、费用、损失应与免税收入及其有关的成本、费用、损失分别核算。

经省级（含省级）以上登记管理机关批准设立或登记的非营利组织，凡符合规定条件的，应向其所在地省级税务主管机关提出免税资格申请，并提供该通知规定的相关材料；经地市级或县级登记管理机关批准设立或登记的非营利组织，凡符合规定条件的，分别向其所在地的地市级或县级税务主管机关提出免税资格申请，并提供该通知规定的相关材料。财政、税务部门按照上述管理权限，对非营利组织享受免税的资格联合进行审核确认，并定期予以公布。

申请享受免税资格的非营利组织，需报送以下材料：（一）申请报告；（二）事业单位、社会团体、基金会、社会服务机构的组织章程或宗教活动场所、宗教院校的管理制度；（三）非营利组织注册登记证件的复印件；（四）上一年度的资金来源及使用情况、公益活动和非营利活动的明细情况；（五）上一年度的工资薪金情况专项报告，包括薪酬制度、工作人员整体平均工资薪金水平、工资福利占总支出比例、重要人员工资薪金信息（至少包括工资薪金水平排名前10的人员）；（六）具有资质的中介机构鉴证的上一年度财务报表和审计报告；（七）登记管理机关出具的事业单位、社会团体、基金会、社会服务机构、宗教活动场所、宗教院校上一年度符合相关法律法规和国家政策的事业发展情况或非营利活动的材料；（八）财政、税务部门要求提供的其他材料。

当年新设立或登记的非营利组织需提供上述第一项至第三项规定的材料及第四项、第五项规定的申请当年的材料，不需提供第六项、第七项规定的材料。

非营利组织免税优惠资格的有效期为五年。非营利组织应在免税优惠资格期满后六个月内提出复审申请，不提出复审申请或复审不合格的，其享受免税优惠的资格到期自动失效。非营利组织免税资格复审，按照初次申请免税优惠资格的规定办理。

非营利组织必须按照《中华人民共和国税收征收管理法》及《中华人民共和国税收征收管理法实施细则》等有关规定，办理税务登记，按期进行纳税申报。取得免税资格的非营利组织应按照规定向主管税务机关办理免税手续，免税条件发生变化的，应当自发生变化之日起十五日内向主管税务机关报告；不再符合免税条件的，应当依法履行纳税义务；未依法纳税的，主管税务机关应当予以追缴。取得免税资格的非营利组织注销时，剩余财产处置违反该通知第一条第五项规定的，主管税务机关应追缴其应纳企业所得税款。

有关部门在日常管理过程中，发现非营利组织享受优惠年度不符合该通知规定的免税条件的，应提请核准该非营利组织免税资格的财政、税务部门，由其进行复核。

核准非营利组织免税资格的财政、税务部门根据本通知规定的管理权限，对非营利组织的免税优惠资格进行复核，复核不合格的，相应年度不得享受税收优惠政策。

已认定的享受免税优惠政策的非营利组织有下述情形之一的，应自该情形发生年度起取消其资格：（一）登记管理机关在后续管理中发现非营利组织不符合相关法律法规和国家政策的；（二）在申请认定过程中提供虚假信息的；（三）纳税信用等级为税务部门评定的C级或D级的；（四）通过关联交易或非关联交易和服务活动，变相转移、隐匿、分配该组织财产的；（五）被登记管理机关列入严重违法失信名单的；（六）从事非法政治活动的。

因上述第一项至第五项规定的情形被取消免税优惠资格的非营利组织，财政、税务部门自其被取消资格的次年起一年内不再受理该组织的认定申请；因上述第六项规定的情形被取消免税优惠资格的非营利组织，财政、税务部门将不再受理该组织的认定申请。

被取消免税优惠资格的非营利组织，应当依法履行纳税义务；未依法纳税的，主管税务机关应当自其存在取消免税优惠资格情形的当年起予以追缴。

各级财政、税务部门及其工作人员在认定非营利组织免税资格工作中，存在违法违纪行为的，按照《中华人民共和国公务员法》《中华人民共和国监察法》等国家有关规定追究相应责任；涉嫌犯罪的，移送司法机关处理。

（二）慈善组织捐赠税前扣除资格确认

为进一步规范公益性捐赠税前扣除政策，加强税收征管，根据《财政部、国家税务总局、民政部关于公益性捐赠税前扣除有关问题的通知》（财税〔2008〕160号）的有关规定，基金会、慈善组织等公益性社会团体，可按程序申请公益性捐赠税前扣除资格。2015年，财政部、国家税务总局、民政部下发了《财政部、国家税务总局、民政部关于公益性捐赠税前扣除资格确认审批有关调整事项的通知》（财税〔2015〕141号），将“公益性捐赠税前扣除资格确认”作为非行政许可审批事项予以取消。对社会组织报送捐赠税前扣除资格申请报告和相关材料的环节予以取消，即《财政部、国家税务总局、民政部关于公益性捐赠税前扣除有关问题的通知》（财税〔2008〕160号）第六条、第七条停止执行，改由财政、税务、民政等部门结合社会组织登记注册、公益活动情况联合确认公益性捐赠税前扣除资格，并以公告形式发布名单。公益性社会团体捐赠税前扣除资格确认程序按以下规定执行：“（一）对在民政部登记设立的社会组织，由民政部在登记注册环节会同财政部、国家税务总局对其公益性进行联合确认，对符合公益性社会团体条件的社会组织，财政部、国家税务总局、民政部联合发布公告，明确其公益性捐赠税前扣除资格。（二）对在民政部登记注册且已经运行的社会组织，由财政部、国家税务总局和民政部结合社会组织公益活动情况和年度检查、评估等情况，对符合公益性社会团体条件的社会组织联合发布公告，明确其公益性捐赠税前扣除资格。（三）在省级和省级以下民政部门登记注册的社会组织，由省级相关部门参照本条第一项、第二项执行。”

（三）税收优惠

慈善组织、捐赠人以及受益人都可以享受税收优惠。根据我国现行税收法律制度，并非任何慈善组织均可享受税收优惠。慈善组织获得税收优惠的前提是慈善组织应先行获得免税资格。慈善组织获得免税资格后，接受其他单位或者个人捐赠的收入，符合条件的政府补助收入，按照省级以上民政、财政部门规定收取的会费，不征税收入和免税收入孳生的银行存款利息收入等收入，免征企业所得税。对慈善组织提供慈善服务有部分免征营业税。与慈善组织相关的税收优惠还有，经国务院授权的政府部门批准设立或登记备案并由国家拨付行政事业费的各类社会团体自用的房产（办公用房、公务用房），免征房产税；政府部门和企事业单位、社会团体以及个人等社会力量投资兴办的福利性、非营利性的老年服务机构，国家拨付事业经费和企业办的各类学校、托儿所、幼儿园，以及疾病控制机构和妇幼保健机构等卫生机构自用的土地，免征城镇土地使用税；另外，还有免征车船使用税、契税、增值税等方面的规范。根据修订后的《企业所得税优惠政策事项办理办法》，符合条件的非营利组织的收入免征企业所得税。非营利组织可以按照《企业所得税优惠事项管理目录（2017 年版）》列示的时间自行计算减免税额，并通过填报企业所得税纳税申报表享受税收优惠。

我国现有对捐赠人的税制，已通过法律、行政法规、部门规章和其他规范性文件予以规范。在主体方面，已覆盖个人、企业、其他社会力量、国际组织、外国慈善组织等各种可能的捐赠主体。在税种方面，广泛覆盖所得税、印花税、增值税、营业税等方面的税收减免。根据《企业所得税法》及相关实施条例、规范性文件，企业、组织通过公益性社会团体或县级以上人民政府及其部门向救助灾民、救济贫困、扶助残疾人等困难的社会群体和个人等公益事业的捐赠支出，在年度利润总额 12% 以内的部分，准予在计算应纳税所得额时扣除。根据《个人所得税法》及相关实施条例、规范性文件，个人将其所得通过中国境内的社会团体、国家机关向教育和其他社会公益事业以及遭受严重自然灾害地区、贫困地区的捐赠，在未超过纳税义务人申报的应纳税所得额30%的部分，可以从其应纳税所得额中扣除。对于企业、个人等社会力量在特定时期为汶川地震、舟曲泥石流、芦山地震、玉树地震的灾后重建，举办北京奥运会和上海世博会等特定事项的捐赠，依据国务院的要求，财政部、国家税务总局下发的相关通知文件，可以在当年企业所得税前和当年个人所得税前据实全额扣除。为支持上述特定灾害的灾后重建，对单位和个体经营者将自产、委托加工或购买的货物通过公益性社会团体、县级以上人民政府及其部门捐赠给受灾地区的，免征增值税、城市维护建设税及教育费附加，对财产所有人将财产（物品）直接捐赠或通过公益性社会团体、县级以上人民政府及其部门捐赠给受灾地区或受灾居民所书立的产权转移书据，免征印花税。

我国现行的税收法律制度仅规定了捐赠人的纳税申报当期抵扣，对于当期扣除剩余的捐赠余额，既未规定延期抵扣，也不允许在以前纳税申报期的应纳税所得中追溯扣除。这在一定程度上影响了公众的捐赠热情，也与世界各国的惯例做法不同。国务院在《关于深化收入分配制度改革的若干意见》中明确提出："对企业公益性捐赠支出超过年度利润总额12%的部分，允许结转以后年度扣除。"《慈善法》在已有法律、法规和政策的基础上，建立起结转机制。《慈善法》第八十条规定："自然人、法人和其他组织捐赠财产用于慈善活动的，依法享受税收优惠。企业慈善捐赠支出超过法律规定的准予在计算企业所得税应纳税所得额时当年扣除的部分，允许结转以后三年内在计算应纳税所得额时扣除。"

对涉外捐赠的税制规范主要体现在海关及财税部门的相关政策文件中，已经有较丰富的政策文件规定。例如，《关于救灾捐赠物资免征进口税收的暂行办法》（财税字〔1998〕98号）、《扶贫、慈善性捐赠物资免征进口税收暂行办法》（财税〔2000〕152号）、《中华人民共和国海关关于〈扶贫、慈善性捐赠物资免征进口税收暂行办法〉的实施办法》（海关总署令第90号）等文件，均规定了涉外捐赠的税收优惠政策。对境外捐赠人无偿捐赠给经国务院主管部门依法批准成立，以人道救助和发展扶贫、慈善事业为宗旨的社会团体，直接用于扶贫、慈善事业的，免征进口关税、进口环节增值税；并对免税进口的慈善性捐赠进口物资进行用途限制，不得以任何形式转让、出售、出租或移作他用。《慈善法》第八十条第二款规定："境外捐赠用于慈善活动的物资，依法减征或者免征进口关税和进口环节增值税。"该规定将政策上升到法律层面并加以完善，在适用对象上扩展到所有符合条件的慈善组织。

根据《个人所得税法》及其实施条例，国家发放的救济金，免征个人所得税；残疾、孤老人员和烈属的所得，其他财政部门批准的所得，其个人所得税也可减免征收。扶贫、济困、助残、优抚受益人可依据《个人所得税法》获得税收优惠。2004 年出台的《基金会管理条例》首次专门规定了慈善受益人依法享受税收优惠。《慈善法》第八十一条规定："受益人接受慈善捐赠，依法享受税收优惠。"本条在已有规定的基础上，明确了一般意义上的慈善活动受益人依法享受税收优惠。有关慈善受益人税收优惠范围和依据见表 4－2。

表 4－2　慈善受益人税收优惠范围和依据

适用税种	优惠方式	适用范围	法律依据
个　人所得税	减免	救济金，残疾、孤老人员和烈属的所得，其他财政部门批准的所得	《个人所得税法》第四条、第五条，《个人所得税法实施条例》第十四条
一般规范	优惠	受益人依照法律、行政法规的规定享受税收优惠	《基金会管理条例》第二十六条
企　业所得税	免征	受灾地区企业通过公益性社会团体、县级以上人民政府及其部门取得的抗震救灾和灾后恢复重建款项和物资，以及税收法律、法规规定和国务院批准的减免税金及附加收入	《关于支持汶川地震灾后恢复重建有关税收政策问题的通知》（财税〔2008〕104 号）；《关于支持玉树地震灾后恢复重建有关税收政策问题的通知》（财税〔2010〕59 号）；《关于支持舟曲灾后重建有关税收政策问题的通知》（财税〔2010〕）107 号；《关于支持芦山地震灾后恢复重建有关税收政策问题的通知》（财税〔2013〕58 号）等

续表

适用税种	优惠方式	适用范围	法律依据
个人所得税	免征	受灾地区个人接受捐赠的款项、取得的各级人民政府发放的救灾款项	《关于支持汶川地震灾后恢复重建有关税收政策问题的通知》(财税〔2008〕104号);《关于支持玉树地震灾后恢复重建有关税收政策问题的通知》(财税〔2010〕59号);《关于支持舟曲灾后重建有关税收政策问题的通知》(财税〔2010〕)107号;《关于支持芦山地震灾后恢复重建有关税收政策问题的通知》(财税〔2013〕58号)等

资料来源:郑功成主编:《〈中华人民共和国慈善法〉解读与应用》,北京:人民出版社2016年版,第246页。

第二节 慈善事业行政监管的方式

一、准入监管

在《慈善法》实施前,依据国务院颁布的《基金会管理条例》《社会团体登记管理条例》和《民办非企业单位登记管理暂行条例》三大条例及其他相关法律法规,我国实行的是双重管理体制,即慈善组织在申请成立时必须先获得业务主管单位的批准,然后才能到登记管理机构申请登记。

2008年,中国部分地区先行先试,突破了上述条例关于双重许可的规定。例如,2008年9月,深圳市规定,公益慈善类社会组织可直接登记注册。2013年4月1日起,北京的市、区两级民政部门全面接受公益慈善类社会组织的直接登记申请。此外,浙江、上海等地也建立了公益慈善类社会组织直接登记的新体制。2013年3月,第十二届全国人民代表大会第一次会议批准的《国务院机构改革和职能转变方案》提出:“重点培育、优先发展行业协会商会类、科技类、公益慈善类、城乡社区服务类社会组织。成立这些社会组织，可直接向民政部门依法申请登记，不再需要业务主管单位审查同意。”2013 年 11 月，党的十八届三中全会也对此提出了明确要求。2015 年 1 月 1 日开始实施的《广州市社会组织管理办法》第七条规定："民办非营利教育培训机构、民办非营利医疗机构、民办社会福利机构、民办博物馆等法律、行政法规规定需要经前置审批的社会组织，应当先经业务主管单位同意，取得相应许可证书或者批复文件后向登记管理机关申请成立登记。前款规定之外的其他社会组织可以直接向登记管理机关申请成立登记。”慈善立法吸收了社会组织登记改革的成果，取消了双重管理体制，代之以直接登记制，即申请成立慈善组织时只需要向民政部门申请，各级民政部门是慈善组织的登记部门，也是行使慈善业务监管权力的部门。

二、日常监督检查

日常监督检查是指登记管理机关在日常管理过程中对慈善组织有关事项的监督检查。日常监督检查是登记管理机关对慈善组织进行监督检查的主要手段，也是慈善组织运行规范、有序发展的重要保证。《中华人民共和国行政许可法》以及其他相关法律法规规定，各级登记管理机关行使监督检查权。各级登记管理机关对在本级登记管理机关登记的社会团体、民办非企业单位、基金会从事登记许可的活动事项实施监督检查。《慈善法》第九十三条规定，县级以上人民政府民政部门对涉嫌违反《慈善法》规定的慈善组织，有权采取以下五项措施：一是进行现场检查。民政部门可以依法到慈善组织的住所和慈善活动的现场进行检查。比如，调查慈善组织开展的募捐活动是否符合《慈善法》第二十三条和第二十五条的规定等。二是问询和查阅复制相关资料。民政部门对涉嫌违法的慈善组织，可以要求其就有关情况作出说明，以了解其行为是否构成违法，这实际上是一种调查行为。为了进一步开展调查并作出处理，民政部门可以查阅、复制相关的资料，以作为实施行政处罚或者其他行政处理的证据。比如，如果认为某一慈善组织的管理费用违反了法律规定，民政部门可以查阅、复制相关的资料。三是向相关人员进行调查。如果认为慈善组织的某一行为涉嫌违法，民政部门可以向与该行为有关的单位和人员调查了解情况，相关的单位和人员应当予以配合。比如，依据《慈善法》第六十八条的规定，慈善组织安排志愿者参与可能发生人身危险的慈善服务前，应当为志愿者购买相应的人身意外伤害保险。对此，民政部门可以向有关保险公司和志愿者了解情况，以调查慈善组织是否依照法律要求为志愿者购买保险等。四是依法查阅金融账户。这里有两点需要说明，首先，查询慈善组织的金融账户需要经过本级人民政府批准，是由本级人民政府批准而非民政部门批准。也就是说，如果某省社会组织管理局执法人员要查询一个慈善组织的金融账户，需要经过省政府批准，未经省政府批准，不管这个慈善组织的账户设在什么级别的金融机构，执法人员都不得查询，这有助于保护慈善组织的合法权益。其次，金融账户的内涵比较宽泛，不仅有银行存款，也包括基金、股票、期货等各类金融账户。五是法律、行政法规规定的其他措施。此项规定为以后实践需要赋予民政部门新的监管措施留下了空间。[①] 需要注意的是，民政部门采取以上措施的前提是慈善组织涉嫌违反《慈善法》的规定，也就是说，只有慈善组织在涉嫌违反《慈善法》的情形下，民政部门才可以采取这些措施。换句话说，这些措施不能成为民政部门执法的日常措施，否则将影响、干扰慈善组织正常开展活动。[②]

监督检查的一般程序：（1）制定监督检查方案。它包括监督检查的目的、方式、时间、内容、参与人员等，监督检查方案由慈善组织管理部门制定完毕后报分管领导审批。（2）审批。分管领导审批监督检查方案后，由制订方案的管理部门负责具体实施。（3）事先告知。采取书面检查方式的，应当通过书面或公告等方式，事先通知被检查者书面检查的内容、期限以及要求报送的书面材料；采取实地检查方式的，除有明确举报被检查者从事违法活动，或者事先告知可能妨碍检查过程中获得真实情况的外，进行实地检查应当事先告知被检查人。（4）实施监督检查。采取书面检查方式的，登记管理机关应当及时核查被检查人是否按照被登记许可的条件、范围等从事特定的活动；采取实地检查方式的，应当指派两名以上工作人

---

① 全国人大内务司法委员会内务室编著：《中华人民共和国慈善法释义》，北京：中国法制出版社2016年版，第248～250页。

② 全国人大常委会法制工作委员会编：《中华人民共和国慈善法释义》，北京：法律出版社2016年版，第256页。

员，依法采取勘查现场、查阅有关材料、询问有关人员、听取当事人陈述等方式。(5) 处理决定。经核查合格的，登记管理机关可以不向被检查人反馈检查结果；发现被检查人从事登记许可事项活动存在不当但尚不严重的，应当书面告知被检查人并提出相应整改要求；发现违法行为，情节严重的，应当予以行政处罚。(6) 监督检查材料的归档与公开。归档，即登记管理机关应当将被检查人报送的书面材料，由监督检查人员签字的监督检查书面记录，登记管理机关根据监督检查书面记录作出的处理结果书面记录，举报材料，法律、法规、规章规定应当归档保存的其他材料等监督检查材料归档保存。公开，即公众有权向登记管理机关要求查阅监督检查和处理结果的书面记录。

三、年检制度

目前民政部门对慈善组织的管理采取的是年检制度，即民政部门作为慈善组织的登记管理机关依法按年度对慈善组织遵守法律、法规、规章和章程开展活动的情况实施监督管理。慈善组织的年检制度在《社会团体登记管理条例》《民办非企业单位登记管理暂行条例》《基金会管理条例》《基金会年度检查办法》《民办非企业单位年度检查办法》等法规、规章中有相应的规定。慈善组织年检的内容包括财务情况检查和非财务情况检查，前者是对慈善组织的财务状况、资金来源和使用情况（含年度审计）等进行年度检查，后者是对慈善组织开展的工作和活动进行年度检查。年度检查结果分为合格、基本合格和不合格。完成年度检查后，登记管理机关应当向社会公告年度检查结果。

四、备案管理

备案是行政机关的监管手段之一。所有监管工具或监管策略都具备四个必要特征，即对象、监管者、命令和结果。第三个必要的监管属性为命令，指监管者命令对象采取或者不得采取某些行为。备案是一种传统的命令控制型的监管手段。① 备案的功能包括信息收集、信息披露和存档备查。通过备案进行信息收集、信息披露，主要是为行政决策或行政执法提供基

① 张红：《论行政备案的边界》，《国家行政学院学报》2016 年第 3 期。

础。对于相对人而言，这种行政备案只是一种程序性行为，行为的结果并不对相对人的权利、义务产生直接影响。通过备案存档备查，主要是检查监督相对人的相关行为是否合乎法律，合乎法律则行为完结，不合乎法律则可能产生行政处罚等行政行为。因此，这种备案只是行政处罚等行政行为的前置性程序行为，其本身也不对相对人的权利、义务产生直接影响。

《慈善法》把备案作为一种基本的行政监管手段，涉及募捐方案备案、跨区域募捐备案、慈善信托备案、变更募捐方案规定的捐赠财产用途备案等四个方面。《慈善法》第二十四条规定："开展公开募捐，应当制定募捐方案。募捐方案包括募捐目的、起止时间和地域、活动负责人姓名和办公地址、接受捐赠方式、银行账户、受益人、募得款物用途、募捐成本、剩余财产的处理等。募捐方案应当在开展募捐活动前报慈善组织登记的民政部门备案。"公开募捐方案应当在开展募捐活动前报慈善组织登记的民政部门备案，是为了便于民政部门对开展公开募捐的慈善组织进行更加有效的监督和管理，确保善款能够善用。《慈善法》第五十五条规定："慈善组织开展慈善活动，应当依照法律法规和章程的规定，按照募捐方案或者捐赠协议使用捐赠财产。慈善组织确需变更募捐方案规定的捐赠财产用途的，应当报民政部门备案；确需变更捐赠协议约定的捐赠财产用途的，应当征得捐赠人同意。"例如，募捐项目是为了在地震灾区重建学校，后来由于政府已经拨款用于重建学校的费用，募得款项的用途变更为给灾区的学生购买学习用品，在这种情况下慈善组织首先应当将有关变更事项向慈善组织登记的民政部门备案，之后，再按照变更后的用途来使用捐赠财产。《慈善法》第二十三条规定："开展公开募捐，可以采取下列方式：（一）在公共场所设置募捐箱；（二）举办面向社会公众的义演、义赛、义卖、义展、义拍、慈善晚会等；（三）通过广播、电视、报刊、互联网等媒体发布募捐信息；（四）其他公开募捐方式。慈善组织采取前款第一项、第二项规定的方式开展公开募捐的，应当在其登记的民政部门管辖区域内进行，确有必要在其登记的民政部门管辖区域外进行的，应当报其开展募捐活动所在地的县级以上人民政府民政部门备案。捐赠人的捐赠行为不受地域限制。"《慈善法》第四十五条规定："设立慈善信托、确定受托人和监察人，应当采取书面形式。受托人应当在慈善信托文件签订之日起七日内，将相关文件向受托人所在地县级以上人民政府民政部门备案。未按照前款规定将相关文件报民政部门备案的，不享受税收优惠。”该规定降低了慈善信托的设立门槛和成本，有利于更好地利用慈善信托开展慈善活动。《慈善法》第四十七条规定：“慈善信托的受托人违反信托义务或者难以履行职责的，委托人可以变更受托人。变更后的受托人应当自变更之日起七日内，将变更情况报原备案的民政部门重新备案。”

五、行政执法约谈

2016年8月，中共中央办公厅、国务院办公厅印发的《关于改革社会组织管理制度促进社会组织健康有序发展的意见》提出，“强化社会组织发起人责任”，“民政部门会同有关部门建立社会组织负责人任职、约谈、警告、责令撤换、从业禁止等管理制度”。民政部制定了《社会组织登记管理机关行政执法约谈工作规定（试行）》，提出，社会组织登记管理机关对发生违法违规情形的社会组织，可以约谈社会组织的理事长（会长）、副理事长（副会长）、秘书长（院长、校长等），问题，提出改正意见，督促社会组织及时纠正违法违规行为。对同一案件涉及多家社会组织的，可以个别约谈，也可以集中约谈。登记管理机关进行约谈时，应当有两名以上执法人员参加，并出示执法证件，必要时可以邀请业务主管单位、行业主管部门、相关职能部门参加。约谈按以下程序进行：执法人员出示证件，表明身份，并核对约谈对象身份；执法人员告知约谈目的和注意事项；执法人员指出社会组织的违法违规情形，告知相关法律法规及政策规定；约谈对象进行陈述；执法人员提出整改意见，对违法违规行为尚未终止的，要求立即停止。登记管理机关可以将约谈对象、约谈事项、整改承诺等约谈情况及不接受约谈的社会组织名单向社会公布。社会组织的违法违规行为构成行政处罚情形的，登记管理机关不得以约谈代替行政处罚。约谈对象无正当理由不接受约谈，不接受整改意见或不落实整改承诺的，登记管理机关应当及时启动其他执法程序，并将上述情况作为年度检查、等级评估、信用评价、购买服务及税收优惠等工作的参考。① 2017年2月16日，民政

① 民政部：《社会组织登记管理机关行政执法约谈工作规定（试行）》，中华人民共和国民政部网站（http：//www. mca. gov. cn/article/gk/wj/201604/20160415882203. shtml）。

部社会组织管理局按规定约谈了轻松筹平台相关人员，就其存在个人求助信息审核把关不严、对信息真实客观和完整性甄别不够等问题要求其立即整改，做好信息审核和风险防范工作。[①] 2017 年 2 月 24 日上午，汕头市民政局启动行政执法集中约谈程序，对 53 家 2013 年度至 2015 年度未参加年检、年检不合格或组织架构松散、运作不规范的市级社会组织进行集中约谈。要求有问题的社会组织限期整改、注销，强化社会组织内部治理，规范社会组织运作，建立社会组织正常淘汰机制，推动汕头市社会组织健康有序发展。[②]

六、行政处罚

《行政处罚法》第三条第一款规定："公民、法人或者其他组织违反行政管理秩序的行为，应当给予行政处罚的，依照本法由法律、法规或者规章规定，并由行政机关依照本法规定的程序实施。"根据《行政处罚法》，对于慈善组织和其他慈善主体违反法律和严重违反章程的行为，登记管理机关和其他机关有权依照《慈善法》《公益事业捐赠法》《中华人民共和国境外非政府组织境内活动管理法》《社会团体登记管理条例》《民办非企业单位登记管理暂行条例》《基金会管理条例》等法律法规规定的处罚种类和处罚程序，对社会组织或其负责人以及其他慈善主体给予行政处罚。

(一)《慈善法》规定的行政处罚

根据《慈善法》第十一章"法律责任"，慈善组织有该章规定的违法行为的，民政部门可以根据情节轻重分别作出不同种类行政处罚，包括警告、责令限期改正、责令停止募捐活动、没收违法所得、罚款、责令退还或收缴、责令限期停止活动、吊销登记证书等。《慈善法》规定的行政处罚类型和适用情形见表 4－3。

① 《民政部社会组织管理局约谈轻松筹平台》，中华人民共和国民政部网站（http://www.mca.gov.cn/article/xw/ywdt/201702/20170215003294.shtml）

② 《汕头 53 家"问题"社会组织被约谈》，南方网（http://st.southcn.com/content/2017－02/24/content_165874676.htm）。

表 4 – 3　《慈善法》规定的行政处罚和适用情形

法律依据	行政处罚种类	适用情形
第九十八条	责令限期改正；吊销登记证书	慈善组织有下列情形之一的，由民政部门责令限期改正；逾期不改正的，吊销登记证书并予以公告： （一）未按照慈善宗旨开展活动的； （二）私分、挪用、截留或者侵占慈善财产的； （三）接受附加违反法律法规或者违背社会公德条件的捐赠，或者对受益人附加违反法律法规或者违背社会公德的条件的
第九十九条	警告、责令限期改正；责令限期停止活动并进行整改；吊销登记证书	慈善组织有下列情形之一的，由民政部门予以警告、责令限期改正；逾期不改正的，责令限期停止活动并进行整改： （一）违反本法第十四条规定造成慈善财产损失的； （二）将不得用于投资的财产用于投资的； （三）擅自改变捐赠财产用途的； （四）开展慈善活动的年度支出或者管理费用的标准违反本法第六十条规定的； （五）未依法履行信息公开义务的； （六）未依法报送年度工作报告、财务会计报告或者报备募捐方案的； （七）泄露捐赠人、志愿者、受益人个人隐私以及捐赠人、慈善信托的委托人不同意公开的姓名、名称、住所、通讯方式等信息的。 慈善组织违反本法规定泄露国家秘密、商业秘密的，依照有关法律的规定予以处罚。 慈善组织有前两款规定的情形，经依法处理后一年内再出现前款规定的情形，或者有其他情节严重情形的，由民政部门吊销登记证书并予以公告
第一百条	没收违法所得；罚款	慈善组织有本法第九十八条、第九十九条规定的情形，有违法所得的，由民政部门予以没收；对直接负责的主管人员和其他直接责任人员处二万元以上二十万元以下罚款

续表

法律依据	行政处罚种类	适用情形
第一百零一条	警告、责令停止募捐活动；收缴；罚款	开展募捐活动有下列情形之一的，由民政部门予以警告、责令停止募捐活动；对违法募集的财产，责令退还捐赠人；难以退还的，由民政部门予以收缴，转给其他慈善组织用于慈善目的；对有关组织或者个人处二万元以上二十万元以下罚款： （一）不具有公开募捐资格的组织或者个人开展公开募捐的； （二）通过虚构事实等方式欺骗、诱导募捐对象实施捐赠的； （三）向单位或者个人摊派或者变相摊派的； （四）妨碍公共秩序、企业生产经营或者居民生活的。 广播、电视、报刊以及网络服务提供者、电信运营商未履行本法第二十七条规定的验证义务的，由其主管部门予以警告，责令限期改正；逾期不改正的，予以通报批评
第一百零二条	警告，责令限期改正；责令限期停止活动	慈善组织不依法向捐赠人开具捐赠票据、不依法向志愿者出具志愿服务记录证明或者不及时主动向捐赠人反馈有关情况的，由民政部门予以警告，责令限期改正；逾期不改正的，责令限期停止活动
第一百零三条	吊销登记证书	慈善组织弄虚作假骗取税收优惠的，由税务机关依法查处；情节严重的，由民政部门吊销登记证书并予以公告
第一百零四条	吊销登记证书	慈善组织从事、资助危害国家安全或者社会公共利益活动的，由有关机关依法查处，由民政部门吊销登记证书并予以公告
第一百零五条	警告，责令限期改正；没收违法所得；罚款	慈善信托的受托人有下列情形之一的，由民政部门予以警告，责令限期改正；有违法所得的，由民政部门予以没收；对直接负责的主管人员和其他直接责任人员处二万元以上二十万元以下罚款： （一）将信托财产及其收益用于非慈善目的的； （二）未按照规定将信托事务处理情况及财务状况向民政部门报告或者向社会公开的

续表

法律依据	行政处罚种类	适用情形
第一百零七条	公安机关依法查处	自然人、法人或者其他组织假借慈善名义或者假冒慈善组织骗取财产的，由公安机关依法查处
第一百零九条	治安管理处罚	违反本法规定，构成违反治安管理行为的，由公安机关依法给予治安管理处罚；构成犯罪的，依法追究刑事责任

（二）《公益事业捐赠法》规定的行政处罚

根据《公益事业捐赠法》第五章“法律责任”，其规定的行政处罚有责令改正、警告、罚款，以及依照法律、法规的有关规定予以处罚等，见表4－4。

表4－4　《公益事业捐赠法》规定的行政处罚和适用情形

法律依据	行政处罚种类	适用情形
第二十八条	由县级以上人民政府有关部门责令改正，给予警告	受赠人未征得捐赠人的许可，擅自改变捐赠财产的性质、用途的
第二十九条	由县级以上人民政府有关部门责令退还所用、所得款物，并处以罚款	挪用、侵占或者贪污捐赠款物的
第三十条	依照法律、法规的有关规定予以处罚	（一）逃汇、骗购外汇的； （二）偷税、逃税的； （三）进行走私活动的； （四）未经海关许可并且未补缴应缴税额，擅自将减税、免税进口的捐赠物资在境内销售、转让或者移作他用的

（三）《境外非政府组织境内活动管理法》

为了规范、引导境外非政府组织在中国境内的活动，保障其合法权益，促进交流与合作，第十二届全国人民代表大会常务委员会第二十次会议于

2016年4月28日通过了《中华人民共和国境外非政府组织境内活动管理法》（以下简称《境外非政府组织境内活动管理法》）。根据该法，境外非政府组织是指在境外合法成立的基金会、社会团体、智库机构等非营利、非政府的社会组织。境外非政府组织在中国境内开展活动适用该法。其第六章“法律责任”规定的行政处罚种类，包括警告或者责令限期停止活动、没收非法财物和违法所得、吊销登记证书、取缔、责令停止违法行为、十五日以下拘留以及其他治安管理处罚等。具体行政处罚种类和适用情形见表4－5。

表4－5 《境外非政府组织境内活动管理法》规定的行政处罚和适用情形

法律依据	行政处罚种类	适用情形
第四十五条	由设区的市级以上人民政府公安机关给予警告或者责令限期停止活动；没收非法财物和违法所得；情节严重的，由登记管理机关吊销登记证书、取缔临时活动	境外非政府组织代表机构、开展临时活动的境外非政府组织或者中方合作单位有下列情形之一的： （一）未按照规定办理变更登记、备案相关事项的； （二）未按照登记或者备案的名称、业务范围、活动地域开展活动的； （三）从事、资助营利性活动，进行募捐或者违反规定发展会员的； （四）违反规定取得、使用资金，未按照规定开立、使用银行账户或者进行会计核算的； （五）未按照规定报送年度活动计划、报送或者公开年度工作报告的； （六）拒不接受或者不按照规定接受监督检查的。 境外非政府组织代表机构、开展临时活动的境外非政府组织或者中方合作单位以提供虚假材料等非法手段，取得代表机构登记证书或者进行临时活动备案的，或者有伪造、变造、买卖、出租、出借登记证书、印章行为的，依照前款规定处罚
第四十六条	由设区的市级以上人民政府公安机关予以取缔或者责令停止违法行为；没收非法财物和违法	有下列情形之一的： （一）未经登记、备案，以境外非政府组织代表机构、境外非政府组织名义开展活动的； （二）被撤销登记、吊销登记证书或者注销登记后以境外非政府组织代表机构名义开展活动的；

续表

法律依据	行政处罚种类	适用情形
第四十六条	所得；对直接责任人员给予警告，情节严重的，处十日以下拘留	（三）境外非政府组织临时活动期限届满或者临时活动被取缔后在中国境内开展活动的； （四）境外非政府组织未登记代表机构、临时活动未备案，委托、资助中国境内单位和个人在中国境内开展活动的。 中国境内单位和个人明知境外非政府组织未登记代表机构、临时活动未备案，与其合作的，或者接受其委托、资助，代理或者变相代理其开展活动、进行项目活动资金收付的，依照前款规定处罚
第四十七条	由登记管理机关吊销登记证书或者取缔临时活动；尚不构成犯罪的，由设区的市级以上人民政府公安机关对直接责任人员处十五日以下拘留	境外非政府组织、境外非政府组织代表机构有下列情形之一的，由登记管理机关等按法律规定处理： （一）煽动抗拒法律、法规实施的； （二）非法获取国家秘密的； （三）造谣、诽谤或者发表、传播其他有害信息，危害国家安全或者损害国家利益的； （四）从事或者资助政治活动，非法从事或者资助宗教活动的； （五）有其他危害国家安全、损害国家利益或者社会公共利益情形的。 境外非政府组织、境外非政府组织代表机构有分裂国家、破坏国家统一、颠覆国家政权等犯罪行为的，由登记管理机关依照前款规定处罚，对直接责任人员依法追究刑事责任
第五十二条	治安管理处罚	违反本法规定，构成违反治安管理行为的，由公安机关依法给予治安管理处罚

（四）《社会团体登记管理条例》规定的行政处罚

根据《社会团体登记管理条例》第六章“罚则”，行政处罚类型有警告、罚款、没收违法所得、没收非法财产、责令限期停止活动、撤换直接负责的主管人员、尚不构成犯罪的依法给予治安管理处罚等。具体行政处罚的种类和适用情形见表4－6。

表 4-6 《社会团体登记管理条例》规定的行政处罚和适用情形

法律依据	行政处罚种类	适用情形
第二十九条	撤销登记	社会团体在申请登记时弄虚作假，骗取登记的，或者自取得《社会团体法人登记证书》之日起1年未开展活动的
第三十条	给予警告，责令改正，可以限期停止活动，并可以责令撤换直接负责的主管人员；情节严重的，予以撤销登记；构成犯罪的，依法追究刑事责任。 前款规定的行为有违法经营额或者违法所得的，予以没收，可以并处违法经营额1倍以上3倍以下或者违法所得3倍以上5倍以下的罚款	（一）涂改、出租、出借《社会团体法人登记证书》，或者出租、出借社会团体印章的； （二）超出章程规定的宗旨和业务范围进行活动的； （三）拒不接受或者不按照规定接受监督检查的； （四）不按照规定办理变更登记的； （五）违反规定设立分支机构、代表机构，或者对分支机构、代表机构疏于管理，造成严重后果的； （六）从事营利性的经营活动的； （七）侵占、私分、挪用社会团体资产或者所接受的捐赠、资助的； （八）违反国家有关规定收取费用、筹集资金或者接受、使用捐赠、资助的
第三十一条	由有关国家机关依法处理；有关国家机关认为应当撤销登记的，由登记管理机关撤销登记	社会团体的活动违反其他法律、法规的
第三十二条	登记管理机关予以取缔，没收非法财产	筹备期间开展筹备以外的活动，或者未经登记，擅自以社会团体名义进行活动，以及被撤销登记的社会团体继续以社会团体名义进行活动的

（五）《民办非企业单位登记管理暂行条例》规定的行政处罚

根据《民办非企业单位登记管理暂行条例》第五章“罚则”，行政处罚的类型有警告、罚款、没收违法所得、没收非法财产、限期停止活动、尚不构成犯罪的依法给予治安管理处罚等。例如，东方华夏文化遗产保护中心设立分支机构“东方华夏文化遗产保护中心文化强国工程委员会”“东方华夏文化遗产保护中心文化遗产保护研究委员会”“东方华夏文化遗产保护中心节庆文化委员会”，违反了《民办非企业单位登记管理暂行条例》第十三条的规定。民政部依据《民办非企业单位登记管理暂行条例》第二十五条第一款第五项的规定，决定对东方华夏文化遗产保护中心作出停止活动三个月的行政处罚。[①] 具体行政处罚的种类和适用情形见表4－7。

表4－7　《民办非企业单位登记管理暂行条例》规定的行政处罚和适应情形

法律依据	行政处罚种类	适用情形
第二十四条	撤销登记	民办非企业单位在申请登记时弄虚作假，骗取登记的，或者业务主管单位撤销批准的
第二十五条	警告，责令改正，可以限期停止活动；情节严重的，予以撤销登记。有违法经营额或者违法所得的，予以没收，可以并处违法经营额1倍以上3倍以下或者违法所得3倍以上5倍以下的罚款	（一）涂改、出租、出借民办非企业单位登记证书，或者出租、出借民办非企业单位印章的； （二）超出其章程规定的宗旨和业务范围进行活动的； （三）拒不接受或者不按照规定接受监督检查的； （四）不按照规定办理变更登记的； （五）设立分支机构的； （六）从事营利性的经营活动的； （七）侵占、私分、挪用民办非企业单位的资产或者所接受的捐赠、资助的； （八）违反国家有关规定收取费用、筹集资金或者接受使用捐赠、资助的
第二十六条	由有关国家机关依法处理；有关国家机关认为应当撤销登记的，由登记管理机关撤销登记	民办非企业单位的活动违反其他法律、法规的
第二十七条	由登记管理机关予以取缔，没收非法财产；尚不构成犯罪的，依法给予治安管理处罚	未经登记，擅自以民办非企业单位名义进行活动的，或者被撤销登记的民办非企业单位继续以民办非企业单位名义进行活动的

① 《民政部对东方华夏文化遗产保护中心作出行政处罚》，中华人民共和国民政部网站（http：//www. mca. gov. cn/article/xw/tzgg/201704/20170415004265. shtml）。

(六)《基金会管理条例》规定的行政处罚

根据《基金会管理条例》第六章“法律责任”，行政处罚类型有警告、没收非法财产、责令停止活动、补交违法行为存续期间所享受的税收减免、撤销登记、取缔等。例如，紫金矿业慈善基金会未按照章程规定的宗旨和公益活动的业务范围进行活动，资助内蒙古乌拉特后旗东升庙大佛项目和福建省龙岩市商务运营中心中庭广场金茶花雕塑，违反了《基金会管理条例》第二十七条的规定。民政部依据《基金会管理条例》第四十二条第一款第一项的规定，作出对其停止活动一个月的行政处罚。[①] 再如，海仓慈善基金会未按规定接受 2014 年和 2015 年年度检查，违反了《基金会管理条例》第三十六条的规定。民政部依据《基金会管理条例》第四十二条第一款第五项和《基金会年度检查办法》第十一条的规定，对其作出撤销登记的行政处罚。[②] 具体行政处罚的种类和适用情形见表 4－8。

表 4－8　《基金会管理条例》规定的行政处罚和适用情形

法律依据	行政处罚种类	适用情形
第四十条	取缔，没收非法财产并向社会公告	未经登记或者被撤销登记后以基金会、基金会分支机构、基金会代表机构或者境外基金会代表机构名义开展活动的
第四十一条	撤销登记	（一）在申请登记时弄虚作假骗取登记的，或者自取得登记证书之日起 12 个月内未按章程规定开展活动的； （二）符合注销条件，不按照本条例的规定办理注销登记仍继续开展活动的
第四十二条	警告、责令停止活动；情节严重的，可以撤销登记。登记管理机关应当提请税务机关责令补交违法行	（一）未按照章程规定的宗旨和公益活动的业务范围进行活动的； （二）在填制会计凭证、登记会计账簿、编制财务会计报告中弄虚作假的； （三）不按照规定办理变更登记的；

① 《民政部对瀛公益基金会、紫金矿业慈善基金会作出行政处罚》，中华人民共和国民政部网站（http：//www. mca. gov. cn/article/xw/tzgg/201707/20170715005063. shtml）。

② 《民政部〈行政处罚决定书〉送达公告》，中华人民共和国民政部网站（http：//www. mca. gov. cn/article/xw/tzgg/201711/20171115006861. shtml）。

续表

法律依据	行政处罚种类	适用情形
第四十二条	为存续期间所享受的税收减免	（四）未按照本条例的规定完成公益事业支出额度的； （五）未按照本条例的规定接受年度检查，或者年度检查不合格的； （六）不履行信息公布义务或者公布虚假信息的

七、会计监督

《慈善法》第十二条第二款规定："慈善组织应当执行国家统一的会计制度，依法进行会计核算，建立健全会计监督制度，并接受政府有关部门的监督管理。"第十三条规定："慈善组织应当每年向其登记的民政部门报送年度工作报告和财务会计报告。报告应当包括年度开展募捐和接受捐赠情况、慈善财产的管理使用情况、慈善项目实施情况以及慈善组织工作人员的工资福利情况。"第七十二条第二款规定："慈善组织应当每年向社会公开其年度工作报告和财务会计报告。具有公开募捐资格的慈善组织的财务会计报告须经审计。"第九十九条规定："慈善组织未依法报送年度工作报告、财务会计报告或者报备募捐方案的，由民政部门予以警告、责令限期改正；逾期不改正的，责令限期停止活动并进行整改。"《公益事业捐赠法》第十九条规定："受赠人应当依照国家有关规定，建立健全财务会计制度和受赠财产的使用制度，加强对受赠财产的管理。"《基金会管理条例》第三十七条规定："基金会应当接受税务、会计主管部门依法实施的税务监督和会计监督。基金会在换届和更换法定代表人之前，应当进行财务审计。"

为规范民间非营利组织的会计行为，提高其会计信息质量，财政部根据《中华人民共和国会计制度》及有关规定，于 2004 年制定并发布了《民间非营利组织会计制度》。《民间非营利组织会计制度》自 2005 年 1 月 1 日开始实施，适用于在中华人民共和国境内依法设立的民间非营利组织，包括依照国家法律、行政法规登记的社会团体、基金会、民办非企业单位和寺院、宫观、清真寺、教堂等。适用《民间非营利组织会计制度》的组织，应当同时具备以下特征：（1）该组织不以营利为目的和宗旨；（2）资源提供者向该组织投入资源不得以取得经济回报为目的；（3）资源提供者不享有该组织的所有权。《民间非营利组织会计制度》的出台，适应了中国民间组织快速健康发展的需要，解决了该类组织适用会计规范的问题，提高了该类组织会计信息的可比性和有用性，有助于加强对该类组织的监管。

慈善组织以筹集善款为其主要资金来源，依法享有向社会募捐的权利和税收优惠政策。而社会对慈善组织接受捐赠的情况、善款使用、慈善财产管理等有着非常高的期待和要求，对慈善组织的财务信息状况予以高度关注。为维护慈善公信力，政府有必要强化对慈善组织的监督，保证财务信息的公开、透明。同时，会计制度也应该准确记录和反映慈善组织的财务状况和财产使用状况。财务会计监督包括：是否有稳定的经费来源和独立的银行账户；是否遵守国家有关财务管理规定，制度健全，有专职或兼职会计人员。为了保持财务制度的严肃性，还包括会计与出纳不能互相兼任；经费来源是否合法、支出是否合理，有无违法违纪行为。此外，还包括慈善组织会费收支和票据使用情况。对慈善组织的财务审查主要根据经费来源加以区分：属于会费收入的，应向会员大会或会员代表大会公布；属于接受捐赠的，符合章程规定的宗旨和业务范围的，必须根据与捐赠人、资助人约定的期限、方式和合法用途进行使用，并向业务主管单位报告接受、使用捐赠、资助的有关情况，同时应当将有关情况以适当方式向社会公布；属于有偿服务收入的，应使用税务部门的票据，同时接受税务部门、业务主管部门和会员大会的监督。

八、审计监督

政府审计是慈善组织财务监督的重要方式。《中华人民共和国审计法》（以下简称《审计法》）第二十三条规定："审计机关对政府部门管理的和其他单位受政府委托管理的社会保障基金、社会捐赠资金以及其他有关基金、资金的财务收支，进行审计监督。"2010 年修订的《中华人民共和国审计法实施条例》第二十一条对社会捐赠资金作出了界定，

《审计法》所称社会捐赠资金，包括来源于境内外的货币、有价证券和实物等各种形式的捐赠。①

中国公益慈善的有关法律法规也提出对有关慈善主体财产进行审计监督。《慈善法》第七十二条第二款规定："慈善组织应当每年向社会公开其年度工作报告和财务会计报告。具有公开募捐资格的慈善组织的财务会计报告须经审计。"《公益事业捐赠法》第二十条规定："受赠人每年度应当向政府有关部门报告受赠财产的使用、管理情况，接受监督。必要时，政府有关部门可以对其财务进行审计。"《社会团体登记管理条例》和《民办非企业单位登记管理暂行条例》规定，资产来源属于国家拨款或者社会捐赠、资助的，还应当接受审计机关的监督；换届或者更换法定代表人或负责人之前，登记管理机关、业务主管单位应当组织对其进行财务审计。《基金会管理条例》第三十七条规定："基金会应当接受税务、会计主管部门依法实施的税务监督和会计监督。基金会在换届和更换法定代表人之前，应当进行财务审计。"

九、税务监督

税务监督是国家税务机关对慈善组织的经济收入纳税情况进行检查，确保国家税收的正常收取。慈善组织的经济收入包括两个部分：一是会费、服务性收入和政府资助，二是经营性收入。税务机关根据国家相关法律法规的规定，对慈善组织的经济收入纳税情况进行检查，查处偷税、漏税违法行为，保证国家税收制度的严肃性和权威性。《公益事业捐赠法》第二十四条、第二十五条、第二十六条分别规定了公司和其他企业、自然人和个体工商户以及境外向公益性社会团体和公益性非营利的事业单位捐赠财产用于公益事业享受税收方面的优惠。《企业所得税法》和《个人所得税法》有专门针对公益捐赠的纳税规定。《基金会管理条例》第三十七条规定："基金会应当接受税务、会计主管部门依法实施的税务监督和会计监督。"

① 韩丽欣：《我国慈善组织治理法治化研究》，吉林大学博士学位论文，2014 年，第 78 ~ 79 页。

第三节 政府慈善信息公开

一般来说，慈善信息公开是指慈善组织信息公开，而对政府慈善信息公开的相关规定则较少，研究也不多见，因此，对此进行研究具有重要价值和意义。从慈善监管的立场来说，作为监管者，政府既要履行慈善信息公开的义务，也要监管慈善组织信息公开；政府慈善信息公开和监管慈善组织信息公开是慈善事业行政监管的重要方式和工作内容，对于提升慈善组织的公信力、促进慈善事业健康发展具有重要意义。

一、政府慈善信息公开的含义与作用

慈善信息公开一般是对慈善组织提出的要求，法律法规中对此作出了大量规定，专家学者也对此进行了若干研究。尽管慈善信息公开涉及慈善组织，但在本书中，其主要是指政府在信息公开方面所担负的职责和应尽的义务，而法律法规对此规定较慈善组织信息公开少得多，专家学者的研究也不多见。对于慈善组织行政监管来说，政府信息公开是必要的，而且是便捷的监管措施和方法，对完善慈善事业行政监管手段和方法、保证慈善组织合法高效运行和提高慈善组织公信力、推动慈善事业发展具有重要的作用。

二、我国政府慈善信息公开情况

（一）《慈善法》颁布前我国政府慈善信息公开状况

《社会团体登记管理条例》《民办非企业单位登记管理暂行条例》没有对政府信息公开作出规定，《基金会管理条例》则仅仅间接涉及信息公开权责，就是指定基金会公开其年检报告的媒体。《基金会管理条例》第三十八条规定：“基金会、境外基金会代表机构应当在通过登记管理机关的年度检查后，将年度工作报告在登记管理机关指定的媒体上公布，接受社会公众的查询、监督。”主要规范基金会信息公开的《基金会信息公布办法》第五条，规定登记管理机关指定公布年度工作报告媒体。“信息公布义务人应当在每年 3 月 31 日前，向登记管理机关报送上一年度的年度工作报告。登记

管理机关审查通过后30日内，信息公布义务人按照统一的格式要求，在登记管理机关指定的媒体上公布年度工作报告的全文和摘要”。第十四条还提出对信息管理的监督管理，规定：“登记管理机关依法对信息公布活动进行监督管理，建立信息公布义务人诚信记录。信息公布义务人不履行信息公布义务或者公布虚假信息的，由登记管理机关责令改正，并依据《条例》第四十二条规定给予行政处罚。”这表明《基金会信息公布办法》对政府信息权责的规定更丰富。

慈善捐赠是慈善的重要内容，而救灾捐赠又是慈善捐赠的重要内容，涉及面广，动员程度高、参与广泛，相对于其他慈善捐赠和其他慈善活动，政府承担了更多的信息公开职责。《救灾捐赠管理办法》（2008年）第三十二条规定：“救灾捐赠、募捐活动及款物分配、使用情况由县级以上人民政府民政部门统一向社会公布，一般每年不少于两次。集中捐赠和募捐活动一般应在活动结束后一个月内向社会公布信息。”《国务院办公厅关于加强汶川地震抗震救灾捐赠款物管理使用的通知》（国办发〔2008〕39号）提出，要建立救灾捐赠款物信息公开制度，民政部汇总并定期公布全国救灾捐赠款物的接收和分配使用情况，地方各有关部门以及红十字会、慈善会等公募基金会要定期向社会公布捐赠款物的接收和分配使用详细情况。为了进一步加强对汶川地震抗震救灾资金和物资的管理使用，保障相关信息的公开、透明，民政部制定了《汶川地震抗震救灾资金物资管理使用信息公开办法》。该办法明确提出政府及其相关部门是公开抗震救灾资金和物资管理使用信息的重要主体，并对民政部、地方各级人民政府及其相关部门、各接收部门和单位、灾区乡（镇）人民政府、村民委员会和城市居民委员会等各个层次的信息公开主体的信息公开内容进行了明确规定。尽管上述文件具有应急性，但也表明政府重视自身在慈善信息公开方面的职责，推进了慈善捐赠信息公开进程。

2011年以来中国频繁发生的慈善问责事件，促使信息公开的阵地向互联网转变，网络信息平台逐渐成为慈善透明的主要阵地。国务院《关于促进慈善事业健康发展的指导意见》把“强化信息规范管理”作为促进慈善事业健康发展的基本原则之一，并把“公开监督管理信息”作为加强对慈善组织和慈善活动监督管理的手段之一，要求民政部门通过信息网站等途径向社会公开本行政区域慈善事业发展年度统计信息等。

（二）《慈善法》颁布后政府慈善信息公开情况

2016 年颁布实施的《慈善法》第六十九条至七十六条为慈善信息公开的法律规定，分别规定了政府部门、慈善组织、慈善信托的受托人应向慈善活动参与者公开的信息内容。《慈善法》第六十九条规定："县级以上人民政府建立健全慈善信息统计和发布制度。县级以上人民政府民政部门应当在统一的信息平台，及时向社会公开慈善信息，并免费提供慈善信息发布服务。"信息平台，是信息的数字化、网络化存在方式，可以理解为基于数字化网络运行的信息系统，如互联网。具体到慈善领域，慈善信息平台是指为慈善组织服务，面向社会公众公开慈善信息的网站。政府民政部门主导的社会组织网，既有信息平台功能，也是民政部门对社会组织进行管理的工具。比如中国社会组织公共服务平台，是民政部社会组织管理局为了更好地宣传社会组织登记管理的各项政策法规，推进政务公开，在更大范围内实现中国社会组织各类信息的交流与互动而开通的，集政务信息发布、网上业务办公、社会组织新闻、研究资料库于一体，是目前国内最大的社会组织多功能网络综合服务平台。上海、广州等地对民政部门在其官网向社会公开慈善信息、免费提供慈善信息发布等服务进行了规定。上海市每年 6 月 30 日前在上海市社会组织网披露其全部基金会的年检报告书以及审计报告全文，信息披露完整、及时。《广州市募捐条例》第三十四条规定，市民政部门应当在其网站上为募捐组织免费提供募捐信息发布平台，并督促募捐组织按时公布募捐信息。募捐信息在市民政部门网站公布的，市民政部门应当保留三年以上，方便公众查询。

《慈善法》第七十条规定："县级以上人民政府民政部门和其他有关部门应当及时向社会公开下列慈善信息：（一）慈善组织登记事项；（二）慈善信托备案事项；（三）具有公开募捐资格的慈善组织名单；（四）具有出具公益性捐赠税前扣除票据资格的慈善组织名单；（五）对慈善活动的税收优惠、资助补贴等促进措施；（六）向慈善组织购买服务的信息；（七）对慈善组织、慈善信托开展检查、评估的结果；（八）对慈善组织和其他组织以及个人的表彰、处罚结果；（九）法律法规规定应当公开的其他信息。"《慈善法》较为全面、系统地规定了信息公开的主体、内容、对象、途径以及救济权利，并且赋予民政部门相关权力，对违反《慈善法》相关规定的慈善组织给予处罚。在《慈善法》颁布后，慈善信息公开的立法变化主要有如下几点：一是慈善信息公开主体更明确，权责更明晰。将登记管理机关、登记管理机关以外的其他政府部门和慈善组织各自要承担的信息公开权责划分得更加细致。二是强调建立以民政部门主导的统一信息平台。基本上所有的信息都需要通过统一的信息平台来进行公布。同时，也强调了民政部门和其他政府部门之间的信息共享机制，这将有利于信息的统一性、及时性和有效性。三是明确了建立信用记录制度和评估制度。《慈善法》第九十五条规定："县级以上人民政府民政部门应当建立慈善组织及其负责人信用记录制度，并向社会公布。民政部门应当建立慈善组织评估制度，鼓励和支持第三方机构对慈善组织进行评估，并向社会公布评估结果。"①《慈善法》首次在法律上明确了县级以上人民政府民政部门和其他有关部门的信息公开职责，并详细规定了信息公开内容，弥补了政府慈善信息公开权责不清、内容含糊的问题，有利于提升慈善事业公信力，促进慈善事业发展。

关于《慈善法》等法律法规中对政府慈善信息公开的规定见表4－9。

表4－9　《慈善法》等法律法规中对政府慈善信息公开的规定

法律法规	主　　体	对象	内　　容
《慈善法》	县级以上人民政府民政部门和其他有关部门	社会	第七十条规定，相关主体应当及时向社会公开下列慈善信息：（一）慈善组织登记事项；（二）慈善信托备案事项；（三）具有公开募捐资格的慈善组织名单；（四）具有出具公益性捐赠税前扣除票据资格的慈善组织名单；（五）对慈善活动的税收优惠、资助补贴等促进措施；（六）向慈善组织购买服务的信息；（七）对慈善组织、慈善信托开展检查、评估的结果；（八）对慈善组织和其他组织以及个人的表彰、处罚结果；（九）法律法规规定应当公开的其他信息

① 何华兵：《〈慈善法〉背景下慈善组织信息公开的立法现状及其问题研究》，《中国行政管理》2017年第1期。

续表

法律法规	主　体	对象	内　容
《基金会管理条例（修订草案征求意见稿）》	登记管理机关	基金会、社会	第五十四条规定，登记管理机关应当在统一的信息平台上免费提供基金会信息发布服务，并及时向社会公开履行职责过程中产生的下列信息：（一）基金会设立、变更、注销、章程核准等事项；（二）具有公开募捐资格的基金会名单；（三）具有公益性捐赠税前扣除资格的基金会名单；（四）对基金会开展检查、评估的结果；（五）对基金会的表彰、处罚结果；（六）法律法规规定应当公开的其他信息
	登记管理机关以外的其他政府部门	社会	第五十五条规定，登记管理机关以外的其他政府部门（以下简称其他政府部门）应当公开其在履行职责过程中产生的下列信息：（一）行政许可决定；（二）行政处罚结果；（三）其他依法应当公开的信息。 登记管理机关和其他政府部门之间应当建立信息共享机制
《社会团体登记管理条例（修订草案征求意见稿）》	登记管理机关	社会	第三十九条规定，登记管理机关应当向社会公开下列信息：（一）社会团体登记事项；（二）对社会团体开展检查、评估的结果；（三）对社会团体表彰、处罚的结果；（四）法律、行政法规规定应当公开的其他信息
《社会服务机构登记管理条例》（《民办非企业单位登记管理暂行条例》修订草案征求意见稿）	登记管理机关及其他政府有关部门	社会	第四十三条规定，登记管理机关及其他政府有关部门应当及时向社会公开下列信息：（一）社会服务机构登记、许可事项；（二）登记或者认定为慈善组织的社会服务机构名单；（三）对社会服务机构的税收优惠、资助补贴等优惠措施；（四）对社会服务机构开展检查、抽查、评估的结果；（五）对社会服务机构的表彰、处罚结果；（六）法律法规规定应当公开的其他信息
	民政部门	社会	第四十八条规定，民政部门建立社会服务机构评估、信用记录、年度工作报告、活动异常名录制度，并通过统一的信息平台向社会公开社会服务机构的相关信息

续表

法律法规	主 体	对象	内 容
《社会服务机构登记管理条例》（《民办非企业单位登记管理暂行条例》修订草案征求意见稿）	登记管理机关	社会	第五十三条规定，有下列情形之一的社会服务机构，由登记管理机关列入异常名录或严重违法名单，并通过统一的信息平台向社会公开：（一）未按照本条例规定的时限公开年度报告或者公开有关组织信息的；（二）公开信息隐瞒真实情况、弄虚作假的；（三）有其他违法违规情况的

三、建设全国信用信息共享平台

国家发展改革委、人民银行、民政部等40个部门联合签署的《关于对慈善捐赠领域相关主体实施守信联合激励和失信联合惩戒的合作备忘录》提出，进行信息共享与联合激励、联合惩戒，民政部和其他有关部门通过全国信用信息共享平台向签署备忘录的相关部门提供守信联合激励与失信联合惩戒的名单及相关信息，并按照有关规定进行动态更新。同时，在“信用中国”网站、“慈善中国”网站、国家企业信用信息公示系统、民政部门户网站等向社会公布。各部门从全国信用信息共享平台中获取守信联合激励与失信联合惩戒信息，执行或协助执行本备忘录规定的激励和惩戒措施，定期将联合激励与惩戒实施情况通过该系统反馈给国家发展改革委和民政部。守信联合激励的对象有两类：一是在民政部门依法登记或认定、评估等级在4A以上的慈善组织（以下简称“守信慈善组织”）；二是有良好的捐赠记录，以及在扶贫济困领域有突出贡献的捐赠人，包括自然人、法人和非法人组织（以下简称“守信捐赠人”）。同时，联合激励的对象必须是全国信用信息共享平台核查信用优良的自然人、法人或非法人组织，即无不良信用记录，不属于黑名单、重点关注名单的对象。激励措施包括为守信慈善组织登记事项变更、相关业务办理建立绿色通道，提供便利服务等 26 项。联合惩戒对象为在慈善捐赠活动中有失信行为的相关自然人、法人和非法人组织。其中包括：（1）被民政部门按照有关规定列入社会组织严重违法失信名单的慈善组织（以下简称“失信慈善组织”）。（2）上述组织的法定代表人和直接负责的主管人员。（3）在通过慈善组织捐赠中失信，被人民法院依法判定承担责任的捐赠人（以下简称“失信捐赠人”）。（4）在接受慈善组织资助中失信，被人民法院依法判定承担责任的受益人（以下简称“失信受益人”）。（5）被公安机关依法查处的假借慈善名义或假冒慈善组织骗取财产的自然人、法人和非法人组织。惩戒措施包括对失信慈善组织按照有关规定降低评估等级，情节严重的，取消评估等级等 24 项。

四、政府对慈善组织信息公开进行监管

政府对慈善组织的信息公开负有监管职责。政府对慈善组织信息公开的监管，也是政府履行服务职能、促进慈善活动的重要途径。县级以上人民政府应当建立慈善信息统计、发布制度，并由民政部门在统一信息平台及时向社会公众公开。当然，政府提供的慈善信息发布服务并不能免除慈善组织的信息发布义务。之所以这样说，一方面是因为慈善活动具有公益性，国家借此给予慈善组织税收优惠、资助补贴、政府购买服务。这些税收优惠和促进措施，既影响到国家的税收利益，也涉及市场主体相互的竞争关系，因此政府有必要介入监管以确保慈善活动的公益性。另一方面，政府监管也可以防范慈善组织沦落为控制人的牟利工具。慈善活动的应然追求是造福天下，帮助陷入困境的人，但慈善组织的实际控制者是天然具有谋利倾向的“经济人”，如果其活动缺乏有效的监督，慈善组织也可能沦为个人藏私之利器。政府对慈善组织信息公开的监管，是对慈善组织信息公开行为的约束和规范，有权纠正和处罚未依法履行信息公开义务的慈善组织。《慈善法》第九十九条规定，慈善组织未依法履行信息公开义务的，由民政部门予以警告、责令限期改正；逾期不改正的，限期停止活动并进行整改。慈善组织未依法履行信息公开义务的，经依法处理后一年内再出

现该种情形的，由民政部门吊销登记证书并予以公告。《基金会管理条例》也规定，基金会未履行信息公布义务或者公布虚假信息的，“由登记管理机关给予警告、责令停止活动；情节严重的，可以撤销登记”。因而，对情节轻微的违反信息公开制度的行为，予以纠正；对严重者，可以吊销登记证书，取消其慈善组织资格。①

① 李卫华：《慈善组织的公共责任与信息公开》，《理论探讨》2017 年第 6 期。

第五章
中国慈善事业行政监管中的问题与完善

第一节 中国慈善事业行政监管中的问题

一、慈善立法体系问题

（一）现有慈善事业行政监管立法种类多，尚未形成统一的体系

慈善事业行政监管需要依法进行，《慈善法》为慈善行政监管奠定了法律基础。但在过去和未来相当长的一段时间内，中国慈善事业行政监管存在对旧制度的依赖，尚有许多工作需要完善。从目前中国现有的关于慈善组织的法律规范看，有法律、行政法规、地方性法规，还有国务院部委和地方政府的规章，可以说涵盖了中国的所有立法层次。除此之外，还有大量的以政府文件形式出现的规范性文件，虽然不属于法的范畴，但在实践中同样发挥着重要作用。由于有关慈善组织的法律规定分散在不同的法律文件中，各个单行法律文件之间又缺少必要的衔接，所以难以构成一个有机的整体。

（二）配套法规尚不健全

我国出台了《慈善法》，但有关配套法规政策还没有及时修订和出台，这导致法律的效力存在一定的问题。《社会团体登记管理条例》《基金会管理条例》《民办非企业单位登记管理暂行条例》三部条例需要修订，一些地

方性法规也需要修订，这些工作需要一定时日。当前民政部已经陆续出台了若干配套规章和政策文件，其他有关部门也制定了政策，为贯彻落实《慈善法》起到了积极作用。但是由于还有一些配套法律法规政策尚未出台，尤其是作为规范慈善组织的三部基本法规尚未修订颁布，另外，由于涉及多个方面、多个部门，需要协调的部门多，虽然早已向社会公布修订意见稿，但尚未颁布正式法规。这不利于慈善组织的监管和发展。由于还没有修订出台，三部法规还没有废止，而三部法规的若干条款同《慈善法》以及其他法规政策相抵触，不适应实际情况。此外，在实践中，有些地方一度停止对新成立慈善组织进行登记注册，既不利于慈善组织的发展，也不利于慈善组织监管。因此，有关部门要加强协调，密切配合，尽快修订出台这些基本法规。

（三）慈善立法规范性文件数量比重高，临时应对色彩浓厚

在我国慈善法规政策体系中，规范性文件数量多、所占比重高，这类文件的层次、效力、稳定性、规范性等方面相对于法律法规要低得多，但现实中，我国慈善监管往往依赖这些规范性文件，否则很多方面就无从监管，在面对紧急情形时出台文件来进行指导和规范非常有必要，但在慈善事业稳步发展过程中，各个慈善主体、慈善活动以及各个方面的关系相对稳定时，若还是主要通过下通知等方式进行指导和监管，将不利于慈善事业的发展。

（四）很多方面还没有法律法规予以规范，造成无法可依

当前，随着西方国家慈善事业创新形式和实践的发展，我国也出现了若干慈善新方式、新做法，如社会企业、公益创投、影响力投资、公益营销、网络捐赠、慈善众筹、社区动员、慈善信托等，借用企业经营、市场竞争的经验和做法从事慈善事业，对于增加慈善资源、提高慈善组织运行效率和竞争有一定帮助，但同时应该看到，一些新模式和新做法尚不成熟，缺少有关规定对其进行规范、引导和监管，所以在实践中难免会出现问题。此外，有关理念和做法在学术层面尚存在争论，如康晓光和徐永光关于公益向左、公益向右的争论等等，都还没有形成共识和一致看法，更不用说在法律上进行规范和监管了。在这种情况下，有关部门应该密切跟踪国际上和我国出现的慈善新模式和新做法，宣传

《慈善法》，出台新的法规政策，对这些新模式和新实践进行规范和引导，并加强监管，使之在法律法规范围内运营，促进慈善事业健康发展。

二、慈善监管体制机制问题

（一）双重管理体制已被取消，但新的监管体制、机制尚未搭建起来

中国长期实行慈善组织的双重登记管理制度，慈善组织要想获得合法的身份，必须经过业务主管部门的审批和民政部门的登记，这是政府行政权力过多干预慈善组织的表现。① 当前这种双重管理体制已被废除，新体制和机制正在搭建过程中，这里面临诸多问题。尽管这会避免双重管理中统一综合管理和目的事业管理职能交叉和不清的弊病，但无形中加大了民政部门的工作压力，可能使其处于超负荷运转中。这是否会造成新的问题，如无力监管、监管不周等问题，还值得观察。要应对这些问题，需要充实民政部门的力量，对工作人员进行培训，与各有关部门充分沟通，建立信息共享机制，需要探索事中监管和事后监管的方式和内容。

（二）中央一级慈善事业管理分属不同部门

我国传统上由民政部门担负对慈善事业的监督管理职责，《慈善法》进一步明确了慈善事业主管部门的地位，这为民政部门依法行政、做好监管工作提供了强大的法律后盾。在中央层级，民政部之内与慈善事业有关的职能部门包括慈善事业促进和社会工作司、社会组织管理局（社会组织执法监督局），前者负责制定促进慈善事业发展的政策文件，后者则依据有关法律和《社会团体登记管理条例》《基金会管理条例》《民办非企业单位登记管理暂行条例》等法规对慈善组织进行规范和监管。尽管法律规定慈善事业的主管部门是民政部门，但在中央层级还没有专门的慈善事业管理部门，而是由不同的部门分别负责各自职权范围内的慈善监管工作，在机构改革的进程中，慈善事业内部分割管理不利于慈善事业的发展和管理。因此，民政部需要统一慈善事业监管职责，明确由一个部门负责，或者在原来部门基础上成立新的慈善事业监管部门，专门从事慈善事业

---

① 韩丽欣：《我国慈善组织治理法治化研究》，吉林大学博士学位论文，2014 年，第 90 页。

管理。

（三）监管部门工作量大

当前我国慈善事业蓬勃发展，包括作为慈善组织的基金会、社会服务机构、社会团体在内的社会组织数量庞大。据统计，当前我国登记注册的社会团体、社会服务机构和基金会分别是35.6万个、40.5万个和6434个。① 对监管部门来说，前述民政部慈善事业促进和社会工作司和社会组织管理局（社会组织执法监督局）既要从事慈善事业管理工作，还要负责诸如老年人福利，残疾人福利，儿童福利，其他社会组织登记注册、年检、评估、行政执法、购买服务等工作。在省、市、县则由社会组织管理局负责有关慈善组织登记注册、年度检查、年报、执法监督等工作，而省、市、县的社会组织管理局还承担着其他社会组织管理工作。面对规模庞大的慈善组织以及大量的慈善活动，短期内监管部门人力不足、工作量大的情况难以避免，从而难以承担起繁重的监督管理工作。面对这种情况，根据工作需要，应适当增加从事慈善事业监管的人手，监管部门应该创新工作方法，提高工作效率，如通过购买服务让第三方社会组织承担评估工作，等等。

（四）专业人才和专业水平亟待提高

慈善事业是重要的社会事业部门，涉及募捐、捐赠、慈善组织、慈善信托、慈善财产、慈善活动等多方面内容，涉及面广，涉及的慈善主体和慈善活动类型多，需要多个方面的知识和技术对其进行管理监督。尽管某些慈善内容相对明确具体，如对慈善组织登记注册的要求、慈善组织认定、慈善费用支出比例等法律法规规定得非常清楚具体，监管部门可以据此进行监督管理，但慈善组织财务报表、慈善组织减免税、慈善组织评估、慈善信托、慈善组织投资等方面，则需要多方面的知识和方法，如财务管理、税收、评估、信托、投资等。此外，随着社会分工和慈善事业的发展，慈善必定向专业化和精细化方向发展，对其监管也提出了更高的要求。但是，目前高等学校设置的学科和专业还没有慈善学、慈善社会学、慈善经

① 民政部：《民政统计季报》（2018年1季度），中华人民共和国民政部网站（http://www.mca.gov.cn/article/sj/tjjb/qgsj/2018/201806041601.html）。

济学等学科和专业，尽管一些高校在相关专业中开设这些课程，但这毕竟是少数；一些研究机构如北京师范大学中国公益研究院、清华大学慈善研究院等学术机构也对社会人士进行培训，但主要是针对慈善事业的社会组织负责人及其从业人员进行的，对政府内从事慈善监管的工作人员的培训则较少。在实践中，若干从事慈善事业管理工作的政府工作人员没有接受过系统教育和培训，面对日益复杂的慈善事业和领域，往往难以有效监管。

三、慈善监管方式问题

（一）行政监管重管理、轻服务

现有慈善监管立法注重管理，忽视服务。如《社会团体登记管理条例》《基金会管理条例》《民办非企业单位登记管理暂行条例》《救灾捐赠管理暂行办法》《社会组织评估管理办法》《社会福利机构管理暂行办法》《社会福利性募捐义演管理暂行办法》等，这些有关慈善组织的法律文件都以"管理"命名，反映出立法重管理、轻服务的理念，具体的法律条文也充满了管理色彩。慈善组织作为社会组织，具有独立的主体地位。慈善组织立法应当充分尊重慈善组织的独立性，管理不是目的，管理是为了服务，要寓管理于服务之中。管理以服务为宗旨，通过服务实施管理，实现服务与管理的有机统一。重管理、轻服务的立法理念遏制了慈善组织的积极性，不利于慈善事业的健康有序发展。①

（二）年度检查流于形式

《慈善法》施行前，关于慈善组织的三大条例都规定了慈善组织的年度检查制度，但就这些制度施行情况而言，存在年度检查流于形式的现象。《社会团体登记管理条例》和《民办非企业单位登记管理暂行条例》规定的年检制度内容非常笼统，如按照章程开展活动的情况和财务管理情况，没有具体的细则规定，慈善组织就可以自己决定年度检查的内容了。年度检查中一个非常重要的部分是财务管理状况，这项内容是对慈善组织的资金运行情况进行监督检查，但是具体的财务管理状况包括哪些内容，条例没

① 崔冬：《慈善组织行政规制研究》，吉林大学博士学位论文，2015年，第116页。

有明确规定。另外，由于部分慈善组织具有官方背景，年度检查被看作内部系统的事情，负责年度检查的部门可能碍于面子，不会彻底检查。《基金会管理条例》的年度检查内容规定得比较详细，有所进步，但同样存在上述问题。① 根据基金会中心网开发的中基透明指数，2011 年，在全国 2213 家入榜基金会中，有高达 1384 家基金会的合规性指标分值低于 48. 80 分，即 63% 的基金会合规性指标披露不合格，但这些基金会依然能够顺利通过年检，这表明登记主管部门未能严格履行监管职能。《基金会管理条例》第二十九条规定："公募基金会每年用于从事章程规定的公益事业支出，不得低于上一年总收入的 70%"。部分基金会收入支出比例严重失衡，却依然能够从容过关。例如，湖北省湿地保护基金会连续两年公益支出比例占上年度总收入的比重低于 70%，其中 2010 年总收入为 157 万元，2011 年公益支出为 24 万元，当年公益支出仅占上一年总收入的 15. 37%；2009 年总收入为 135 万元，2010 年公益支出为 23 万元，当年公益支出仅占上一年总收入的 16. 92%。《基金会管理条例》第二十九条还规定："非公募基金会每年用于从事章程规定的公益事业支出，不得低于上一年基金余额的 8%。"然而，青岛市天泰公益基金会 2010 年末净资产为 6345 万元，2011 年公益支出为 74 万元，当年公益支出仅占上年度基金余额的 1. 17%。② 以上分析表明，从政府监管的角度看，过去一段时间，登记管理部门未能严格履行监管职能。合规性指标披露不合格，按照规定慈善组织报送年度工作报告全文，且其中项目支出合计占公益支出的 80% 就合格。但是很多慈善组织在这些方面并不合格，依然通过了年检；慈善组织收支比例严重失衡，没有达到规定要求，也能过关，说明登记主管部门监管存在问题，政府有关部门把关不严，没有严格执行规定。

（三）财务和会计监管不完善

《公益事业捐赠法》《慈善法》《社会团体登记管理条例》《基金会管理条例》《民办非企业单位登记管理暂行条例》都规定了慈善组织必须执行国

---

① 韩丽欣：《我国慈善组织治理法治化研究》，吉林大学博士学位论文，2014 年，第 76 ~ 77 页。

② 《中基透明指数 FTI》，基金会中心网（http：//news. foundationcenter. org. cn/html/2013 - 01/60543. html）。

家的财务管理和会计制度，但在实践中，政府对慈善组织的财务管理制度仍然存在很多问题：一是没有规定详细、完善、合理的财务会计信息范围。现有的法律对慈善组织的财务信息要求是提供资产负债表、业务活动表、现金流量表、报表附注以及财务情况说明书，这些财务信息较为简单，一些慈善组织提供的财务信息流于形式。捐赠人关心的管理费用、筹资费用比例等核心财务信息没有包括在财务报告中，政府财政部门对慈善组织的财务管理制度是不完善的。二是没有规定具有可操作性的强制财务会计信息公开制度。《公益事业捐赠法》第二十二条规定："受赠人应当公开接受捐赠的情况和受赠财产的使用、管理情况，接受社会监督。"《基金会管理条例》第三十条规定："基金会开展公益资助项目，应当向社会公布所开展的公益资助项目种类以及申请、评审程序。"第三十八条规定："基金会、境外基金会代表机构应当在通过登记管理机关的年度检查后，将年度工作报告在登记管理机关指定的媒体上公布，接受社会公众的查询、监督。"《基金会信息公布办法》第十一条规定："信息公布义务人应当建立健全信息公布活动的内部管理制度，并指定专人负责处理信息公布活动的有关事务。对于已经公布的信息，应当制作信息公布档案，妥善保管。"从对慈善组织信息公布的法律规定中可知，《公益事业捐赠法》对信息公布制度仅仅做了笼统的规定，没有具体明确信息公布的主体包括什么，《社会团体登记管理条例》和《民办非企业单位登记管理暂行条例》中都没有载明这两类组织有信息公布的义务。基金会的信息公布义务规定得较为清晰，明确了公布的具体内容、公布的范围和方式。但《基金会管理条例》规定的公布内容不详细，只包括公益资助项目的种类、申请和评审程序。另外，公布的范围是"登记管理机关指定的媒体"也规定得比较含糊，这些问题都是以后的慈善立法需要注意的问题。三是公益捐赠票据一票难求。《公益事业捐赠票据使用管理暂行办法》规定各级人民政府及其部门、公益性事业单位、公益性社会团体及其他公益性组织（合称公益性单位）应当向捐赠人出具公益捐赠票据。《关于进一步明确公益性社会组织申领公益捐赠票据有关问题的通知》（财综〔2016〕7 号）第 1 条重申了申领公益捐赠票据的主体，"在民政部门依法登记，并从事公益事业的社会团体、基金会和民办非企业单位，按照《公益事业捐赠票据使用管理暂行办法》的规定，可以到同级财政部门申领公益事业捐赠票据”。但是仅仅依据这些文件并不能解决现实中存在的“一票难求”。因为除基金会、红十字会、慈善会外，其他单位的“公益属性”并不明确（或者其“公益属性”不被财政部门所认可）。捐赠票据是财务收支和会计核算的原始凭证，是财政、税务、审计监察等政府有关部门对慈善组织进行监督检查的重要依据。慈善组织得不到捐赠票据，就发挥不了利用捐赠票据进行监督检查的作用。

（四）审计监管形式化和非常规化

政府在对慈善组织的审计监管中存在的问题主要有两个方面：

一是政府审计形式化。政府对慈善组织的审计是由民政部门委托国家审计机关对慈善组织进行年度审计，政府的审计部门是行政机关的组成部分，国家审计机关的工作人员有限、精力有限，往往使年度审计变成形式化的审计。再加上某些慈善组织的官方背景，政府的审计机关把这些慈善组织看作政府内部的部门，在审计时碍于情面，不彻底进行审计，走马观花，导致很多问题无法发现。

二是政府审计的非常规化。审计机关对慈善组织的年度审计由于跨越的时间较长，需要审计的会计账目较多，经常不能够达到审计目的。慈善审计应该走常规化的路径，针对慈善组织容易出现问题的运行环节进行常规审计。如慈善组织在开展大型慈善项目的过程中，资金流动大，财务会计数据变动大，这时政府审计部门可以进入到项目运作中，进行常规审计。①

（五）税务监管范围小，免税规定和免税程序不完善

《公益事业捐赠法》第二十四条、第二十五条、第二十六条分别规定了公司和其他企业、自然人和个体工商户以及境外向公益性社会团体和公益性非营利的事业单位捐赠财产用于公益事业享受税收方面的优惠。《企业所得税法》和《个人所得税法》有专门针对公益捐赠的纳税规定。《基金会管理条例》规定基金会应当接受税务机关依法实施的税务监督。实践中，政府对于慈善组织的纳税规定主要是针对一些慈善组织的税收优惠，由于还没有形成完善的税收优惠制度，用税收的方式监管慈善组织还不成熟，政府税务部门对慈善组织的监督范围小，仅限于享受税收优惠的慈善组织，

---

① 韩丽欣：《我国慈善组织治理法治化研究》，吉林大学博士学位论文，2014年，第79页。

并且由于相关的法律法规不完善，导致实践当中很多慈善组织存在不规范的税收优惠操作。中国目前慈善捐赠的免税制度还存在多头管理的情况，免税手续非常复杂，不能激励慈善捐赠人积极捐赠，更不能实现用税收的方式监督慈善组织的目的。民政部原救灾救济司司长王振耀曾做过试验，他向中华慈善总会捐赠500元钱，尝试个人申请慈善免税，结果经历了十道程序、两个多月，才拿到了当月50元的免税证明。免税手续不科学给捐赠人带来了不便，而免税程序的不完善则使个别慈善组织和企业钻法律的漏洞，用免税的方式逃避纳税义务，造成了国家的税收损失。①

（六）滥用行政自由裁量权

中国真正意义上的行政管理制度是在改革开放以后才确立的。行政程序不健全、实质主义的公平观等左右着行政行为，尚未形成比较完善的尊重行政程序的传统和习惯。由于价值的不可公度性，实质主义往往流落于行政上的职权主义和“人本”主义。职权主义和“人本”主义的行政执法活动，降低了人们对行政行为的预期，也为行政机关的越权和滥用职权开了方便之门。《慈善法》的“法律责任”部分存在不分情节的情形。《慈善法》第九十八条、第九十九条、第一百零一条中规定的各种情形，存在过于概括、不分情节轻重的情况。法律的规制作用的发挥离不开对违法行为违法程度的准确认定。情节轻的处罚轻，情节重的处罚重，只有这样才能更有效地发挥法律的调整作用。因此，应该区分情节轻微、情节严重、情节特别严重的情形。《慈善法》第一百条、第一百零一条中都存在自由裁量权过大的问题。“两万以上二十万元以下”，跨度达10倍，既没有情节轻重的区分，也没有罚款数额的递进。这种规定赋予了民政部门相关决策人相当大的自由裁量权，同时又缺乏必要的决策标准。这势必会为权力寻租以及被处罚人非法活动留下空间，同时罚款对象没有区分个人和组织。为了更好地、更有效地落实法律责任，应该针对组织和个人确定不同的罚款数额与递进等级。② 此外，《慈善法》没有明确规定处罚慈善组织

---

① 韩丽欣：《我国慈善组织治理法治化研究》，吉林大学博士学位论文，2014年，第79～80、83页。

② 王涛：《〈慈善法〉的立法理念、制度创新和完善路径》，《法学论坛》2018年第1期。

违法行为的程序，处罚慈善组织不法行为的程序不明确，慈善组织管理机关在管理活动中无法采取有效的手段，慈善组织也没有办法采取救济措施。

综上，从政府的角度而言，政府对慈善组织的监管存在错位与缺位的现象。一方面，政府对慈善组织限制成立、限制竞争等，不认同未登记的慈善组织和非法人慈善团体的存在，给慈善组织的发展带来了沉重的负担，这是国家行政权力的不当展开。另一方面，慈善组织成立之后，政府对慈善组织的监督管理制度不完善，如年度检查流于形式，信息公开制度未建立，税收制度有待完善等，这是国家行政权力的缺位。从慈善组织的角度而言，慈善组织在没有完善的信息公开制度的情况下，没能很好地履行信息公开的义务，在税收制度不完善的情况下，没能很好地享有税收优惠的权利，这是政府和慈善组织行政法律关系中最主要的问题。①

四、慈善监管中的信息公开问题

（一）慈善信息公开制度建设不完善

近年来，公众对慈善组织信息公开的需求日益增长，慈善组织信息公开的现状与社会公众的期待以及建立社会公信力的要求显现出较大距离。尽管《基金会管理条例》《基金会信息公开办法》等法规对慈善信息公开有规定，但这些法规层次低，权威性不足，操作性不强，缺少监督检查以及惩罚举措，因此导致信息公开情况不乐观。2014 年国务院印发的《关于促进慈善事业健康发展的指导意见》明确指出，要“确保慈善组织公开透明”，“强化对慈善组织的规范管理”。目前，《慈善法》在信息公开主体、对象、内容、途径和救济方面都进行了明确规定，确立了中国未来在慈善信息公开方面的立法路径。但《慈善法》有关配套的法规政策尚不完善，一定程度上影响了政府和慈善组织慈善信息公开的贯彻落实和慈善信息公开的效果。

（二）未统一规定慈善信息公开主体

我国现有已生效的立法对慈善组织信息公开的主体未做统一规定。虽

---

① 韩丽欣：《我国慈善组织治理法治化研究》，吉林大学博士学位论文，2014 年，第 92 页。

然《公益事业捐赠法》《基金会管理条例》《公益慈善捐助信息公开指引》《规范基金会行为的若干规定》等法律法规中都规定了信息公开主体，即以慈善组织或者慈善组织的登记管理机关为公开主体，或规定两者皆为公开主体，但这些主体未做统一规定，且都未具体规定各主体所承担的具体责任，导致公开主体不明或出现重叠现象，这样就造成慈善组织信息公开出现推诿现象，从而导致透明度不高的问题。中民慈善捐助信息中心发布的《2014 年度中国慈善透明报告》显示，2014 年度我国慈善透明指数为 44.10（总分为 100）。从我国慈善组织及民间公益组织信息披露的整体情况来看，近年来我国慈善组织信息披露的透明度呈逐渐上升趋势，但从绝对值来看，并不是太高，还有提升的空间。

（三）慈善信息平台建设滞后

《慈善法》出台前，我国的法律并未规定要建立统一的信息公开平台，导致一些地方建立了很多类型的信息公开平台，而有的地方则没有建立相应的信息公开平台，在建立信息公开平台的地方也存在着诸多问题，如缺乏统一规范、时效性不高、信息很难共享等。民政部最早于 2006 年设立中国慈善信息平台，并开通了市级信息平台。2016 年，江苏、长沙、广州等 10 省市信息平台均已建立完毕，并在相应的县级以上城市建立了慈善信息平台。但是经过 10 年的发展，我国仍有 71% 的省、市尚未开通省级信息平台，且相互之间保持独立，缺乏信息交换和共享。《慈善法》颁布后，我国慈善组织信息共享平台主要有政府平台、大众媒体平台和行业平台三类，其中政府平台有 20 个，大众媒体平台有 9 个，行业平台有 4 个。2017 年 9 月 4 日，民政部开通了全国慈善信息公开平台。全国慈善信息公开平台是依据《慈善法》要求而建设的统一信息平台，用于慈善组织、慈善信托受托人等参与主体面向社会公开慈善信息。信息平台及时向社会公开的信息包括：慈善组织登记事项，慈善信托备案事项，具有公开募捐资格的慈善组织名单，具有出具公益性捐赠税前扣除票据资格的慈善组织名单，对慈善活动的税收优惠、资助补贴等促进措施，向慈善组织购买服务的信息，对慈善组织和其他组织以及个人的表彰、处罚结果等。但各地还没有建立统一的信息平台。笔者随机查看了三个省民政部门和该省几个较重要城市的民政局网站，发现该省和省内城市都没有建立慈善信息平台。《慈善法》明确规定县级以上人民政府民政部门应当在统一的信息平台及时向社会公开慈善信息，并免费提供慈善信息发布服务。但目前各地慈善信息平台建设严重滞后于慈善事业发展，使法律成为一纸空文。信息平台建设滞后有多种原因，其一，信息平台建设需要硬件和软件条件，需要专业人士参与，这对原本人手不足的民政部门来说是一大挑战。其二，民政部门在慈善信息统计和发布方面已做了大量工作，如各地社会组织管理局（社会组织执法监督局）发布慈善组织登记、处罚、购买服务、评估等信息，使公众了解到基本情况。但从整体上看，慈善信息收集、报送、分类、统计等基础工作尚未建立和健全，导致没有可以发布的慈善信息，这使得民政部门没有迫切的动力去建设和发布慈善信息。信息平台建设和慈善信息统计是一体两面，没有信息平台，就没有有效渠道和载体发布慈善信息；没有完备的慈善信息，也就没有必要建立发布平台。其三，目前各地民政部门内部负责慈善事业工作的部门还不明确，而且慈善信息统计工作需要一定的流程和标准，需要一定时限和人手，还需要慈善组织参与和配合，这导致信息平台建设速度缓慢。

（四）慈善组织信息公开的政府激励问题

《慈善法》规定县级以上人民政府民政部门负责向社会公开相关信息，搭建慈善信息平台，并且对慈善组织信息公开情况进行监督和管理。其实早在2008年，民政部就牵头建立了中国慈善信息平台，目前也开通了省市级信息平台，但截至目前仅覆盖全国16.1%的省份。慈善信息平台分为慈善项目、慈善排行、公益慈善组织、捐赠收入、咨询频道等5大板块，但是对善款的使用情况、慈善组织的成本费用等敏感内容并未涉及。公众可以在信息平台查阅信息，也可以通过链接直接进入慈善组织信息网。但是大部分慈善组织网站的数据并未实时更新，财务数据陈旧，联系电话错误，有的网站甚至无法登陆。虽然慈善组织不需要再进行年检，简化了政府搜集信息的工作，但包括税收优惠、政府购买服务、评估和表彰处罚等新的信息公开内容以及其他一些涉及跨部门信息的搜集成本依然十分高昂。慈善组织未履行信息公开义务的相应责任，有赖于登记主管机关的有力执行。但遗憾的是，在行政机关缺乏严格执行检查激励的情况下，行政责任成为无齿之虎，缺乏实际效力。[①] 另外，现行法律未启动民事责任与刑事责任追究机制。有学者指出："非营利组织信息公开民事责任的缺失，使非营利组织违法披露行为的损害后果无法消除，使侵害人与受害人之间已经失衡的利益关系不能得以恢复原状，受害人的利益无法得到救济。"[②] 事实上，缺乏民事责任也切断了捐赠人等慈善活动参与者与慈善组织之间的有效联系。严格的信息公开将带来较高的监督和检查成本，政府缺少问责激励也会导致慈善组织产生制度冷漠。[③]

（五）慈善信息公开内容不明确

我国慈善信息公开内容不明确，主要问题表现在两个方面：一是各项信息公开内容缺少具体的实施细则。《公益慈善捐助信息公开指引》将信息公开内容分为基本信息、慈善活动、财务、捐赠、日常工作等，但缺少具体的实施细则，导致各项指标信息公开的情况都偏低，特别是财务信息公开，问题显得尤为严重。二是慈善组织信息公开内容未作区别性对待。现在已实施的立法没有体现对不同类型、不同规模的慈善组织信息公开的不同要求，而是对现存的慈善组织信息公开做同质化的规定，导致各类慈善组织的信息公开程度非常悬殊。从不同类型组织之间的比较来看，2014 年度，基金会整体透明度最高（52.71），尤其是非公募基金会指数为 53.63，较总平均分高出 9.53 分。慈善会的透明指数较之上一年，虽然增长了 26.1%，但慈善会仍是平均分最低的一类组织。民办非企业单位的指数下降了 21.45%，是分数下降最多的一类。[④]

《慈善法》从法律上规定了慈善信息公开的内容。大体来说，慈善组织信息公开包括慈善组织结构、慈善募捐、慈善项目、慈善组织财务报告和年度报告、受益人资助标准、工作流程和工作规范等信息，主要集中在慈

---

① 李政辉：《非公募基金会的基本矛盾与规制研究》，北京：法律出版社 2015 年版，第 320 页。

② 杨道波：《我国非营利组织信息公开法律制度研究》，《河北法学》2008 年 9 期。

③ 李健：《慈善组织信息公开何以可能？——基于 PP-DADI 模型的综合分析》，《吉林大学社会科学学报》2018 年第 2 期。

④ 彭建梅：《中国慈善透明报告（2009—2014）》，北京：企业管理出版社 2014 年版。转引自何华兵：《〈慈善法〉背景下慈善组织信息公开的立法现状及其问题研究》，《中国行政管理》2017 年第 1 期。

善组织和慈善受托人信息公开。这里的问题是，慈善主体包括自然人、法人和其他组织，慈善组织是慈善主体之一，只公开慈善组织的相关信息，而对其他慈善主体的慈善信息公开不予规定，尤其是接受捐赠的情况，信息公开的内容和范围就不全面，不利于政府和公众了解其他慈善组织的慈善信息和慈善行为。因此，在慈善组织和慈善受托人信息公开方面，应当把慈善组织接受捐赠的信息纳入公开内容，慈善组织在尊重捐赠人意愿的前提下公开接受捐赠情况，这样就保护了慈善捐赠人的信息隐私，健全了慈善信息公开内容。

（六）慈善组织慈善信息公开不充分

信息公开是慈善组织应尽的义务，也是其获得社会公信力的重要途径。《公益事业捐赠法》《慈善法》《基金会管理条例》《基金会信息公布办法》等法律法规政策规定了慈善组织信息公开的义务，政府有关部门应当依法严格要求并督促落实。但现实情况是，慈善组织信息公开不充分。例如，基金会中心网曾广泛查找基金会相关信息，但全国有 20 多家基金会除了能找到名称外几乎无其他任何信息，有 46 家基金会没有联系信息。① 2011 年，对全国 1000 家慈善组织的调研发现，基于信息公开的“完整性、及时性、准确性、公众获取便利性”四个指标评价后发现平均得分只有 33. 19 分，60 分以上的只占 8. 2% （82 家）。② 2012 年度，中国 2213 家基金会的透明指数平均分仅为 45. 79 分，约占总分 129. 4 分的 35%，其中 981 家基金会未达到平均分，行业整体透明度得分不及格，1101 家公募基金会平均得分 46. 25 分，1112 家非公募基金会平均得分 45. 33 分，两类基金会同样未达到及格分数。③ 慈善组织信息公开不充分，一方面是慈善组织自身的问题，另一方面显示出政府对慈善组织的行政监管不到位，使慈善组织没有尽到信息公开的义务。

---

① 《中基透明指数 FTI》，基金会中心网（http：//news. foundationcenter. org. cn/html/2013 - 01/60543. html）。

② 吕鑫：《我国慈善募捐监督立法的反思与重构——全程监督机制的引入》，《浙江社会科学》2014 年第 2 期。

③ 《中基透明指数 FTI》，基金会中心网（http：//news. foundationcenter. org. cn/html/2013 - 01/60543. html）。

第二节 慈善事业行政监管体制机制的完善

一、完善慈善法体系

中国现有的慈善法律法规并不少，其立法指导思想尚多注重控制，而实践中又极易导致管控，管控容易走向官办，也就是内部化，这从2008年汶川地震和2010年玉树地震灾后救灾款项的管理上可以看出来。因此，从立法上支持慈善体制改革，需确立慈善的民间属性，保障公民行善的权利，保全并增进公民的行善热情，对公民依法创办慈善组织予以支持和鼓励。[①]慈善组织立法应当明确具体的监督主体、监督职权的范围，如对慈善组织违法行为的惩处与纠正，对慈善组织善款的筹集与使用情况进行监督，对慈善组织直接责任人员的违法行为追究相应的法律责任等。当然行政监督必须掌握在一定的限度内。行政监督主要对慈善组织进行宏观监控而不是微观的具体监管，即行政机关的监督一般不直接介入慈善组织的内部事务。[②]

慈善组织的发展需要法律赋予其明确的法律地位。[③] 法律不仅对慈善组织进行管理，也对政府管理加以限制；法律不仅要有利于政府对慈善组织的管理，而且更重要的是约束管理者自身，维护公民的权利。[④] 就中国法律规范的等级而言，宪法是国家的根本法，具有最高的法律效力，在宪法之下应该是基本法律或法律，再下去才是行政法规或条例。法律处于宪法和行政法规或条例的中间层次，既是宪法精神的体现，又是具体行政法规或条例的指导。目前中国已颁布《慈善法》，弥补了慈善基本法律制度的不足。《慈善法》的落实，离不开相关配套法律的支撑和辅助。《慈善法》通

---

① 徐永光：《走出困境 回归民间——关于中国慈善体制改革》，《中国党政干部论坛》2011年第12期。

② 崔冬：《慈善组织行政规制研究》，吉林大学博士学位论文，2015年，第123页。

③ 民政部法制办公室主编：《中国慈善立法国际研讨会论文集》，北京：中国社会出版社2007年版，第224页。

④ 吴玉章：《“政府管理社团”模式及其效果》，载吴玉章主编《社会团体的法律问题》，北京：社会科学文献出版社2004年版，第14页。

过之前，我国已经出台了不少慈善相关法律法规。这些法律法规主要包括：规范公民或有关组织慈善捐赠活动的《公益事业捐赠法》；慈善组织监督管理方面的《社会团体登记管理条例》《基金会管理条例》和《民办非企业单位登记管理暂行条例》；税法中关于慈善税收激励方面的规定，《信托法》关于公益信托的规定；针对某一类慈善组织的法，如《红十字会法》等；还有一些省市制定并通过的有关慈善的地方性法规。为了更好地实施《慈善法》，必须及时开展对这些相关配套法律法规的清理修订工作，同时就相关内容制定实施细则，保证以《慈善法》为核心的慈善法律体系的完整性、统一性。

二、正确处理法律和政策的关系

正确处理法律与政策的关系，将慈善法律与慈善政策协调配合。著名法学家吴玉章说："长期以来，我国政府管理社团工作一直依靠政策，法律更多还是一个立法意义上的法律，还是纸上的法律，还不是一个活法律。法律法规是框架，在某种意义上甚至是死的，而政策则是实施细则，是活的。"① 慈善政策对于促进慈善法制建设具有重要的推动作用。慈善政策可以为慈善法律的制定发挥立法试验的作用。法的稳定性与政策的灵活性正好互补，某些慈善问题，既可以通过制定法律又可以通过制定政策来解决，此时需要有所选择。如果是长期的、共性的问题，制定法律是首选。先制定慈善政策，通过政策的执行以检验监管方式、方法的可行性、有效性，经实践检验切实可行的再制定法律，就可以最大限度地实现科学立法，避免立法的盲目性。如果是短期的、个性化的慈善问题，就没有必要制定法律，制定慈善政策则是首选。政策的好坏直接影响慈善事业的成效，直接影响广大人民群众的切身利益。而中国目前对于慈善政策恰恰缺少必要的监督制约机制，慈善政策的制定出台有一定的随意性，制定程序不规范，慈善行政主管机关制定的慈善政策部门利益化倾向严重，由此导致慈善政策违法、决策失误。因此，要做到慈善政策的合法化、科学化，就要从法

① 吴玉章：《"政府管理社团"模式及其效果》，载吴玉章主编《社会团体的法律问题》，北京：社会科学文献出版社 2004 年版，第 15 页。

律层面上加强对慈善政策的监督制约，规范慈善政策的制定主体、可制定政策的内容、制定程序。法治原则要求政策也应当在法律的框架内，因此慈善政策的制定、执行都要受到权力机关、司法机关以及社会公众的监督。唯有如此，才能保证慈善政策合法、合理，真正发挥慈善政策的作用。

三、设立统一的慈善监管部门或适当整合慈善管理部门

很多学者建议设立慈善委员会，就是说在机构设置上主张学习英国，在国务院设立慈善委员会统一负责慈善事业，做到集中监管。亚洲的日本、新加坡就设立了慈善委员会负责慈善事业。我国香港地区在一段时间内还曾主张设立慈善事务委员会统一负责慈善事业。尽管《慈善法》没有采纳上述建议，但其不失为一个学习境外经验做法的好提议。结合中国的政治经济和社会实际，借鉴学习党和国家机构改革的经验和思路，将分散的慈善事业管理部门整合合并，具体做法有以下两种：一是设立慈善事业促进司，整合有关慈善管理职能。目前，慈善事业由民政部门负责，但具体哪个职能部门负责，还不统一。在中央，由民政部慈善事业促进和社会工作司以及社会组织管理局（社会组织执法监督局）分别负责一部分，可以考虑整合合并有关事务，不管交给前者还是交给后者，最好由统一的部门来负责。因为慈善事业涉及的内容和范围非常广、非常专业，若是继续分散在不同部门，在这些部门不作为主要业务则重视程度不够，不利于慈善事业的发展和对慈善事业的管理。可以考虑设立慈善事业促进司，把慈善事业促进和社会工作司与社会组织管理局（社会组织执法监督局）的职责整合在一起。二是适当集中和整合。按照上述思路，需要考虑的一个现实问题是，慈善组织登记注册、认定等需要社会组织管理局（社会组织执法监督局）负责，若把这项工作整合到专门部门也不现实。相当于同一项工作又分为两部分来做了，造成职能重叠、人力浪费问题，在这种情况下，原先由社会组织管理局（社会组织执法监督局）负责的登记注册仍然由社会组织管理局（社会组织执法监督局）负责，社会组织管理局（社会组织执法监督局）只负责登记注册、认定工作，其他工作如募捐管理、捐赠管理、慈善信托、志愿服务、慈善组织信息公开、慈善组织促进等由一个部门负责。适当地集中还是有必要的。

四、依法监管

在对慈善事业的行政监管中要严格执行法律，注重对慈善活动和慈善组织进行依法监管。对慈善组织的行政监管需要有完善的立法，以立法为先导，使对慈善组织的行政监管具有相应的法律依据，从而解决监管的合法性问题，同时，健全的法律体系可以为慈善组织的健康发展创造良好的法制环境。依法行政原则要求行政监管必须有相应的法律依据，要求行政机关的一切活动均应当依法而为，受法之拘束。行政监管需要有完善的立法提供法律依据，因为行政监管权必须要有相应的法律授权，所以依法规范、引导慈善组织需要完善的慈善组织立法作为执法依据。慈善组织立法赋予行政机关监管权，是行政机关监管慈善组织的前提。没有相应的法律依据，行政监管的合法性将受到质疑，无法有效地监管慈善组织。[①]

五、准入监管转型：从双重许可制到直接登记制

一般而言，慈善组织的设立有许可主义和准则主义两种模式。在许可主义模式下，“许可”是慈善组织存在的前提和基础。没有进行许可，慈善组织无法登记，自然不可能成为合法的社会组织。准则主义模式也即慈善组织只需按照法定的条件和程序登记即可取得合法资格。我国对慈善组织的设立实施行政许可制度。在《慈善法》实施前，依据国务院颁布的《社会团体登记管理条例》《民办非企业单位登记管理暂行条例》《基金会管理条例》三大条例及其他相关法律法规，实行的是双重管理体制，即慈善组织在申请成立时必须先获得业务主管单位的批准，然后才能到登记管理机构申请登记。在双重许可制度下，一些慈善组织无法或不愿到民政部门登记，转而到工商部门登记或者干脆不登记。这种慈善组织的管理模式影响了慈善组织本应具有的独立性和自治性，扼杀了部分从事公益慈善人士的爱心，成为慈善事业发展的瓶颈。

2013 年 3 月 14 日，第十二届全国人民代表大会第一次会议通过的《国务院机构改革和职能转变方案》中明确提出：“重点培育、优先发展行业协

---

① 崔冬：《慈善组织行政规制研究》，吉林大学博士学位论文，2015 年，第 109 页。

会商会类、科技类、公益慈善类、城乡社区服务类社会组织。成立这些社会组织，可直接向民政部门依法申请登记，不再需要业务主管单位审查同意。”我国《慈善法》吸收了社会组织登记改革的成果，取消了双重管理体制，代之以直接登记制，即申请成立慈善组织时只需要向民政部门申请，各级民政部门是慈善组织的登记部门，也是行使慈善业务监管权力的部门。登记后的慈善组织获得合法的主体资格，可以以慈善组织的名义从事慈善活动，符合公开募捐资格条件的，依法获得公开募捐的资格。慈善组织地位的获得也为慈善组织享有税收优惠奠定了基础。

六、监管关注点转向：从登记要件到内部治理和工作绩效

随着慈善组织数量的增加和影响力的增强，社会公众越来越关注慈善组织的管理绩效和公信力。为了适应新形势的需要，登记管理机关的工作重点发生了转移，由对登记要件和程序的关注逐渐转向对慈善组织法人治理结构和组织行为的重视。慈善组织评估就是根据慈善组织的特征，以特定统一指标体系为评议标准，遵循规范的科学方法和操作程序，通过定性和定量的对比分析，对慈善组织在一定时间段的组织管理情况、业务活动情况和通过活动所产生的社会效益及影响等作出客观、公正和准确的判断。自2007年以来，民政部先后出台了《关于推进民间组织评估工作的指导意见》《全国性民间组织评估实施办法》《社会组织评估管理办法》等政府部门规章和政策文件，初步建立了包括慈善组织在内的社会组织评估制度框架。2015年5月，民政部还出台了《关于探索建立社会组织第三方评估机制的指导意见》，阐述了第三方机构对社会组织进行评估的总体思路和基本原则，明确了第三方评估机构对社会组织进行评估的总体思路和基本原则，明确了第三方评估机构资格条件、组织形式、选择方式、活动准则和民政部门的监管职责，以及相应的资金保障机制，规范了第三方评估的信息公开和结果运用，明确了第三方评估工作的组织领导等。《慈善法》第九十五条规定，民政部门应当建立慈善组织评估制度，鼓励和支持第三方机构对慈善组织进行评估，并向社会公布评估结果。《慈善法》从法律层面上确立了慈善组织评估制度，这既是对近年来民政部门开展社会组织评估工作经验的总结，也为今后开展慈善组织评估工作指明了方向。

建立慈善组织评估制度，开展慈善组织评估工作，无论是对慈善组织自身发展，还是对政府管理以及社会公众的知情和监督，都具有重要意义。第一，开展慈善组织评估，可以实现“以评促建”的目标，有利于加强慈善组织自身建设，完善慈善组织法人治理结构，促进慈善组织运行和管理水平的提升，实现慈善组织的自我管理、自我完善和自我监督。第二，开展慈善组织评估，有利于政府管理部门全面了解慈善组织的运作状况，进而有针对性地进行监管，促进政府监管方式的科学化和规范化，也有利于为政府向慈善组织转移职能和购买服务提供依据，充分发挥慈善组织在社会治理和公共服务中的积极作用。第三，开展慈善组织评估，有利于开拓社会公众与慈善组织的制度化沟通渠道，强化社会对慈善组织的检查和监督，更好地动员、利用社会力量对慈善组织进行多方位监督。[①] 通过对慈善组织的评估监督，发现慈善组织存在的问题，及时加以纠正，有利于增强慈善组织的透明度，提高社会公信力，加强慈善组织的能力建设，增进社会对慈善组织的了解和沟通，优化政府管理部门对慈善组织的监督管理，促进政府监督方式的科学化和规范化。

第三节　慈善事业行政监管方式的完善与发展

一、监管方式转型：从年检制到年报制

年检制度是对慈善组织依法监督管理的一种有效方法，通过年检有利于社会公众直接了解和评价慈善组织。但是，只重视年检和慈善组织的设立门槛，忽略了全过程的监督，实际效果并不理想，因为它会增加守法者的运行成本，却无法保证让违法者得到惩治。此外，由于登记管理机关力量有限、手段不足，年度检查并没有完全达到预期目的，有时还流于形式。年检制度已经不能适应国家治理方式现代化和行政管理方式创新的要求。在实践中，我国一些地方的商业登记制度已经取消了年检制度，实行年度

① 全国人大内务司法委员会内务室编著：《中华人民共和国慈善法释义》，北京：中国法制出版社 2016 年版，第 255 ~256 页。

报告公示制。《广州市社会组织管理办法》借鉴了商事登记制度改革的做法，取消了年检制度，建立了社会组织的年度报告制度。《广州市社会组织管理办法》第四十四条规定："社会组织实行年度报告制度，社会组织应当于每年3月31日前提交年度报告书，除社会组织负责人换届或者更换法定代表人之外，年度报告不需提交财务审计报告。"

根据简政放权、放管结合的要求并在吸收地方立法经验的基础上，《慈善法》第十三条规定："慈善组织应当每年向其登记的民政部门报送年度工作报告和财务会计报告。报告应当包括年度开展募捐和接受捐赠情况、慈善财产的管理使用情况、慈善项目实施情况以及慈善组织工作人员的工资福利情况。"《慈善法》没有规定慈善组织的年检制度，而是规定了年度报告制度即慈善组织应当每年向其登记的民政部门报送年度报告，为登记管理机关了解、监督慈善组织提供基础信息，这是慈善组织的法定义务。年度报告具有备案属性，不需要民政部门出具结论，这样可以减少过去年检制度下"盖图章"式的流于形式的监督。慈善组织的年检制度改为年度报告制度（含年度工作报告和财务会计报告），是进一步落实慈善组织自主性的表现，它不代表对慈善事业监督的放松，而是监督方式发生了变化，更强调依法对慈善组织与慈善活动进行全过程的监督。慈善组织的年度工作报告和财务会计报告属于慈善组织信息公开的内容，应当每年向社会公开。具有公开募捐资格的财务会计报告须经审计。慈善组织未依法报送年度工作报告包括未在限期内完成年度报告、财务会计报告的报送和在报告中隐瞒真实情况、弄虚作假的，由民政部门予以警告、责令限期改正；逾期不改正的，责令限期停止活动并进行整改。[1]

二、监管手段转型：由刚性监管到柔性监管

慈善事业行政监管方式要由刚性监管向柔性监管转型。"刚性"监管手段是指传统的行政管理手段，主要有行政命令、行政处罚、行政强制、行政征收、行政许可等。此前我国慈善监管大都是"刚性"监管，如前述行

① 郑功成主编：《〈中华人民共和国慈善法〉解读与应用》，北京：人民出版社2016年版，第64~65页。

政许可就是其中之一。“柔性”行政监管手段主要是指近些年兴起的且逐渐为行政机关及相对人所认可的新型监管手段，主要有行政指导、行政奖励、行政合同、行政约谈等。为了调动慈善组织的积极性，近年来行政机关加大了培育扶持慈善组织的力度，越来越多地采取以上“柔性”监管手段去培育慈善组织。

（一）以行政指导手段引导慈善组织规范发展

行政指导是行政主体基于国家的法律、政策的规定而作出的，旨在引导行政相对人自愿采取一定的作为或者不作为，以实现行政管理目的的一种非职权的行为。① 行政指导通常采取指导、鼓励、奖励、劝告、建议等方式，以相对人的自愿接受为前提，因此其典型特征是不具有强制力。慈善组织的民间性、独立性决定了行政机关不能完全依靠强制性手段实现行政目的。采取相对温和的行政指导，更容易为慈善组织所接受。需要指出的是，行政指导行为必须是合法行为，不具有合法性的行政指导不具有存在的基础。行政指导要以慈善组织的自愿接受为条件，不得以强制手段迫使慈善组织接受。

（二）以行政给付手段扶持、培育慈善组织

行政给付是行政主体为保障相对人的生存权和受益权，维持和促进国家与社会的稳定和发展，依法或依政策向生存困难并符合法定保障条件的相对人，提供物质、精神等各方面保障的行政活动及相关制度。② 在慈善领域，行政给付行为主要有政策支持、行政资助、行政奖励和行政约谈。

政策支持包括：一是税收优惠，在对待慈善组织问题上，行政机关主要是对慈善组织给予必要的政策倾斜，为慈善捐赠的个人或企业提供税收优惠政策。行政机关出台相应的减免税政策，可以激发公众参与慈善捐献的积极性，引导公众进行慈善捐助。二是在政府购买公共服务时优先考虑慈善组织。慈善组织完全符合公共服务提供者的资质条件，具有成为公共服务提供者的可能性。政府可以购买慈善服务，而政府购买慈善服务本身也是一种支持慈善组织发展的方式。

---

① 姜明安主编：《行政法与行政诉讼法》，北京：北京大学出版社 1999 年版，第 247 页。

② 柳砚涛：《行政给付研究》，济南：山东人民出版社 2006 年版，第 14 页。

行政资助是给付行政的一种，是包括行政机关在内的各种资助主体实施的以公共利益为目的、对特定的私法主体给予助成性的利益的行政行为。[①] 政府给予慈善组织资金资助也是比较普遍的做法，如英国政府就给予慈善组织大量的资金支持。[②] 行政资助是一种直接投入的资助方式，财政部门把资金划入慈善组织，对于那些筹集资金能力较弱的民间慈善组织可以为其提供一定的资金支持。政府资助慈善组织开展慈善公益活动，也是在间接地实现政府服务社会的服务职能。

行政奖励是指行政主体为实现行政目标，通过赋予物质、精神及其他权益，引导、激励和支持行政相对人实施一定的符合政府施政意图行为的非强制行政行为。[③] 行政奖励可以是物质上的，也可以是精神上的，以精神奖励为主。[④] 通过设立行政奖励，对那些为慈善事业做出重大贡献的慈善活动参与者给予物质的或精神的奖励，既可以鞭策获奖的慈善活动参与者，又可以对其他慈善活动参与者起到一种示范和导向作用。行政奖励还可以充分挖掘慈善活动参与者的潜力，最大限度地调动慈善活动参与者的积极性、主动性和创造性，促进慈善事业的繁荣。中华慈善奖是行政奖励在慈善领域中运用的典范，是我国慈善领域的最高奖项，由民政部组织评选和表彰，主要表彰在赈灾、扶老、助残、救孤、济困、助学、助医以及支持文化艺术、环境保护等方面做出突出贡献的个人、机构，也表彰优秀慈善项目。

行政约谈是指在具体的执法监督过程中，由行政机关邀请特定的相对人，在平等的基础上沟通交流，以期达到宣传教育、沟通协调和预防违法行为发生的效果。在慈善管理领域推行行政约谈意味着慈善组织监管机关在实施相应行政行为前，要尽可能地与慈善组织沟通，要充分考虑与尊重作为行政相对人的慈善组织的意愿与配合。行政约谈可以起到预防与规范作用，当发现慈善组织有不规范行为苗头时，政府通过约谈慈善组织，对

① 尤乐：《论行政资助的概念、主体和目的》，《天津行政学院学报》2010 年第 5 期。

② 杨团主编：《中国慈善发展报告（2013）》，北京：社会科学文献出版社 2013 年版，第 344 页。

③ 傅红伟：《行政奖励研究》，北京：北京大学出版社 2003 年版，第 34 页。

④ 张慧平：《行政奖励概念辨析》，《上海政法学院学报》2013 年第 1 期。

其进行警示、规范、引导，可以做到防患于未然，同时又给慈善组织一定的教育引导。行政约谈注重保障相对人的合法权益，利用法律的事前引导作用可以有效预防和消除违法行为。

（三）以行政合同实现政府与慈善组织的合作监管

行政合同也称行政契约，是现代行政中合意、协商等民主精神的体现。现代慈善理念认为，行政机关与慈善组织不应是上下级的行政隶属关系，二者应当是合作伙伴关系。在行政机关与慈善组织之间引入行政合同，通过订立行政合同可以最大限度地发挥行政机关和慈善组织各自的优势。行政机关可以通过监督合同履行，实现对慈善组织的有效监管，做到保障慈善组织发展符合国家根本政治方向；又可以充分调动社会力量发展慈善事业，以弥补我国社会保障体系的不足。实践表明，政府与慈善组织的合作更容易激发慈善组织的主观能动性，同时也可以降低行政成本。

《慈善法》第九章“促进措施”集中体现了“柔性”监管手段。例如，第七十七条规定县级以上人民政府应当根据经济社会发展情况，制定促进慈善事业发展的政策和措施。县级以上人民政府有关部门应当在各自职责范围内，向慈善组织、慈善信托受托人等提供慈善需求信息，为慈善活动提供指导和帮助。第七十九条规定慈善组织及其取得的收入依法享受税收优惠。第八十条规定自然人、法人和其他组织捐赠财产用于慈善活动的，依法享受税收优惠。企业慈善捐赠支出超过法律规定的准予在计算企业所得税应纳税所得额时当年扣除的部分，允许结转以后三年内在计算应纳税所得额时扣除。境外捐赠用于慈善活动的物资，依法减征或者免征进口关税和进口环节增值税。第八十一条规定受益人接受慈善捐赠，依法享受税收优惠。第八十二条规定慈善组织、捐赠人、受益人依法享受税收优惠的，有关部门应当及时办理相关手续。第八十三条规定捐赠人向慈善组织捐赠实物、有价证券、股权和知识产权的，依法免征权利转让的相关行政事业性费用。第八十四条规定国家对开展扶贫济困的慈善活动，实行特殊的优惠政策。第八十五条规定慈善组织开展《慈善法》第三条第一项、第二项规定的慈善活动需要慈善服务设施用地的，可以依法申请使用国有划拨土地或者农村集体建设用地。慈善服务设施用地非经法定程序不得改变用途。第八十六条规定国家为慈善事业提供金融政策支持，鼓励金融机构为慈善组织、慈善信托提供融资和结算等金融服务。第八十七条规定各级人民政府及其有关部门可以依法通过购买服务等方式，支持符合条件的慈善组织向社会提供服务，并依照有关政府采购的法律法规向社会公开相关情况。第八十九条规定国家鼓励企业事业单位和其他组织为开展慈善活动提供场所和其他便利条件。第九十条规定经受益人同意，捐赠人对其捐赠的慈善项目可以冠名纪念，法律法规规定需要批准的，从其规定。第九十一条规定国家建立慈善表彰制度，对在慈善事业发展中做出突出贡献的自然人、法人和其他组织，由县级以上人民政府或者有关部门予以表彰，等等。

三、避免滥用自由裁量权

虽然行政权力作为国家公权力的一种，天生具有保护公民的基本权利免受非法侵害的义务。但是由于现代行政权力具有自我扩张性，对于现代行政权的急剧膨胀，如果没有有效的规范和控制机制，相对人的合法权益极易受到来自国家行政机关及其工作人员的不法侵害。行政权可以影响经济、政治、社会生活的方方面面，与其他国家公权力相比，行政权对慈善组织的影响最大，如果行政权肆意扩张不受约束，必然会侵害慈善组织的合法权益，导致慈善组织与行政机关处于相互不信任的紧张状态，不利于中国慈善事业的健康发展。慈善组织作为行政管理的相对人，其合法权益存在受行政权力侵犯的可能，所以需要行政法发挥规范、控制行政权的功能，将慈善组织监管机关的行政权力关进笼子里，并且在慈善组织的合法权益受到侵害后，能够为慈善组织提供相应的权利救济。行政监管除了应当发挥维护公共利益和社会秩序、监督规范慈善组织作用外，还应当注意保护慈善组织的合法权益，并为在行政管理中处于弱势地位的慈善组织提供有效的权利救济保障。

第四节　加强慈善信息平台建设和信息公开监管

一、完善信息公开制度规定

信息公开是慈善组织的基本义务，是慈善组织接受各方面监管的基础。

《慈善法》对慈善组织的信息公开义务作出了系统规定，集中在其第八章中，具体包括三个方面：一是《慈善法》第六十九条规定的县级以上人民政府建立健全慈善信息统计和发布制度，二是《慈善法》第七十条规定了政府信息公开的内容和范围，三是《慈善法》第七十一条至七十六条规定了慈善组织和慈善受托人信息公开的内容和范围。为了促进慈善组织持续、健康发展，落实《慈善法》相关要求，民政部出台了《慈善组织信息公开办法》。该办法共二十六条，对慈善组织信息公开的原则、内容、渠道、时限、监督和法律责任作出规定。今后应继续完善相关信息公开制度，保障慈善活动参者的合法权益。

二、尽快建立各级信息公开平台

当前我国在慈善信息平台方面还存在覆盖面窄、平台功能不完善等若干问题。如何解决慈善信息平台建设中存在的问题呢？首先，民政部门要在组织框架内整合或设置慈善事业管理部门，专门负责慈善工作，负责慈善信息平台建设等工作。其次，民政部门要制定慈善信息统计发布的流程、规范，规定慈善信息统计的内容、范围、标准、时限等，做好慈善信息统计工作，在此基础上推进慈善信息平台建设，使之真正成为慈善信息的窗口。再次，民政部门可以通过政府购买服务的方式，向社会组织、企业和其他社会力量公开招标或委托给有能力和实力的社会力量开发和运营慈善信息平台，解决人手不足和专业能力不足的问题。最后，我国各地一般都建立了慈善会（总会），它们在性质上虽然是社会团体，但其办公室一般是事业单位编制，其工作人员是事业单位编制工作人员。它们一般都建立自己的网站，有信息收集、统计和发布的经验，网站上公开了若干信息。民政部门可以以它们的网站为依托，建立本地慈善信息平台，原来的慈善会（总会）信息公开可以作为信息平台的一个部分，既有利于慈善会（总会）发展，也能够充分利用已有经验，达到事半功倍的效果。

有学者提出，建立健全统一的信息平台和多主体的信息共享机制，主要包括四个层面的平台：国家层面的公益慈善信息共享平台、区域性的公益慈善信息共享平台、公益慈善组织的信息平台以及第三方监督评估机构的信息平台。在未来立法中，需要着力解决三个方面的问题：形成统一的公开主体，从中央到地方各个层面的政府部门的责权划分，以及不同类型和不同规模的慈善组织的责权划分。①

三、完善信息公开内容和范围

归纳当今世界有关国家（地区）对慈善组织信息公开的要求，慈善组织需公开的信息主要有三类，即慈善组织的基本信息、财务信息和活动信息。对慈善组织而言，无论是哪类信息的公开，其核心目的都是让公众通过这些信息来判断该慈善组织的公益性，判断该慈善组织是否正确使用了捐赠、是否真正做了公益活动等。具体如下：

第一类，慈善组织的基本信息，具体包括组织信息、管理信息和服务信息。组织信息，如慈善组织的章程、组织架构、内部管理规定等；管理信息，如慈善组织的理事、监事名单及从慈善组织领取薪金或津贴的数额、工作人员名册及其薪酬总额等；服务信息，如慈善项目的具体操作办法、受益人种类、范围及遴选办法、程序等。例如，《日本公益法人认定法》就明确规定此类组织性信息，要求公益组织必须在主营业场所公示相关组织信息；如果索取者要求，还要提供副本。在我国，国务院2014年年底公布的《关于促进慈善事业健康发展的指导意见》明确要求："慈善组织应向社会公开组织章程、组织机构代码、登记证书号码、负责人信息、年度工作报告、经审计的财务会计报告和开展募捐、接受捐赠、捐赠款物使用、慈善项目实施、资产保值增值等情况以及依法应当公开的其他信息。"公开此类信息，有利于公众判断慈善组织的具体目标、公共服务内容、受益人群定位，以及判断该组织的筹款是否偏离公益、是否成为管理者的营利工具等。

第二类，财务信息，具体包括捐赠收入、成本核算、资产负债、现金流量、关联交易等。财务信息是慈善组织公开信息的重中之重，也是我国慈善组织负面新闻缠身的症结所在。从世界各国慈善组织财务信息公开的情况看，英国是最早颁布慈善会计准则的国家，对慈善组织的财务信息有

① 何华兵：《〈慈善法〉背景下慈善组织信息公开的立法现状及其问题研究》，《中国行政管理》2017年第1期。

全面且具有强制性和可操作性的规定。英国慈善组织的信息披露有两部分：一是法定公开信息，二是自愿公开信息。法定公开信息主要有受托人年度报告、资产负债表、财务活动表、现金流量表、报表附注等，其报表附注特别要求成本、支出信息的公开，因而是信息披露的重要内容；自愿公开信息主要有汇总财务报表与简要财务信息。此外还有员工成本与薪酬、审计与咨询费用等。在美国，相关法律规定了慈善服务组织和基金会必须向政府税务部门提交财务和活动状况的年度报表。报表中必须反映机构资产、收入、支出以及工作人员薪金情况，包括机构收入最高前 5 名工作人员名单、支付最高的前 5 名合同商名单、筹款花费，以及与所有董事会成员有关的金融交易记录等；报表中还要记载本年度的所有资助款项。从慈善组织财务信息公开的具体性、规范性和可操作性来看，英、美等国的相关做法对我国慈善组织会计信息披露制度具有一定的借鉴意义。

第三类，活动信息。它是指慈善组织开展的募捐活动、慈善活动、资助项目等的具体信息，具体包括募捐时间、获捐总额、捐赠人名单、慈善项目实施时间、捐款使用信息、受益人名单等。我国台湾地区的“公益劝募条例”第 18 条规定，劝募团体在活动结束后 30 日内，应将捐赠人的捐赠资料、劝募活动所得及收支报告予以公告并公开征信，同时报主管机关备案。国务院 2014 年公布的《关于促进慈善事业健康发展的指导意见》规定，慈善组织应及时地向社会公众公开款物募集情况，应及时向社会公众公开慈善项目运作、受赠款物的使用情况。因而，关于慈善活动的相关信息，慈善组织也应主动、及时地向社会公众公开。①

政府公开慈善信息相对简单，实际上是公告，这对社会大众了解慈善组织的基本情况有一定帮助，如想知道某个慈善组织登记注册、免税资格、评估结果等信息是能够在政府统一的信息平台上查找到的。此外还可以查找政府购买服务、税收优惠、资助补贴等与慈善组织发展紧密相关的信息。这对于把握政府对促进慈善事业的政策举措以及慈善组织掌握这些信息促进自身发展有帮助。但问题是，政府公开的信息内容比较简单，不利于掌

---

① 李卫华：《慈善组织的公共责任与信息公开》，《理论探讨》2017 年第 6 期。

握某个慈善组织运营的整体情况。当然，政府也不可能做到面面俱到、事无巨细地公开所有信息，但还是应该对有关组织关注得多一些，如基金会、在某个地区或某个领域有重要影响的慈善组织等。关注这些慈善组织，可以起到典型引领作用。此外，因为政府部门工作人员有限，关注这些重要慈善组织，能节约人力、时间、物力。有些人可能会觉得不公平，怎么对这些慈善组织的信息公开得多，而对其他慈善组织信息公开得少。首先，《慈善法》和其他有关法律法规规定的信息都要公开，这对所有的慈善组织来说是同等对待的。其次，可以向慈善组织提出，若愿意公开比规定公开的内容更多的信息，政府信息平台责无旁贷，应该公开这些信息。当然，应当保密和不应公开的信息除外。针对大型慈善组织的疑问，可作如下回答：大型慈善组织具有重大影响，在一定时间和一定范围内引领慈善事业，对它们要求更多更高应该是合理的。此外，对这些组织来说，信息公开越多，就越透明；越透明，腐败现象和违法违规现象就越少，就越有利于它们的发展。

四、对慈善组织信息公开的规定和监管

《慈善法》对这个方面作了若干规定，大体来说，慈善组织信息公开包括慈善组织结构、慈善募捐、慈善项目、慈善组织财务报告和年度报告、受益人资助标准、工作流程和工作规范等信息，主要集中在慈善组织和慈善受托人信息公开。这里的问题是，慈善主体包括自然人、法人和其他组织，慈善组织是慈善主体之一，光公开慈善组织相关信息，而对其他慈善主体有关慈善方面的信息公开不予规定，尤其是接受捐赠的情况，信息公开的内容和范围就不全面，不利于政府和公众了解其他慈善主体的慈善信息和慈善行为。因此，在慈善组织和慈善受托人信息公开方面，应当把慈善组织接受捐赠的信息纳入公开内容中，慈善组织在尊重捐赠人意愿的前提下公开接受捐赠情况，这样就保护了慈善捐赠人的信息隐私，健全了慈善信息公开内容。

五、完善全国信用信息平台和失信惩戒机制

我国慈善事业尚处于起步阶段，相关慈善组织的监督与管理制度建设

也比较晚，相应的法律规范与监督制度并不健全，责任追究制度滞后，缺乏相应的处罚措施和明确的问责机制。当前民政部、国家发展改革委已经建立了全国信用信息平台，需要进一步完善该平台，完善联合惩戒机制。在建立失信惩戒机制的过程中，应进一步完善慈善组织的诚信数据库建设，通过信用记录和信用信息的公开，降低慈善活动中信息的不对称程度，并通过对守信行为的奖励与失信行为的处罚来规范慈善组织的信用行为。①

① 王银春：《论当代中国公益慈善组织失信惩戒机制的构建》，《西部学刊》2013 年第 4 期。

第六章

境外慈善事业行政监管的经验借鉴

第一节　欧美国家慈善事业行政监管

一、美国慈善事业行政监管

美国政府对慈善事业的监管体现在三个层次上：一是联邦政府层级的监管，二是州政府层级的监管，三是地方政府层级的监管。在这三个层次中，联邦和州的层级起着主要作用。

（一）联邦政府层级的监管

1. 联邦税务局的监管

美国联邦税务局对慈善组织的监管主要体现在以下几个方面：

第一，免税资格审批。美国《国内税收法典》中列举了免税组织的类型，并在501（c）（3）项规定了免税资格的条件。条件有六个：其一，必须以非营利为目的，即满足《国内税收法典》501（c）（3）项下列举的一项或多项目的；其二，其成立出于非营利目的；其三，主要围绕非营利目的开展活动；其四，禁止分配利益；其五，不得参与竞选；其六，不得参与实质性游说活动。①

---

① ［美］贝希·布查尔特·艾德勒、大卫·艾维特、英格里德·米特梅尔：《通行规则：美国慈善法指南》，金锦萍等译，北京：中国社会出版社2007年版，第5页。

一个慈善组织若想获得免税资格，必须依法向联邦税务局提出申请。申请手续包括三个环节：准备文件、审查批准和申诉。准备文件是最重要的环节，在此阶段需要填写1023表。此表包括主表和附表，主表有11个部分，每个部分包含许多问题；附表由教堂、学校、医院等慈善组织填写。联邦税务局对提交的文件进行审查，可以作出批准或不批准的决定。若慈善组织被批准，其免税资格的有效期一般从该组织成立之日算起。若慈善组织对不予批准免税申请持有异议，可向联邦税务局申诉机构提出申诉，并要求联邦税务局总部进行会商。若申诉失败，申请组织仍不满意联邦税务局的最后答复，或联邦税务局在270天内无法作出决断，申请方可以把案件提交给联邦地区法院、联邦经济纠纷法院或者联邦税务法院审理，联邦税务局将尊重上述法院的判决结果。

第二，年度报表与信息公开。美国联邦税务局可通过慈善组织提交的年度税务报表获得信息，以此掌握慈善组织的运营情况。慈善组织提交的年度报表包括：年收入超过2.5万美元的免税组织（私立基金会除外）的年度信息报表（即990表或者990-EZ表）、任何规模的私立基金会和按照私立基金会标准监管的非免税型慈善信托机构的年度信息报表（990-PF表）、超过1000美元的无关宗旨商业活动收入报表（990-T表）、年收入少于2.5万美元的小型免税组织信息的简易电子年报（990-N表，或称“电子明信片”e-Postcard）以及各类“支持型”公益慈善组织（无论其年收入多少）的年度报表。对不依法履行报备义务的组织，联邦税务局将课以罚款。连续3年不报送990系列表格的组织，其联邦免税待遇会被自动注销。

第三，联邦税务局的审计。美国联邦法律授权联邦税务局对慈善组织的账簿和记录进行审计。如果审计人员发现了问题，将责成慈善组织补征税款，并处以罚款。近年来联邦税务局还越来越多地采用综合性检查的方法，深入了解监管对象的各相关细节，并利用档案数据和公开信息对某些组织进行追踪性比较。联邦税务局2004财年期间用此法审查了1475个组织，2010财年审查了3893个组织。重点监管的组织有两类：一是接受联邦政府资助或者与政府签订服务合同的组织，二是资产额超过1000万美元的特大型组织。[①]

2. 其他联邦政府部门的监管

除此之外，联邦政府的其他部门也参与慈善组织的监管工作。卫生与公共服务部的工作职责之一是依法对从事非营利医疗保健事业的慈善组织进行监管；联邦贸易委员会的消费者保护局负责监督电话营销和跨州募捐活动；美国邮政管理局承担着许多慈善组织向公众和特定对象大量邮寄宣传品的职能，也依法负有邮政专业监管职责，要求其服务的组织符合相关规范。[②]

（二）州政府层级的监管

在美国，慈善组织若想设立非营利法人，须将签署后的法人章程和其所在州要求缴纳的登记费用一起提交给该州州务卿。“除非特别规定推迟的生效日期，法人于法人章程备案时开始存在。”[③] 如果法人章程没有包含所要求的内容，或者其允许组织从事法律禁止的活动，州务卿就不会接受该章程，也不会将其存档。

首席检察官在美国慈善监督中扮演着十分重要的角色。在1819年发生的“达特茅斯学院受托人诉伍德沃德案”中，美国联邦最高法院的大法官称：“除非慈善机构的受益对象就是法人成员本身，任何一个慈善机构的法律利益应由受托人享有和主张。捐赠人或者受益请求人如果能出庭的话，他们可以起诉受托人。此外的情形中，他们的法律人格只能与受托人相混同，他们的权利只能由受托人来维护。”美国当代法律中的非营利法人监督体制正是发轫于“达特茅斯案”。既然该校的学生和最初的捐赠人并不享有诉讼权，对学院的诉讼权只能由州首席检察官和受托人享有；受托人对法人事务负责，首席检察官则代表社会公众和受益人，监督受托人的行为。[④] 在美国绝大多数州，州首席检察官有权监督和管理慈善组织，慈善组织必须经常向首席检察官报告其业务活动和财务情况。例如，加利福尼亚州首

① 徐彤武：《美国政府对公益慈善事业的管理及启示》，中国社会科学网（http://www.cssn.cn/gj/gj_gjwtyj/gj_mg/201310/t20131026_593321.shtml）。

② 栾恺：《美国慈善组织外部监管机制研究》，外交学院硕士学位论文，2010年，第11页。

③ 金锦萍、葛云松主编：《外国非营利组织法译汇》，北京：北京大学出版社2006年版，第11页。

④ 税兵：《非营利法人解释——民事主体理论的视角》，北京：法律出版社2010年版，第120页。

席检察官对慈善组织享有广泛的监督权。纽约、加利福尼亚和其他很多州，都要求慈善组织向州首席检察官提交报告，而且公众可以查阅这些报告。在大多数州，首席检察官有权查阅慈善组织的账簿和记录，以确保慈善组织的财产用于公共利益。①

美国各州还设有专门的慈善组织管理部门。例如，加利福尼亚州设有慈善信托登记处、慈善信托法律暨审计部，前者主要负责收集和处理本州内慈善组织和慈善信托人提交的财务报告等信息，并且负责接待要求查阅此类文件的公众；后者主要负责对慈善组织资产的滥用、浪费和欺诈行为进行调查和审计，调查结果将被提交给法院，以防止慈善财产被不当使用。州首席检察官负责指导上述两个部门的工作，并根据登记处提供的公众投诉信息，要求法律暨审计部进行调查。②

（三）地方政府层级的监管

美国的地方政府指州级以下的政府设置，通常包括 5 个类别：县政府、市政府、镇政府、学区以及防火、灌溉等特别区。2007 年，全美共有 3033 个县政府、19492 个市政府、16519 个镇政府、13051 个学区和 37381 个特别区。③与联邦政府和州政府相比，地方政府对慈善组织进行的管理与监督较为有限。其中涉及本地慈善组织的内容多为慈善募捐管理、活动管理以及某些税、费的豁免。例如，休斯敦市的市法中就对慈善组织的募捐活动作出了详细的规定；佛罗里达州南部的迈阿密 - 戴德县政府的消费者服务部负责消费者投诉的调查调解工作，专门向公众发布防范募捐欺诈的指导性意见。④

二、英国慈善事业行政监管

（一）慈善组织注册

根据英国 2006 年慈善法的规定，除了豁免的或者其他特定的慈善组织

① ［美］贝希·布查尔特·艾德勒、大卫·艾维特、英格里德·米特梅尔：《通行规则：美国慈善法指南》，金锦萍等译，北京：中国社会出版社 2007 年版，第 109 页。

② 蔡磊：《非营利组织基本法律制度研究》，西南财经大学博士学位论文，2004 年，第 95 页。

③ U. S. Census Bureau. *Statistical Abstract of the United States* 2012. The National Data BookBernan Press，2011：267.

④ 徐彤武：《美国政府对公益慈善事业的管理及启示》，中国社会科学网（http：//www. cssn. cn/gj/gj_gjwtyj/gj_mg/201310/t20131026_593321. shtml）。

外，任何慈善组织均须在登记簿中登记。要想注册为慈善组织，必须有法律上认可的慈善目的和对象。一旦获得了这一地位，慈善组织的理事会、理事就必须保证所有资源和活动直接指向慈善目的。2006 年慈善法还要求所有慈善组织证明它们在某种意义上能够给公众带来益处。

英国注册慈善组织的基本条件是：第一，要注册的慈善组织和其他慈善组织在工作内容上不重复。第二，慈善组织有自己的章程、明确的组织目标及管理方法。章程可以是理事会的文件、组织宪章或相应的法规。第三，依照英国《托管人管理法》组成托管理事会。理事会成员应包括来自政府公共部门、所在社区、私人企业部门的代表。理事会成员可直接受雇于慈善组织，但不能有其他商业目的。慈善组织必须以捐款人及受益人的最佳利益为导向进行运作与管理。

英国 2006 年慈善法规定慈善委员会可以通过指令的形式要求注册慈善组织在规定的时间变更其名称，新名称由慈善受托人决定，需经由委员会审查批准。应当变更名称的情形有：

（1）慈善组织申请注册时，其名称同于或者委员会认为非常类似于另外一个慈善组织的名称（不论该组织登记与否）；

（2）委员会认为该组织的名称会误导公众，使公众对该组织设立时的目的以及该组织为实现该目的而进行的活动本质产生误解；

（3）该组织的名称中包含国务大臣制定的规章中所罗列的字词和措辞，并且委员会认为该组织在名称中使用这些字词或者措辞会误导公众对该慈善组织地位的认识；

（4）委员会认为该慈善组织名称的使用会使公众认为该组织与女王政府、任何一个地方政府、任何其他团体或者个人有一定联系，虽然该慈善组织事实上与它们并无任何关系；

（5）委员会认为该慈善组织名称的使用有违礼仪。

英国强调慈善组织，把慈善组织与互益性组织区分开来。在英国，慈善组织有两个概念：非营利企业和慈善组织。英国所称的非营利企业指的是行业协会和一些非营利但跟市场结合比较密切的民间组织。另外一种就是慈善组织。

（二）关于慈善委员会的设立及其职责

英国2006年慈善法规定，英格兰和威尔士应当设立一个慈善委员会，该委员会的职权由该法和其他有效法律授予。委员会的组建和活动，以及其他与委员会，委员会官员、雇员有关的事项，适用该法所附表一中的相关条款。在不影响由其他特别法授予的特定权力和职责的情况下，委员会应当通过改进管理方法、为信托人提供可能影响慈善事业的信息和建议以及调查和核查滥用等方式来实现其促进慈善资源有效利用的基本目标。在行使与慈善事业相关的职责的时候，除非该慈善事业已经改变其目的，否则委员会应当以在信托目的范围内促进和改善慈善事业为其活动的基本准则，但是委员会不得亲自行使管理慈善事业的职权。每年结束时，委员会应当立即向英国内政部部长提交一份该年度工作报告，由国务大臣呈交众议院议员审议。

根据2006年慈善法的附表一，慈善委员会中应当有一名慈善委员会主任，以及两名慈善委员会委员。在慈善委员会中，至少应当有两名成员拥有《1990法院与法律服务法》第七十一条所规定的七年的一般资格。慈善委员会主任及其他慈善委员会委员应由国务大臣指定，并且其应被认定完全是受聘于王室的文职管理人员。每一名慈善委员会委员都将领取工资和补贴，其数额由国务大臣决定，但应经财政部许可。任何时候，国务大臣认为应当有超过三名以上的慈善委员会委员时，经财政部同意，国务大臣得以再行指定两名以下的慈善委员会委员。慈善委员会主任可以指定助理慈善委员及其他管理人员，以及其认为正当履行慈善委员会和官方慈善管理人的职责所需的其他雇员，但其所指定人员的人数以及任职条件应得到财政部的许可。上述被指定的管理人员和雇员将领取工资或报酬，其数额由财政部决定。

慈善委员会在鉴定相关文件时，可以使用公章，且其公章应经正式的法律程序加以公告。慈善委员会有权规范其工作程序，依据慈善委员会主任所制定的规范或者指示，任何一名慈善委员会委员以及助理委员，都可以以慈善委员会的名义，为其从事业务。当慈善委员会组成理事会开展业务时，如果当时在职的慈善委员会委员在四名以下，则理事会成员的人数应为两名，其中一名应当具有法律规定的任职资格；如果当时在职的慈善委员达到五名，则理事会成员的人数应为三名，其中一名应当具有上述任职资格；在投票表决时如果出现双方票数相等的情形，则由慈善委员会主任投第二票，或者投决定票，在慈善委员会主任缺席时，则由投票主持人投第二票，或者投决定票。

根据英国2006年慈善法，慈善委员会具有四项职能：对符合条件的慈善组织进行登记注册；为在慈善委员会登记或者没有登记需要帮助的慈善组织提供信息、技术、法律政策咨询等方面的支持；对在慈善委员会登记的慈善组织按照不同规模进行相应的监管；对在管理或公共资源使用上有违反法律嫌疑的慈善组织进行调查，对于其发现的违法犯罪者可以移交法院处理。慈善委员会的权力仅仅限于对违反法律行为的监管，其没有权力介入慈善组织的管理运作，它的监管权力只在于保证组织运作是“合法”的，而不能对理事会决策是否“合适”作出干涉。同时，慈善委员会对不同规模的慈善组织也具有不同程度的监管责任。年收入在1000英镑以下的小慈善组织，不予以注册登记，没有年度审查和监管，但是慈善委员会在接到公众对该组织违法行为的举报时，仍然具有调查了解的权力；年收入在1000～10000英镑的慈善组织，应当注册登记，每年提交年度报告；年收入在1万～1000万英镑的慈善组织，应当注册登记，每年提交年度报告，包括财务及活动的明细；年收入在1000万英镑以上的慈善组织，是慈善委员会监管的重点，不仅应当注册登记，进行详细的年度检查，慈善委员会还可以随时对其进行了解，甚至到组织中进行访问。

慈善委员会独立于政府运作，它在政府与社会之间构建起一个桥梁，慈善委员会的理事会尽管由部长任命，但是他们最终向议会负责而不是向部长负责，部长或相应的政府部门只具有知情权而已。慈善委员会的最高首长与政府部长是平级的，由英国首相任命。这个机构有一个庞大的体系，有工作人员近600人，主要职能是登记和监督。登记程序很简单，凡每年活动经费在1000英镑以上的慈善组织都要到它这里登记。登记后它就要监督，目前接受监督的慈善组织有将近20万家。监督办法也很简单，按照慈善组织的营业额进行分类，20万家组织中大概有1万家的资产额占到全国慈善组织的90%以上，慈善委员会重点监督这1万家组织。然后在1万家组织中对规模最大、占总资产额46%的400家组织加强监管。600人来监管400

家机构，应该是能够监督过来的。但是即使仅对这400家机构，英国慈善委员会也不是派人进行直接的监管，而是建立了全国性的公益举报和迅速及时的受理机制，通过24小时的举报监控，全英国任何一个地方的任何一个公民都可以在任何时候用电话举报或直接举报。英国慈善委员会每个月接受举报2000多次，主要根据举报对慈善组织进行监控。

（三）关于慈善委员会的情报权和监管权

从慈善组织的注册及命名规定来看，其实慈善委员会对慈善组织的监管是从注册开始的。慈善组织申请注册需要接受慈善委员会评估。慈善组织一旦注册成功，就应当履行相应的义务，这样就可以确保它们能够继续得到公众的信任，同时也不会因为不适当的行为被慈善委员会制止。英国慈善法规定，慈善组织有制作会计账目、年度报告以及年度报表的义务。慈善组织应当向慈善委员会和公众开放，必须准备随时诚实地回答委员会的质询。在公众提出疑问后，慈善组织要尽快予以答复，让公众清楚地了解它们的政策。慈善组织必须每年在其财政年度结束后的10个月内向慈善委员会提供它们的账目。委员会将在网站上公布这些账目的详细情况。另外，慈善组织必须填写慈善委员会发放的年度汇报表，提供它们过去一年活动的详细情况。不同规模的慈善组织，其汇报表的内容也有所不同，规模越大，要求提供的信息就越多。

如果一个慈善组织没有采取正确的行动，委员会将会对其展开调查。委员会展开调查的情形主要有：慈善组织未提交账目或年度汇报表且未给出合理理由；在审查慈善组织的账目或年度汇报表后，委员会会对某些事项表示关注，如管理方面的开销过大等；地方议会、警察局或其他监督者向委员会移交的问题，通常是乱筹资等；根据公众对慈善组织的投诉，委员会首先对其进行评估，然后决定是否对其进行调查。所有调查的详细情况，委员会都在网站上公布。调查过程中，慈善委员会可以运用其权力采取冻结银行账号、免去托管人职务、没收文件以及委任外部人员管理慈善组织等措施。

根据英国慈善法，委员会可以不定时地调查所有的慈善组织、某个特定的慈善组织或者某类慈善组织，但是此种调查不得针对豁免慈善组织进行。委员会可以自己进行调查，也可以任命某人进行调查并要求该人提交一份调查报告。为了实现上述调查的目的，委员会或者接受其任命者可以要求慈善法相应条款所规定的人履行有关义务，比如在特定的时间和地点提供证据或出示相关文件等。但委员会应向提供证据或者文件者支付必要的费用。如果调查的对象是地方慈善组织，可以由郡或者地方议会、伦敦市众议院或者伦敦区议会向委员会提供相应的费用。

另外，慈善法还授予慈善委员会在特定情况下具有一些额外的权力。比如，为了慈善组织的利益可以授权慈善委员会进行特殊的交易、妥协或者类似的活动，即使这些活动本来只有根据法院的授权方能采取；慈善受托人本人无权如此行动，但是在所有的情况中都认为其自身有道德义务去采取这些行动的情况下，慈善委员会可以通过命令行使和总检察长一样的权力，以授权慈善组织的慈善受托人运用慈善组织的财产或者代表慈善组织在一定程度上放弃其接受财产的权利，但慈善委员会行使这一权力时应受到总检察长可能给出的指示的监督，并与该指示相一致；符合特定条件时，慈善委员会可以将慈善组织匿名的银行账户移交给它认为合适的其他慈善组织；在慈善受托人书面申请后，慈善委员会可以就什么影响该受托人履行职责或类似的问题给其提供意见或者建议；为安全保存，慈善委员会可以接受任何属于或者关于慈善组织、慈善受托人的文件。

英国慈善法中规定了慈善委员会可以对慈善受托人资格进行剥夺，还规定被免除慈善受托人之任职资格之后，仍然担任该慈善组织之慈善受托人的将构成违法，并将承担以下法律责任：依据即席判决，将被处以六个月以内的监禁，或者法定最高限额内之罚款，或者两者并处之；依据公诉判决，将被处以两年的监禁，或者罚款，或者两者并处之。

三、加拿大慈善事业行政监管

在加拿大，慈善组织的成立与活动受到加拿大《宪法法案》《所得税法》和《加拿大公司法》等法律的规制。在加拿大，慈善组织可分为经营性慈善组织和慈善基金会。经营性慈善组织可以分为三种形式：非公司社团、公司和信托组织。慈善基金会可以分为两种形式：信托组织和公司。加拿大的慈善组织注册管理由加拿大税务总局负责统一管理。它的职责主要是为注册合格的慈善组织服务，为它们提供技术和业务咨询、处理审计等事宜。注册的慈善组织需要填报年度报告，并需符合联邦《所得税法》

有关费用支出和活动的某些规定，证明慈善组织的行为是以慈善为目的才能获得减免税。在加拿大，慈善组织一般都能免缴所得税。同时，注册的慈善组织每年必须支付足够的资金数额用于慈善目的，防止积聚资金，计算支出的时候不把花在政治活动、筹资或者行政管理上的费用计入其中。比如，加拿大的相关税法规定，慈善组织除因赠与或遗赠形式获得的小额资本、为某一捐赠专门指定的赠品、为来自其他注册慈善组织的赠品慈善税收减免单外，它每年必须支出税收减免单上80%的金额。对于公共基金也是同样的要求，除非该基金所得为指定的赠品。同时公共基金每年必须从其资产中完成3.5%的发放平均值，这个数值包括赠与物。私立基金被指定的发放数额与公共基金相同，但是私立基金从其他注册慈善组织获得的资产必须百分百地发放出去，除非所得之物为赠品。

从整体上看，加拿大主要是通过税收或财务手段督促、监督慈善事业的发展，加拿大联邦政府税务总署通过审计、税收减免等方式发挥其监督、管理的作用。为此，联邦政府税务总署专门设立了慈善管理处，以负责慈善组织的注册、管理和审计工作，其监管的重点在于筹款活动、财务问责等。如果在监管中发现违法行为，管理处将对慈善组织处以罚款、责令整改，乃至撤销其慈善组织的资格。同时，为了进一步加强对慈善组织的监管，加拿大慈善组织内部也制定了一整套严格的管理规则，《加拿大公司法》规定由董事会负责管理整个慈善组织的运营，专职工作人员则实施具体的操作。《所得税法》规定，经营性慈善组织至少50%的董事之间不得存在“内部交易”，同时由某一个人或某一相互之间存在“内部交易”的集团所提供的捐赠不能超过该组织总资产的50%。此外，法律还规定，每一个注册的慈善组织必须在其财政年度的6个月内完成“公众信息反馈表”，公开其来自捐赠、酬金、经营等项目的收支情况，接受社会公众的监督。①

四、德国慈善事业行政监管

(一) 政府行政监管

德国政府对慈善组织进行依法监管。德国有关慈善组织的法律法规比

① 邹世允：《中国慈善事业法律制度完善研究》，北京：法律出版社2013年版，第90~94页。

较完善,《德国基本法》《德国民法典》《社团法》从不同层面对慈善组织的成立、性质和行为规范等内容作出了规定,慈善组织必须在法律框架内进行规范、有序的活动。

德国没有专门从事慈善组织管理的行政机关,慈善组织的登记是在区法院进行的。登记注册后由财政部负责向社团出具公益性组织认可证明书,每三年重新审查登记一次。此外,财政部还负责社团开展国家援助项目的审批。凡需要从财政部申请国际援助经费的社团,必须向财政部提交公益性组织认可证明书、章程、注册复印表、财务报告、上年度工作报告、援助项目评估报告等材料。

一般来说,在社团没有被禁止的情况下,政府不得干预慈善组织的内部事务。有关部门只检查由政府资助的慈善组织的财务和项目执行情况,违法的慈善组织由州政府或联邦政府进行管制,司法部门负责处罚。对有贡献的慈善组织,政府予以奖励。

(二)慈善组织自我管理和自我约束

德国在国家行政管理中实行辅助性原则,其具体要求是:公民个人的生活需要自我负责,尽自己所能,努力实现自我发展,同时鼓励社会团体积极组织起来,团结互助共同为促进社会福祉服务;个人自我负责与团体协作优先于国家在给付行政方面所负的责任,各州的工作优先于联邦的工作。①

依照辅助性原则,在对慈善组织的管理中,德国政府比较尊重慈善组织的独立性与自主性,强调慈善组织应依法运行和自我约束,鼓励其完善内部治理结构,依靠组织内部的民主决策和理事会的监管机制来规范慈善组织的活动。政府的主要任务不是约束和防范慈善组织,而是为其提供财政资助,创设有利环境,支持其发展。

根据《德国民法典》,正式登记的社团必须设立两个机构,即理事会和社员大会。理事会对外代表社团,具有社团法人地位,理事会一般由 2 人以上组成,理事会成员的选任由社员大会的决议作出。理事会的任务是按照社团大会的决议来处理社团的事务。理事会会议及会议主题需根据组织章

---

① 刘莘、张迎涛:《辅助性原则与中国行政体制改革》,《行政法学研究》2006 年第 4 期。

程和内部工作制度来确定。社员大会是社团的最高权力机关，它的主要任务是决定社团的内部事务，在社团内部形成组织意见，如果社团的事务不能由理事会或其他机关决定，则由社员大会的决议决定。社团所有重大事项的决定权都在社员大会，包括组织的存废、修改章程、宗旨和变动业务范围。社员大会通过后，才能报地方法院备案。为了防止理事会违背部分社员的意见而独断专行，《德国民法典》规定：达到一定数量的社员可以在紧急情况下或为组织的利益要求召开社员大会，必要时还可以申请地方法院的授权召开社员大会。社团正是通过这两个机构的相互制约进行社团内部的自我管理和自我监督的。

（三）税收监管

为支持慈善组织的发展，德国政府给予慈善组织税收方面的优惠待遇，其内容包括对慈善组织及其活动的税收优惠以及对慈善捐助行为的税收优惠。

民间组织要想成为慈善组织须使其章程符合公益的原则，并得到当地财政部门的认可，认可后的章程要到公证处公证，然后到所在地法院登记注册成为公益性的民间组织，这样才能获得税收方面的优惠待遇。慈善组织每年都要向财政部门呈报财务报表，并接受每 3 年 1 次的财务检查。

一般来说，慈善组织的收入包括会员费、募捐收入、政府补贴、来自私人基金会的补贴以及经营性收入。除经营性收入外，其余各项收入通常都可享受免税待遇。与慈善组织宗旨相关的经营活动的收入也可获得免税，而与宗旨无关的经营活动就需要纳税。

德国不同的州对于慈善组织的纳税有不同的规定。有些州根据慈善组织的收入情况确定是否纳税，而有些州则规定慈善组织开展营利性活动所得收入不应超过其开展公益活动所使用的经费总额。对于慈善捐助行为的免税优惠，德国采取的是税前扣除。进行慈善捐助的个人可获得不超过个人所得的 5% 的免税额，如果捐助用于教育、文化、科研和慈善活动，还可再增加 5%，即不超过个人所得的 10% 可获得税前免税。同时，对于基金会还有一些特殊规定。[①]

① 杨解朴：《德国民间组织：发展状况与社会功能》，载黄晓勇主编《中国民间组织报告（2011—2012）》，北京：社会科学文献出版社 2012 年版，第 259 ~ 260 页。

第二节 亚洲国家慈善事业行政监管

一、日本慈善事业行政监管

从历史来看，以日本民间为主体而展开的公益活动，主要包括来自古代传统的地缘性扶助活动，或以佛教等宗教团体为基础的励志性活动。日本在明治维新之后急速发展，所有的公共领域、公益事业都由国家掌控。1924年到1932年间，两大保守政党相互轮替。在这段时间内，日本民间团体一度活动蓬勃，出现结社革命，许多福利团体乃至于文化学术国际交流等团体开始发展，但这一切随着军国主义的抬头而昙花一现。[①] 20世纪60年代后期，公益活动多以公害防治活动运动、自然保护运动、消费者运动等议题为主，而后渐扩展至福利、教育、环境等相关议题，甚至进一步延伸到保健、文化、国际交流等领域。[②] 20世纪80年代，社会福利、环保、教育等问题引起社会大众的重视，同时由于生活水平的提升，国际化的影响、价值观的改变以及需求的多样性，单靠政府提供公共服务已经无法令社会大众满足，而人民也意识到唯有靠自发性的活动与组织，才能解决上述困境，因而促使民间大量非营利组织的兴起。[③] 20世纪90年代，非营利组织的用语虽已普遍在日本国内流传，但直接导致非营利组织迅速发展的契机是1995年1月17日发生的阪神大地震。此次大地震虽然带给日本严重损失，但也出现政府效率不佳与僵化的问题，因此政府开始重视非营利组织的功用，也开始检讨相关的法制问题。同时由政府执政三党（自民党、社会党、先驱党）组成非营利组织企划小组，对于如何使用小规模草根性非营利组织能够较容易取得法人资格进行制度讨论。之后，各政党虽提出各自的草案，却因无法达成协议，于1996年中止法案的审议。直到翌年，

① 酒井亨：《从非营利组织的发展论现代宪法市民社会理论之界限》，台湾大学硕士学位论文，2005年，第34页。

② 林淑馨：《日本规范非营利组织的法制改革之研究》，《东吴政治学报》2004年第19期。

③ 李慧慈：《非营利组织责信问题之研究——以公益团体自律联盟为例》，佛光大学硕士学位论文，2008年7月，第75~80页。转引自陈宥群：《台湾地区人民团体管理法制经验之研究》，中国政法大学博士学位论文，2011年，第28页。

执政三党和民主党联合提出《公民活动促进法案》，各党才又恢复有关非营利组织法案的讨论、审议。执政三党和民主党同意共同修正《公民活动促进法案》，并于同年 5 月 18 日，在众议院内阁委员会中进行法案的审议。这期间公民团体和各政党在各地交换意见，其意见在某种程度上也被执政三党和民主党纳入共同修正案中。因此，有学者称日本特定非营利活动促进法的制定可视为公民参与立法的精神表现，终于在 1998 年通过《特定非营利活动促进法》，将日本非营利组织的发展推向另一个阶段。① 由于特定非营利活动法的附则中规定，特定非营利活动促进法实施后三年内需针对赋税优惠部分进行检讨、修正，为日后特定非营利活动促进法的修正埋下了伏笔。因此，自 2000 年 11 月起，相关的修法活动已经开始展开，经过长期讨论，终于在 2002 年通过了《特定非营利活动促进法》的修正案。②

（一）法律框架

1. “公益三法”

日本的公益法人制度是 1896 年确立的，修改了之前的《民法典》第三十四条相关内容。以非营利为目的的相关法人可以从事公益活动，非营利活动需要主管部门审批，比如，教育的主管部门是文部科学省，国际交流的主管部门是外务省。过去的法律制度已经不适应现今社会的发展。因此，针对公益社团、公益财团的认定颁布了新的《公益社团法人及公益财团法人认定法》，针对一般法人颁行了《一般社团法人及一般财团法人法》，还有一个叫作《与一般法人法、公益认定法等法律的实施所需配套法律之整备等的法律》，以上合称为“公益三法”。日本“公益三法”在 2008 年正式实施，这是其民法实施 110 年以来的大改革。与旧法律比较，新法律大的修改主要有四个方面：第一，废除了原来的主管部门审批制。以前公益法人都是由主管部门审批，但是新公益法人制度中是由民间专家组成的内阁府公益认定委员会，或者地方政府的审议委员会认定。国家或者地方的由民

---

① 林淑馨：《日本非营利组织现况、制度与政府之互动》，台北：巨流图书公司 2007 年版，第 89 ~ 91 页。转引自陈宥群：《台湾地区人民团体管理法制经验之研究》，中国政法大学博士学位论文，2011 年，第 29 页。

② 陈宥群：《台湾地区人民团体管理法制经验之研究》，中国政法大学博士学位论文，2011 年，第 28 ~ 33 页。

间专家组成的第三方认定委员会实际上是受主管部门的委托进行审查，审查的结果由内阁总理大臣或者都道府县的知事作出认定处理。如此一来，就废除了以往各自为政的制度，只要法人符合相应的要件就可以获得认定。第二，公益性的认定。以往一些既不是公益又不是营利的非营利法人不能获得公益法人资格。社团法人、财团法人设立的要件也不是非常明确。在新法中，既非公益又非营利的法人可以根据一般法人法自由成立。公益法人法中，设立财团法人需300万日元，社团法人社员不少于2人。一般法人只要获得公益认定就成为公益法人，法人的成立和公益的认定这两块是分开的，这一部分是和旧的公益制度不一样的。第三，公益目的事业的定义更加明确。设立了振兴学术科学、振兴文化艺术、帮扶残疾人或者是帮助灾害受害者等23个公益目的的项目。只要符合一个或者多个项目，而且使得大多数不特定民众获得利益就可以获得公益性认定。公益性的认定标准在法律中也有明确规定，比以往的规定更加明确。公益性的认定标准规定在《公益认定法》第五条第1款到第18款，一共是18个条款。第一个标准是以公益事业为主要目的，第二个标准是具备从事公益目的事业所必需的经营管理基础与技术能力，第三个标准是可预计公益目的事业的相关收入不超过合理费用（也就是收支相抵）。这使得公益认定更加公平和透明。第四，与公益法人目的相关的收益事业不课税。这是最大的修改。捐款也可以获得税前扣除的优惠措施。公益法人制度的修改，一方面考虑了民间开展公益活动的需求，另一方面也考虑了现实的情况，也就是说不依靠国家的财力，而要发挥民众的积极性。①

2. 《特定非营利活动促进法》

《特定非营利活动促进法》制定的契机是1995年的阪神大地震，当时有很多志愿者和NPO（Non-Profit Organization，非营利组织或非牟利机构）参与了志愿活动，但是他们没有法人资格，也不能获得捐款扣除的优惠措施，当时出现了很大的问题。因此，1998年日本就出台了《特定非营利活动促进法》。该法有一些特别的优惠措施，有一个公众支持的判定标准。由管理NPO法人的政府部门进行认定，确认法人的特定非营利活动事业费占

---

① 王振耀主编：《日本公益法律制度概览》，北京：法律出版社2016年版，第20～21页。

到80%以上，共同利益活动比例不到50%，同时满足公众支持度测试要件，这个时候就可以被认定为NPO法人。认定的NPO法人在很多方面和公益法人几乎相同，享受的税收优惠也比较类似，其活动范围也和公益法人相交叉。

（二）公益法人认定与监督

1. 公益法人的认定

关于公益认定制度和认定标准，过去主管部门的许可制度被废除，现在由7名成员组成内阁府公益认定委员会进行。7名成员包括法律专业人士、注册会计师、教授等，其中3名是专职。另外，各个都、道、府、县也有类似的公益认定机构，一般是5人组成审议会，最少也有3人，由他们来负责认定，认定之后由都、道、府、县的知事发布结果。公益目的事业一共23个项目，只要满足其中一个或者多个项目，而且针对的是不特定多数人的利益的增进，就可以被认定为公益组织。

公益认定标准一共有18项，可分为四类：第一类是与法人的目的、事业性质和内容相关的，第二类是与法人的财务相关的，第三类是与法人的机构相关的，第四类是与法人的财产相关的。

第一，与法人的目的、事业性质和内容相关的标准。公益法人应满足的第一项标准：公益法人要以公益事业为主要目的。一般法人可以从事各种事业，但是如果要获得公益认定，就需要符合另表中规定的各种公益事业的要求。第二项标准：必须具备从事公益目的事业所需的会计基础和技术能力。公益法人为了实现自己设立的目标，必须要有稳定而持续的基础，为此就必须要有会计、经营管理基础和技术能力。另外，法人今后的发展，法人对职员的报酬等要明确。还有财会管理方面的要求。技术能力，就是为了开展公益目的事业应具有的相应技术能力。比如，进行检测或者检查的公益事业，是否有技术人员或者具有相应的设备，不能把所有的工作都外包给其他的团体。第三项标准是关于特殊利益的规定。不能给社员、理事或者法人的相关人员提供特殊利益、给予特殊优惠等。公益法人得到公益认定后获得社会信用，从而获得一些捐款，所以公益法人不能从事损害社会的事业或者是有可能违反公序良俗的事业。另外，从事公益目的事业之外的事业不能妨碍公益目的的本身的事业。

第二，与法人财务相关的标准。财务三标准的第一项，是收支相抵，可预计公益目的事业的相关收入不超过合理费用（即收入不能超过支出，收支要相平，或者至少不能出现亏损）。第九条规定的闲置资产，是指完全不用或者没有使用目标的财产。闲置资产额不超过一年的公益目的事业费，这和公司的内部保留金是一个意思。

第三，与法人机构相关的标准。在法人的理事人数方面，同一家族和同一团体的相关人员不超过理事人数的1/3，监事也是同样的标准。另外，法人规模达到一定标准时应设置会计监察人。理事、监事或者管理层不能领取不当的高额报酬，规定此条的原因在于，高额报酬可能涉嫌利益的不当分配。

第四，与法人财产相关的标准。在法人财产方面，公益法人不得持有过半数的可以参与其他团体意志决定的财产。法人可以持有参与其他团体决策的财产，比如股票，但不能持有表决权超过半数的股份。持有无表决权的股份是允许的，不参与表决的股票不受限制。存在对公益目的事业不可或缺的特定财产时，由章程规定对该财产的处分、限制等必要事项。章程规定，撤销公益认定时，要将依公益目的取得的财产赠与从事类似事业的公益法人，即近似原则。章程规定，在清算时，剩余财产归属于从事类似事业的公益法人等。为一定公益目的存续的财产，之后还要继续使用于近似的公益事业。为了防止公益法人被暴力组织利用，理事、监事不能是暴力组织的成员。另外，当法人的理事、监事、评议员违反税法或者相应法律时，相关处罚执行完毕后未逾五年的，也不满足相应资格。这不是由公益认定委员会认定，而是由行政部门认定。对于管理人员，公益认定委员会在公益认定时会向公安部门发出照会，确定相应理事的候选人是否符合这个资格。此外，内阁府也制定了细则来判定是否属于公益目的事业、是否可以增进不特定多数人的利益。2008年4月，内阁府公益认定委员会制定了细则，对18项标准进行了划分，各自有相应的分数。一般法人在申请时要填写相应内容。地方政府的认定委员会也应该按照内阁府制定的细则来认定。①

① 王振耀主编：《日本公益法律制度概览》，北京：法律出版社2016年版，第23～26页。

2. 公益认定程序

关于新法实施后拟成为公益法人的增量组织，其公益认定程序大致可概括如下[①]：

（1）设立法人。发起人根据准则主义进行一般法人登记。准则主义，是指发起人将事先制定好的组织章程进行公证，之后提交至法务局进行法人登记后即可获得法人资格，从而一举废除旧公益法人制度中有关法人设立的主管部门许可制。

（2）提交申请。全国性一般法人向首相（内阁总理大臣）提交认定申请，地方性一般法人则向其事务所（办公室）所在地的都道府县知事提交认定申请。换言之，一般法人的公益认定机关为首相或知事。根据《公益认定法》第三条的规定，全国性一般法人包括在 2 个以上的都、道、府、县区域内设有事务所的法人，章程规定在 2 个以上的都、道、府、县区域内开展公益目的事业的法人，以及开展政令规定的与国家事业紧密相关的公益目的事业的法人。另外，提交认定申请的方式包括电子申请、窗口申请以及邮寄申请。目前最常用的申请方式为电子申请。

（3）形式审查。内阁府公益认定等委员会事务局负责受理全国性一般法人的认定申请，各都、道、府、县的总务部总务科或文书科等负责受理地方性一般法人的认定申请。这些受理部门的工作人员收到公益认定申请后，需要花费 1 个月左右的时间对申请材料进行形式要件审查，包括"申请法人是否存在公益认定法第六条规定的欠格事由""章程是否违反法律法规""申请材料是否符合公益认定标准"以及"申请材料在内容上是否存在错误或缺失"等事项。根据审查结果，受理部门可要求申请法人对申请材料进行修订或追加。如果申请法人不愿根据要求修订或追加材料，那么受理部门可以主动撤销其认定申请。

当然，受理部门有权根据《行政手续法》拒绝受理不符合法定要件且拒绝修订或追加材料的认定申请。不过，关于申请法人是否具有公益性等关键问题，受理部门并无权作出判定，须交由第三方合议制机构进行审查

① 俞祖成：《日本公益法人认定制度及启示》，《清华大学学报（哲学社会科学版）》2017 年第 6 期。

和判定。

（4）实质审查。与英国相类似，为了确保公益认定的公平性和透明性，日本政府将公益认定的实质审查权限委托给第三方合议制机构，即内阁府公益认定等委员会或都、道、府、县的合议制机构。根据法律规定，第三方合议制机构负责公益认定的实质审查，同时负责审议针对公益法人的劝告、命令以及取消公益认定资格等事项，并将结果提交至首相或知事。另外，根据法律授权，第三方合议制机构有权直接向公益法人征收报告或实施现场检查。此外，内阁府公益认定等委员会还有权就相关法律法规的修订提出建议。简而言之，第三方合议制机构发挥着类似行政部门的功能，从而掌控了有关公益认定和公益法人监管等的实质性权限。

（5）下达通知。包括形式审查时间在内，第三方合议制机构最终作出认定审查结果需要花费 4 个月左右的时间。如果第三方合议制机构作出“认定”结果，行政部门必须迅速以首相或知事的名义向申请法人递送“公益认定书”。接到这份认定书后，申请法人须按照法律要求向法务局提交法人名称变更申请，并向税务和金融机构递交税务材料。当然，申请法人有可能无法获得公益认定。在这种情况下，行政部门须将不认定的理由进行公示，并允许申请法人再次（不限次数）提交公益认定申请。如果申请法人对“不认定”的行政处分有异议，则有权根据相关法规提出不服行政处分申诉或行政诉讼。

根据日本内阁府的统计，从新法实施日至 2014 年 11 月末，公益认定机关（受理部门）共收到认定申请 10147 件。其中，由于申请材料不符合法定要件，申请法人主动撤销认定申请的件数为 670 件（之后再次提交的申请件数为 130 件），而被受理部门拒绝受理的件数仅有 2 件，最终得以受理并进入实质审查的申请件数为 9345 件。值得关注的是，获得公益认定的件数占受理总数的 99. 84%（9330 件），即不被认定的申请仅有 15 件，从而强有力地印证了日本内阁府公益认定等委员会提出的“以申请法人为视点、充满人文关怀的审查之理念”。

3. 公益法人的监督

政府部门要对公益法人进行合理监督，比如收取报告或者实地检查。法律将报告征收和实地检查的权力赋予了内阁府公益认定委员会和地方公益认定委员会。实地检查时，委员会的人会出示自己的身份证明，了解活动开展的实际情况，听取报告质询当事人。其中的报告征收，就是考察法人的治理、法人所开展的事业内容以及补助是否有不合法的财会管理。在一定的期限内要求法人提供相应的报告。公益认定委员会以会长的名义发出报告征收的命令。内阁府每三年进行一次检查。法律没有要求必须公开实地检查和报告征收的件数。内阁府认定的公益法人数量有2000多家，三年进行一次实地检查，平均每年必须要检查800个法人。

《公益认定法》规定，政府可以撤销公益认定。公益认定委员会设定必要期限，首先发出劝告，要求该法人改正。责令改正的信息是公开的。行政厅的劝告有两种模式：一是认定委员会向政府部门提出某个公益法人有问题，建议内阁府总理大臣向公益法人发出劝告的命令；二是行政部门咨询了认定委员会或者相应的专家委员会以后作出决定。仅仅征收报告还不够，发现存在可撤销事宜时要发出劝告命令。劝告还不行的话，再发出责令改正的命令，如果还不行的话，再撤销认定。从劝告开始，所有的信息都是公开的。

（三）对特定非营利活动法人的监管

《特定非营利活动促进法》尽量降低法人认证的门槛，并通过彻底的信息公开制度强化社会力量的监督，但这并不意味着NPO法忽视或弱化了来自主管部门的行政监督。事实上，《特定非营利活动促进法》在坚持社会监督优先的同时，亦构建起较为完善的行政监督体制。

1. 优化行政监督权限

在新法实施之前，如果NPO法人的事务所仅在单个都、道、府、县区域内，那么其主管部门为该都、道、府、县知事。如果NPO法人在两个以上都、道、府、县区域内设有事务所，则它的主管部门为内阁总理大臣。然而，2011年的新法对此进行了重新规定。根据新法第九条，从2012年4月起，在两个以上都、道、府、县区域内设有办事处的NPO法人，其主管部门为其事务所本部所在的都、道、府、县知事。如果其事务所仅在某个政令指定的都市区域内，其主管部门为该指定都市市长。由此，NPO法人的所有事务均转移到地方自治体，从而实现包括事前咨询、认证、认定以及监督等在内的所有涉及NPO法人的行政事务的一元化管理。

2. 基于书面材料的年度检查

根据新法第二十九条，NPO 法人必须根据都、道、府、县或指定都市的相关条例规定，每年一次向其主管部门提交该年度的事业报告书、决算书类、财产目录、管理干部名单以及记载有十名以上会员的姓名和住所的书面材料。

3. 征收报告或现场检查

根据新法第四十一条的规定，如果主管部门有相当的理由认为 NPO 法人存在违反法律、根据法律作出的行政处分以及组织章程的嫌疑，有权要求该 NPO 法人就其业务状况或财产状况进行报告，或者直接派遣执法人员前往该 NPO 法人的事务所及其他设施进行现场检查，包括对其业务状况、财产状况、账簿以及其他文件资料的检查。不过，主管部门在实施上述行政监督行为之前，必须事先向该 NPO 法人的管理干部（或者成为检查对象的事务所及其他设施的负责人）出示执法理由说明书。如果该 NPO 法人的管理干部等要求保存执法理由说明书，执法人员就必须向其交付。此外，执法人员在执行上述行政监督行为的过程中，必须随时携带身份证明书并及时向有关人员出示。

4. 责令整改

根据新法第四十二条，当 NPO 法人出现以下问题时，主管部门有权命令该 NPO 法人在规定的期限内采取必要的改善措施。这些问题包括：该 NPO 法人已无法满足新法第十二条第一项第 2 号、第 3 号或第 4 号所规定的要件，该 NPO 法人已违反其他法律法规、根据法律作出的行政处分或者组织章程，该 NPO 法人的组织运营存在明显问题。

5. 撤销法人认证资格

根据新法第四十三条第一项的规定，如果 NPO 法人拒绝执行主管部门下达的整改命令并且主管部门判断无法根据其他法定手段实现其监督目的，又或该法人长达三年以上未提交事业报告书等法定年检材料，主管部门有权撤销该法人的认证资格。此外，如果 NPO 法人已违反相关法律法规，或者主管部门认定无法通过责令整改等其他行政监督手段实现其监督目的之时，主管部门可以不经过责令整改之监督手段，直接撤销该法人的认证资格。不过，由于法人认证资格撤销意味着“消灭其法人资格，解散该市民团体”，因此主管机关必须经过充分的调查和核实并履行听证程序才能作出该行政决定。此外，如果当事 NPO 法人要求召开听证会进行审理的话，主管部门则必须举行公开听证会。如果确实不宜公开，则主管部门必须向该 NPO 法人交付记载有不宜公开举行听证会之理由的书面文件。

6. 跨部门合作

根据新法第四十三条第二项和第三项的规定，如果主管部门怀疑 NPO 法人已成为暴力团体（或暴力团体成员），又或怀疑 NPO 法人的管理干部为暴力团体成员的话，可以附上理由向警视总监或都、道、府、县警察本部长听取相关意见。同样，如果警察总监或都、道、府、县警察本部长有足够的理由怀疑 NPO 法人已成为暴力团体（或暴力团体成员），又或怀疑 NPO 法人的管理干部为暴力团体成员，并认为其主管机关有必要对该 NPO 法人采取适当措施之时，有权向该 NPO 法人的主管机关陈述。[①]

二、新加坡慈善事业行政监管

（一）新加坡慈善事业监管法律[②]

在新加坡，监管慈善团体的现有法律主要是《慈善法令》（第 37 章）。新加坡的慈善法制定于 1983 年，并先后多次进行修订。2006 年，新加坡监管慈善团体与公益机构跨部委员会（以下简称“跨部委员会”）对新加坡的慈善团体监管架构进行了一次重大的检讨。新加坡政府在同年完全接纳了跨部委员会所提出的建议。为了实施跨部委员会的建议，该法令经由《2007 年慈善团体（修订）法令》作出大幅修订。最近的一次修订是在 2011 年。新加坡的《慈善法令》就慈善组织的注册、行政管理及其事务作出规定，亦就慈善组织与公益机构的监管、对慈善组织或其他机构进行的筹款活动的监管，以及如何提出筹款呼吁等事宜作出了规定。除了慈善法，新加坡也制定了数目众多的辅助法律，如《慈善组织法》《所得税法》《社团法》等，来完善和细化慈善活动及机构的组织行为。现将《慈善组织法》

① 俞祖成：《日本 NPO 法人的监督体制及其启示》，《中国社会组织》2013 年第 11 期。

② 该部分内容参见香港法律改革委员会慈善组织小组委员会：《慈善组织咨询文件》（http：//www. hkreform. gov. hk），第 36 ~ 38 页。

中的监管框架列举如下：（1）第I部第二条界定多个词语，其中包括“慈善组织”及“慈善宗旨”；（2）第II部就慈善总监的委任作出规定，并列出其工作目标和一般职能；（3）第IIA部成立慈善理事会，在慈善界中推广良好管治及自律；（4）第III部就慈善组织的注册及对慈善组织进行的研讯作出规定；（5）第IV部订立多项规定，其中包括规定慈善组织须备存会计纪录、制备周年账目报表及周年报告，并就公众查阅周年报告等事项作出规定；（6）第VI部就宜财产的运用、近似原则以及由法院及总监扶助和监管慈善组织等作出规定，措施包括受托人的暂时停任、免任及取消资格等；（7）第VII部管控慈善组织的筹款活动；（8）第VIII部禁止未取得许可证而呼吁公众人士捐款；（9）第VIIIA部就界别管理人的委任作出规定，界别管理人在他们各自所负责的界别中协助总监监督慈善组织与公益机构，至于他们负责哪一个界别则由有关部长在宪报中指定。

（二）监管机关和监管原则

新加坡《慈善组织法》规定，自2006年9月起，“慈善组织”和“公益组织”的监管活动由慈善总监执行。六个组别行政官分别协调相应的政府部门，即社会服务、健康护理、教育、艺术与传统、社区与体育，以此协助慈善总监的工作。公益慈善组织该向哪些政府部门报告，取决于其开展活动的类别；多重目的类则由慈善总监办公室根据具体情况进行评估。慈善理事会从外围支持慈善总监办公室的工作，主要是：推广治理标准和实践经验，赋能慈善组织以守法和尽责，为慈善总监提供咨询。政府监管公益慈善组织的基本原则是：保证公众捐出的善款不被滥用、挪用，不辜负公众信任，同时也为了保持这些组织的公信力。自2006年至2010年，新加坡当局委托专人进行了247项针对公益慈善组织的监管审查，慈善总监不断到各个机构做实地考察，宣扬良好的监管范例，了解这些机构的运行及所面临的问题。与此前相比，新的监管模式结构更为清晰，慈善总监被赋予的权力更大，监管的工具更多样，如《监管准则》、实地考察、募款许可等。

考虑到公益慈善组织的多样性，新加坡实行分级指导的原则，按照“慈善组织”和“公益机构”的年收入规模，将其划分为基本级（进一步细分为Ⅰ级和Ⅱ级）、强化级和高级三个级别，在理事会治理、利益冲突、战略规划、项目管理、人力资源管理、财务管理和监控、筹款活动管理、披露和透明度、公众形象等九个方面分别实行不同的监管标准。其中，对于最高级别的要求不亚于对上市公司的要求。这样做，一方面可以避免“表面化”的问题，即监管流于形式，不深入、不到位；另一方面可以避免“一刀切”的问题，即不考虑公益慈善组织的实际情况，简单化地采用统一标准，从而加重小型公益慈善组织的负担，扼制其创新性。①

(三) 监管手段和内容

1. 登记管理

在新加坡，所有的社会组织都必须以一种或几种形式登记，登记的程序根据某一组织的特定形式而定，通常选择的登记形式为社团或公司。如果非营利组织既是社团又是慈善组织，则必须根据《社团法》和《慈善组织法》分别登记。不论性质或目的如何，任何俱乐部、从事非营利事业的公司、合伙、10 人或 10 人以上的社会组织都属于社团，特别是可以包括已经登记的公司，或以合法经营谋利为唯一目标的任何公司、联合会或合伙②。新加坡独立之后，仍沿用英美法系的法律，因此新加坡的《慈善组织法》中并没有对慈善组织进行明确的定位，将任何一个无论其是否为法人，只要基于慈善目的而建立，并因从事慈善事业隶属于新加坡高等法院管辖范围的组织，都称为慈善组织。其中，对慈善目的的描述模糊而笼统。根据 1891 年收入税特别目的委员会诉帕姆瑟尔一案麦克诺顿勋爵的判定，“慈善目的”才被明确划为四大类：扶贫、促进教育、推动宗教事业和其他有益社区的活动。为保障社会管理有序进行，慈善组织被赋予了明确的法律地位。所有慈善组织（除已被豁免登记的组织之外）都必须向新加坡专门负责慈善事务的官员提出登记申请，否则视为非法。由此可见，在新加坡成立慈善组织，必须依据相关的法律，向有关部门办理登记注册手续，

---

① 陆波：《论新加坡公益慈善组织监管机制：以 NKF 事件为例》，《河南师范大学学报（哲学社会科学版）》2014 年第 2 期。

② ［美］托马斯·西尔克：《亚洲公益事业及其法规》，北京：科学出版社 2000 年版，第 270 页。

这是组建慈善组织必经的法律程序，也是慈善组织开展工作的有力保障。[①]

2. 日常管理

新加坡《慈善组织法》规定，专门负责慈善事务的官员对慈善组织拥有全面调查权，有权要求任何慈善组织管理人员提供财务账目和各种报表；以书面形式回答其提出的任何问题或质询；提供所掌握或管理的文件，并以公布形式证明文件的真实性；亲自提供或呈交文件。（1）慈善组织必须按要求提供和公开有关信息。专门负责慈善事务的官员有权要求任何人提供其掌握的有关慈善组织的信息，提供其管理的有关慈善组织的文件或文件摘录。如果拒绝，则视为违法。其中，财务记录应当包括所有收入、支出额度以及每天的资金收入和支出事由，并且财务记录必须保留7年。（2）慈善组织必须按时提交年度报告。除有权享受免税待遇的慈善组织或以公司名义登记的慈善组织，其他慈善组织的受托人必须在每一财政年度结束前的6个月内准备一份年度报告，总结组织一年中开展的活动。年度报告后面还必须附年度财务报告和审计报告。其中，任一财政年度收入都不超过5万新加坡元的慈善组织还必须准备一份资产负债报告。慈善组织还必须将财务报告和相关账目保留7年。年度审计报告需要由审计公司或独立审计员作出。所有的年度报告都由负责慈善事务的官员保留并接受公开检查。如果慈善组织的管理人员拒绝执行专门负责慈善事务的官员的命令，则构成违法行为，将受到罚款、监禁等处罚，而故意篡改、藏匿、扣押或销毁必须上交的文件的也将受到罚款、监禁等处罚。

3. 税务监管

新加坡的慈善组织没有资格申请全部免税待遇，但可以每年申请免除所得税。其所得税申报不由所得税审计官而由新加坡国内税务局的慈善事业组负责评估。这一小组帮助专门负责慈善事务的官员对慈善组织进行登记，防止其滥用权力，依据慈善组织法赋予专门负责慈善事务的官员以发布命令的权力，以及评估确定慈善组织的所得税申报。慈善组织在特定年份享受所得税免税待遇必须基于以下条件：从事任何贸易或商业活动的慈

① 刘智琳：《新加坡慈善组织管理对中国慈善组织管理的启发》，《经济视角（上）》2012年第6期。

善组织，从中获得的收入必须全部用于慈善目的时才可享受免税待遇；除非特批，否则慈善组织只能在任一财政年度都将不低于80%的收入（捐款或捐物）用于新加坡国内的慈善事业；如果慈善组织不能将80%或更高的收入用于新加坡国内的慈善事业，则未被用于慈善事业的那部分收入应依法纳税。①

4. 行使执法权

新加坡对社会组织采取严格的监管措施，监管部门被法律授予了非常大的执法权力，相关官员甚至还拥有一定的司法权力。

（1）现场调查相关权力。登记官、助理登记官或者治安官有权在任何时候进入任何其有理由相信被用作已登记社团或其成员开会和办公的场所，并采取相应的强制措施。首先，按照新加坡《社团法》的规定，登记官、助理登记官或者治安官在特定案件中享有进入权和搜查权。如果登记官、助理登记官或者治安官，有理由相信某一社团被用于违背新加坡的社会安宁、福利和良好秩序的目的，或者违反该社团在社团登记处、登记官或者助理登记官备案的章程和宗旨的，不管该社团是否合作（必要时可以采取强制措施），都有权亲自进入或者书面授权警察进入其有理由相信被用作该社团办公或者开会的场所，有权搜查或者书面授权警察搜查该场所和在场人员或者从那里逃脱的人员，以提取证明该社团被用作上述目的的证据。必要时，可以为此获得协助或者采取强制措施。其次，治安官等有执法权的人有权进入召开非法会议、保存记录、账目的场所，并有权拘捕人员或者扣押财产。新加坡《社团法》规定，只要有合理根据认为某场所正在举行非法社团或其成员会议，或者隐藏保存或放置非法社团的名册、账目、书面文件、横幅或者标识的，无论对方（指社团）是否合作（必要时可采取强制措施），任何治安官、治安法官或者警衔不低于副督察的警察，有权直接或者持有授权书或书面命令的情况下，或者授权其他警察进入任何住宅、建筑物或者其他场所；有权拘捕或拟拘捕在场的任何人员；有权搜查该住宅、建筑物或者场所；有权扣押或拟扣押所有的名册、账目、书面文件、标语、文档、旗帜、标识、武器或其有合理原因相信属于非法社团所

① 徐麟主编：《中国慈善事业发展研究》，北京：中国社会出版社2005年版，第338～339页。

有或与其有联系的其他物品。而任何非法社团的记录、账户、书面文件、旗帜、标识或其他财产，都应当被没收并交给登记官或者助理登记官。

（2）传唤与指控权。首先，在对相关社团的调查中，登记官和助理登记官有权传唤证人。登记官或者助理登记官有权传唤任何人，只要其有理由相信被传唤的人能够就非法社团或者被怀疑的非法社团的存在和运作，或者已登记社团的运作提供信息。而被传唤的人应当在传唤书指定的时间和地点，提供所掌握、占有和有权获得的所有与该社团或者被怀疑存在的社团相关的文件材料，并且应当如实回答登记官或者助理登记官可能询问的问题。登记官或者助理登记官经过适当询问，确信被传唤的人是非法社团的成员，或者拒绝提供信息，或者就非法社团或者被怀疑的非法社团的存在或运作提供虚假信息，认为要求确认该人的身份是适当的，有权在当时当地以其认为合适的方式提取该人的肖像和指印。如果被传唤人拒绝服从上述命令，登记官或者助理登记官可以对其采取拘捕和囚禁措施，直到将其带到地区法院或者治安法庭进行依法处理。而且，如果被传唤人没有服从命令，就被认定为有罪，处1000元以下罚金。其次，指控权。按照新加坡《社团法》的规定，登记官或者助理登记官可以在地区法院或者治安法庭对相关社团提起诉讼，也可以由有权机关获得登记官或者助理登记官的书面授权来代理进行。

5. 对国际慈善组织和海外慈善信托组织的监管

为把新加坡发展成为公益慈善组织和慈善事业的枢纽，慈善总监、财政部、金融管理局和经济发展局合作开发了一套有力的监管机制以推进慈善事业的发展。对于国际慈善组织和海外慈善信托组织，新加坡政府采取“轻触（Light Touch）”的低干涉方式进行监管，使他们更容易通过注册，并鼓励自我调节，防止因过多干涉而挫伤志愿服务和慈善事业的积极性。新加坡政府于2007年专门设立了国际组织项目办公室（IOPO）。国际组织项目办公室隶属经济发展局，推动和协助国际非营利组织的进驻，并为其提供后续服务。近年来，世界五大环保组织、国际防痨和肺病联合会（IUATLD）、慈善援助基金会（CAF）等均在新加坡设立了地区总部，世界最大的可持续发展项目——“地球一小时”的全球总部于2012年从悉尼迁来新加坡。

6. 慈善机构与商业活动分离

2011年7月，新加坡慈善理事会发布《慈善机构从事商业活动的指导》，作出原则性指导，以保障慈善事业的健康发展。其主要内容为：慈善机构的主要宗旨是慈善事业，若非必要，不鼓励从事商业活动，即使从事，最好也是提供托儿所、医疗服务等关乎公共福祉的活动；如果从事其他经营活动，则需成立一个子公司进行运营，避免慈善机构直接参与商业活动，导致滥用公众信任牟利的现象发生；慈善机构从事商业活动不得使风险敞口过大，要确保商业活动不会导致慈善组织蒙受巨大损失风险。对于慈善组织开展的商业活动，政府的职责是制定良好的监管框架，最重要的是使商业活动与作为其母体的慈善机构分离运行，并且对于商业活动要格外慎重。

7. 违法行为的处罚

新加坡对社会组织违法行为的处罚包括对已登记组织违法行为的处罚，也包括对非法人社团的认定和处罚。

（1）对已登记社团中管理人员滥用资金的违法行为进行处罚。根据《社团法》的规定，由已登记社团的成员或者登记官控诉，地区法院或者治安法庭认为该社团的某一高级职员或者成员，未按该社团章程占有或者控制该社团的财产，或者非法侵占该社团的财产，或者故意把财产用于不同于该社团章程所表述或者指定的目的的，法院从正义目的处罚，应当命令该社团的高级职员或者其成员将社团的财产转交给社团的受托人或者法院指定的其他人，并且偿还那些被非法侵占或者不当使用的财产。而由此受到约束的任何人，如果没有在命令规定的时间内遵守相应的条款和指示，就会被认定为有罪，处5000新加坡元以下罚金。

（2）对采三合会仪式的社团一律认定为非法社团。《社团法》规定，任何社团，无论其是否进行过登记，使用三合会仪式的一概被认定为非法社团。而只要被发现占有、管理或控制任何三合会社团及其分支机构的，或者与三合会社团相关的记录、账户、书面文件、印鉴、旗帜或者标识的个人，无论该三合会社团是否在新加坡内成立，都会被认定为有罪，处5000新加坡元以下的罚金或者3年以下的监禁，或者两罚并处。①

① 褚松燕：《中外非政府组织管理体制比较》，北京：国家行政学院出版社2008年版，第201～202页。

第三节　中国香港和台湾地区慈善事业行政监管

一、香港地区慈善事业行政监管

香港地区实行“小政府、大社会”的社会管理模式，特区政府奉行积极的不干预方针。特区政府管制宽松，使香港社会各个领域都有大量的民间组织存在，只要不违背法律，特区政府一般不对民间组织的活动有过多干涉。在香港没有专门的慈善方面的法律法规，但有许多涉及慈善内容的法律法规，如《税务条例》《印花条例》、香港法例《保良局条例》（第1040章）、《香港明爱法团条例》（1092章）、《东华三院条例》（第1051章）等法律文件。由于香港的法律法规中明确规定了具体的内容，对组织构架、机构、性质、运作规范、善款用途等做了详细规定，所以确保了慈善事业在香港的健康、规范发展。香港慈善组织通常有：根据《公司条例》（第32章）成立的慈善法团，依据《社团条例》（第151章）成立的慈善社团，信托团体及由法规成立的法定团体。而政府的监管程度要视慈善组织为哪一类别而定。申诉专员公署的报告指出：在香港，政府对慈善组织的监管程度并不一致，视慈善组织属哪一类别而定。由法规成立并受其本身法例监管的慈善组织所受到的监管，既清晰又全面。这些法定机构必须对如何运用其所有收益作出交代，就所有交易备存妥善的经审计账目，而该等账目须于任何合理时间可供机构的董事及行政长官为此而委任的人士查阅。接受政府资助的慈善组织须受政府监管，由负责管辖它们的政策局或部门监管它们如何运用政府的资助。而其他各类慈善组织通常可以在各自的决策组织下，按照本身的规则和规例独立运作。① 下面对香港慈善行政监管体系进行系统介绍。

（一）税务局的监管

香港地区的税务局只负责慈善组织的免税事宜，并不负责慈善组织注册，也不负责监督慈善组织的慈善行为。《税务条例》（第112章）第88条

① 申诉专员公署：《有关监管慈善筹款的活动的安排调查报告》，2003年2月。

规定对慈善团体的豁免缴税："即使本条例有相反规定，任何属公共性质的慈善机构或慈善信托，均获豁免并当作一直获豁免缴税：但凡任何行业或业务是由该等机构或信托经营，而得自该行业或业务的利润是纯粹作慈善用途及其中大部分并非在香港以外地方使用，并符合以下规定，在此情况下，该等利润方获豁免并当作获豁免缴税——（a）该行业或业务是在实际贯彻该机构或信托明文规定的宗旨时经营的；（b）与该行业或业务有关的工作主要是由某些人进行，而该机构或信托正是为该等人的利益而设立的。"获得免税资格的慈善组织不仅可以享受自身免税，捐赠人也享受税前扣除的待遇。税务局会在其网站维护一个免税组织的名单。税务局公开的免税组织名单并不是完整的，慈善组织可以自主选择是否被公开在税务局的免税清单里。

税务局虽然不监督慈善组织的慈善行为，并且香港也没有法例规定慈善组织必须提交年报或账目，但是为了确保慈善组织性质及其活动仍符合其宗旨，对于上述获得免税资格的慈善组织，税务局会定期复查个别组织的免税地位而要求该组织提交账目、年报或其他文件。形式属法团公司的慈善组织，通常每四年须向税务局提交经过审计的账目一次，这是税务局定期复查慈善组织的程序之一。形式属社团或非属法团组织的慈善组织则只需提交账目的自我核证副本。①

（二）社会福利署的监管

1. 颁发公开筹款许可证

根据《简易程序治罪条例》（第228章）第4（17）（i）条，任何人士为慈善用途在公众地方组织、参与或提供设备以进行任何筹款活动，或售卖徽章、纪念品或类似物件的活动，或为获取捐款而交换徽章、纪念品或类似物品的活动，均须向社会福利署署长申请许可证。申请机构必须符合社会福利署制定的下列准则，才可获发准许在公众地方进行慈善筹款活动的公开筹款许可证：（1）拟举办的筹款活动是为慈善用途而在公众地方进行的收取捐款的活动，或售卖或交换徽章、纪念品或类似物件而获取捐款

① 《香港法律改革委员会慈善组织小组委员会慈善组织咨询文件》，香港法律改革委员会网站（https：//www. hkreform. gov. hk/chs/publications/charities. htm）。

的活动。(2) 申请机构须在香港特别行政区根据《公司条例》(第622章)、《社团条例》(第151章)等条例作有效注册，或为根据《税务条例》(第112章)第88条获豁免缴税的属公共性质的慈善机构或慈善信托。个别人士的申请将不获考虑。(3) 申请机构及/或受益机构(如适用)须由根据《税务条例》(第112章)第88条获豁免缴税起至是次申请日期计，最少具备过往三年的慈善活动记录。(4) 社会福利署署长必须满意申请机构及/或受益机构(如适用)是合适团体举办拟议的筹款活动的，包括考虑机构的诚信、管理能力、举办慈善活动往绩等。(5) 申请机构已获所拟举办慈善筹款活动的场地管理机构发出的批准通知书。(6) 申请机构如在过去只曾获发一个公开筹款许可证，须先按本须知C部分的条件(19)向社会福利署署长提交获批准筹款活动的审计报告，否则机构其后的申请将不获处理。(7) 申请机构如在过去曾经违反任何公开筹款许可证(卖旗日或其他筹款活动)所列的条件，其日后申请许可证的审批或将受影响(例如申请将不获接纳或只能作分阶段处理等)。(8) 申请机构须同意让社会福利署职员探访申请机构和其有关联的中心及举办的活动。[①]

上述许可证现称公开筹款许可证，主要为两类在公众地方举行的慈善筹款活动而签发，包括卖旗日及一般慈善筹款活动。[②] 卖旗时间为卖旗日的上午7:00至下午12:30。机构不可于批准日期或时间以外卖旗。社会福利署按奖券基金咨询委员会的建议进行每年一次的卖旗日分配，有关下一个财政年度卖旗日的申请通告一般会于每年的四月或五月刊登于报章及于社署网页内公布，并在一个月后截止申请。申请机构必须符合以下准则：(1) 申请机构必须是非营利机构并根据《税务条例》(第112章)第88条获豁免缴税的慈善机构或信托团体。(2) 申请机构须在根据《税务条例》(第112章)第88条获豁免缴税后起计至卖旗日截止申请日期，于过去三年均有举办慈善活动，并须提交有关慈善活动的记录于社会福利署作考虑其申请之用。申请机构需就此提供相关的经审计的年度财务报告表以支持机构

① 香港特别行政区政府社会福利署网站，(https://www.swd.gov.hk/doc_sc/Control_of_Char/PSP%20criteria%2020170609.pdf)。

② 香港特别行政区政府社会福利署网站，(https://www.swd.gov.hk/sc/index/site_pubsvc/page_controlofc/sub_publicsubs/)。

过去三年的慈善活动记录。申请机构如在过去三个分配卖旗日的年度曾被评审为符合资格，将不受此规定影响。（3）任何与商业机构有联系的慈善团体，其申请将被评定为不合资格。（4）密切相关的机构不可在同一次卖旗日分配活动中各自提出申请，以确保所有申请机构均有公平的机会。密切相关机构将包括但不限于子母机构、同一团体下属机构或显示有下列密切关系的情况的机构：如机构的董事会成员相同，共享行政人员、共享办事处或非一般常规的相互资源/金钱转移等的程度相同。不过，获得社会福利署资助拨款的个别机构的申请，一般会被评定为符合此规定。申请机构须声明在这次卖旗日分配活动中，并没有其他密切相关的机构提出申请。机构如违反这项规定，不单这次申请会被拒绝，日后的申请也可能会受到影响。（5）社会福利署须满意申请机构的信誉、管理能力及过往所提供服务的质素。（6）申请机构须同意让社会福利署职员探访申请机构及其有关联的中心及举办的活动。（7）申请机构或其成员机构所提供的服务的性质、价值和标准，以及筹得款项所用以资助的慈善服务必须是合乎成本效益，并以受惠人数及对社区改善程度作为衡量准则。（8）申请机构应确立其卖旗筹款的需要。社会福利署会根据机构来年以卖旗收入作经费的计划的预计收支及所填写的卖旗收入目标，评估其筹募经费的需要。（9）申请机构应具备能够妥善举办卖旗日的能力。（10）申请机构如于过去曾经违反公开筹款许可证（卖旗日或其他筹款活动）的条件，这次的卖旗日申请可能不予受理。（11）如申请机构在过去的卖旗日管理不善，这次的卖旗日申请可能被评定为不合资格。（12）如有需要，社会福利署会按奖券基金咨询委员会的建议加入额外的准则及条件。①

一般而言，卖旗日的申请约于该年九月提交奖券基金咨询委员会考虑及通过，而申请机构约于该年十月获通知申请结果。符合资格的申请机构会获邀请出席抽签仪式，抽签的目的是决定机构选择卖旗日的优先次序。成功申请的机构将获邀请约于十一月依抽签决定的优先次序选择卖旗日。

---

① 香港特别行政区政府社会福利署（https：//www. swd. gov. hk/storage/asset/section/1576/sc/FD_eligibility_criteria_20180806tc. pdf）。

所有成功申请的机构约于十二月获发卖旗日公开筹款许可证。①

一般慈善筹款活动的活动范围包括：徽章、纪念品或类似物件的慈善售卖；逐户捐款，特别是在公共屋邨；在指定地点设置捐款收集箱；慈善义载；传奉献袋。慈善团体在公众地方举行一般慈善筹款活动，全年均可向社会福利署提出申请。申请机构必须符合社会福利署订定的准则方可获批准于公众地方做慈善筹款活动。②

2. 规范慈善筹款活动

社会福利署为非政府机构提供一站式服务，同时就有关监察服务表现和津贴的事宜，向各机构提供意见、指导及支援。③ 自 1998 年以来，社会福利署在香港会计师公会及廉政公署的协助之下，发出了一套《慈善筹款活动内部财务监管指引说明》。这套指引说明如何进行基本监管工作，确保慈善筹款活动的收支须妥善记录，而有关的收入是用于指定用途。为加强对慈善筹款活动的行政监管，政府已公布《慈善筹款活动最佳安排参考指引》，给公众人士作参考，并邀请慈善机构自愿遵守。该参考指引是经充分咨询而制定的，用以提高慈善筹款活动的透明度和公众问责性。参考指引涵盖捐款人的权利、筹款活动的运作和财务责任等方面的最佳安排，可让公众人士通过该指引评估慈善机构的筹款活动。④

3. 设立项目监管及审查制度

社会福利署规定，凡政府资助的项目均应在拨款要求中载明监管与回应的条文，并设立明确的量化目标和奖励机制，如成功达标，则与奖励计划挂钩。监管与回应的方式有定期约见、提交书面进度报告、资助管理人审查等，也鼓励民间组织进行内审自查。其中，评估探访是社会福利署监察服务表现的常规工作，以了解服务单位遵守协定服务水平的情况，当中

---

① 香港特别行政区政府社会福利署（https://www.swd.gov.hk/sc/index/site_pubsvc/page_controlofc/sub_flagdays/）。

② 香港特别行政区政府社会福利署（https://www.swd.gov.hk/sc/index/site_pubsvc/page_controlofc/sub_generalcha/）。

③ 香港特别行政区政府社会福利署（https://www.swd.gov.hk/doc/annreport0507/tc/14_other.html）。

④ 《香港法律改革委员会慈善组织报告书》（https://www.hkreform.gov.hk/chs/docs/rcharities_c.pdf）。

包括16项服务素质标准及基本服务规定的执行。为落实整笔拨款，独立检讨委员会在2008年12月发表《整笔拨款津助制度检讨报告建议》，除了定期的评估探访及为调查投诉而进行的突击巡查，社会福利署会更频繁地巡查服务单位，也会基于一般质素保证需要而按抽样拣选服务单位进行突击巡查。此外，社会福利署还会根据建议由评估人员在探访或巡查期间系统地收集服务使用者的意见。①

4. 增强透明性和问责性

社会福利署在网站上将项目决策过程、投入资源、使用资源、项目表现、财政记录和成果等相关文件资料公开，供公众查阅，接受公众投诉，对项目进行定期汇报、核算、评估，特别是实施整笔拨款计划，将所提供的服务成效与拨款分配相挂钩，要求民间组织对其行为和结果负责，提高财政效率和问责性。

5. 加强沟通和提供支持

在日常工作中，社会福利署会不定期地组织研讨会，政府官员与民间组织董事会成员交流在机构策略、问责提升、财务管理、法律责任等方面的意见和经验，并通过各类咨询委员会收集意见；也会开展对慈善组织负责人的培训，建立全面的慈善组织董事会及其成员的数据库。

（三）民政事务局的监管

民政事务局下设公民事务科负责管理慈善信托基金，民政事务局咨询及管理委员会提供咨询与管理意见，公开慈善信托基金资料等方面实施监管。

1. 公民事务科的监管

民政事务局下设公民事务科，负责校外公民教育、国民教育、青年事务、赌博政策、法律援助的政策事宜，离婚、公营架构的咨询及法定组织、宗教事宜，推广社会企业、信托基金、华人庙宇、关爱基金等事务，其中包括信托基金等慈善事业。

2. 信托基金及庙宇联合秘书处的监管

香港地区目前设有多个慈善信托基金，市民或社会上一些指定团体可

① 闫晶：《港澳台地区慈善事业概览》，北京：中国社会出版社2014年版，第34～35页。

向这些基金申请救济及援助。这些基金多数属于法定基金，援助目标包括慈善、教育和福利等范畴。信托基金及庙宇联合秘书处为下列基金提供行政支援：蒲鲁贤慈善信托基金、华人庙宇基金、华人慈善基金、葛量洪奖学基金、李宝椿慈善信托基金、卫奕信勋爵联合世界书院奖学基金、尤德爵士纪念基金、柏立基爵士信托基金、麦理浩爵士信托基金。此外，民政事务局也为下述基金提供行政支援：香港赛马会音乐及舞蹈信托基金、卫奕信勋爵文物信托。若干教育用途或用于指定范畴的基金是根据《民政事务局局长法团条例》运作的。

3. 民政事务局长辖下信托基金的咨询或管理委员会对信托基金进行管理

民政事务局长辖下信托基金的咨询或管理委员会，它们是公营架构内的咨询及法定组织，包括：卫奕信勋爵文物信托受托人委员会、尤德爵士纪念基金信托委员会、香港赛马会音乐及舞蹈信托基金受托人委员会、蒲鲁贤慈善信托基金委员会、粤剧发展基金顾问委员会、华人庙宇委员会、华人永远坟场管理委员会、卫奕信勋爵文物信托理事会、葛量洪奖学基金委员会、李宝椿慈善信托基金委员会、卫奕信勋爵联合世界书院奖学基金理事会、平和基金咨询委员会、戴麟趾爵士康乐基金委员会、戴麟趾爵士康乐基金投资咨询委员会、姬达爵士奖学基金评选委员会、麦理浩爵士信托基金投资顾问委员会、柏立基爵士信托基金委员会。以上咨询或管理委员会为指定受益人的利益或特定目的而持有和管控信托基金。①

另外，民政事务局的监管还包括已发表或可供市民索取的资料，包括免费提供或须缴费索取的资料、慈善团体/信托基金的资料。

（四）廉政公署的监管

廉政公署防止贪污处推出《慈善机构及筹款活动管理》防贪锦囊，包括机构管治、筹款活动准备工作、处理捐赠及发放捐款等方面，供慈善机构参考，慈善机构可于廉政公署网页浏览或下载这一文件。

（五）律政司司长的监管

香港地区的《受托人条例》第 29 章第 57A 条“慈善信托”，赋权律

① 香港特别行政区民政事务局（http：//www. hab. gov. hk/chs/home/index. htm）。

政司司长就投诉违反该信托或投诉假定的违反该信托或是为更有效地管理该信托而提出申请，法院可因应该申请而提供法院认为属公正并与该信托有关的济助，或作出法院认为属公正并与该信托有关的命令或指示。“律政司司长接替前律政司而肩负慈善事务守护人的职责。作为慈善事务守护人，律政司司长是慈善法律程序的必然一方，并且代表有关慈善组织的实益权益或宗旨。”① 至今，律政司司长已经参加多宗涉及慈善组织的案件的审理。

二、台湾地区慈善事业行政监管

台湾地区慈善组织管理模式的变迁与其特定时期的政治、经济和社会发展背景紧密联系在一起。在20世纪50～70年代期间，台湾地区处于威权主义的政治背景下，政府垄断资源，对慈善组织进行政府管制，有关慈善组织的法令限制严格，多数是“官办”性质的慈善组织，慈善组织的活动空间狭窄，缺乏活力。20世纪80年代之后，随着台湾地区经济崛起、人民生活水平提升、社会风气开放以及公民意识觉醒，其进入政治转型时期，关键事件就是1987年“戒严令”的解除，限制集会结社与言论自由的政治障碍被清除，代表社会力量的台湾地区慈善组织在放开管制的宽松制度环境下蓬勃发展，但随之而来的问题是，台湾地区慈善组织因为片面追求自主性而出现乱象。20世纪90年代中后期之后，台湾地区进入所谓“民主巩固发展时期”，尤其是1999年发生的“9·21大地震”以及进入21世纪后其经济陷入不景气困境，台湾地区当局检讨慈善组织管理政策，加快向以政府为主导的多元合作治理模式转变。

（一）慈善组织监管的法规体系

台湾地区属于大陆法系，依靠法规性文件对慈善组织进行管理是台湾慈善监管的一条基本原则。台湾当局制定了所谓“民法”总则、专门法规性文件、免税法规性文件以及其他配套法规性文件等慈善组织规范性文件。(1)“民

① 黄仁龙：《律政司司长担任公众利益维护者——延续与发展》，《香港法律学刊》2007年第37期，第319页。转引自陈瑜：《香港慈善监督管理机制及其启示》，《求索》2012年第5期。

法”是台湾地区规范慈善组织的法源。对慈善组织进行规范直接适用于其所谓“民法典”中的“社团法人”和“财团法人”规定。（2）专门法规性文件。其所谓“人民团体法”是规范社团法人的基本文件，台湾地区“内政部”还制定了“督导各级人民团体实施办法”；而“各部会之财团法人监督准则”则是财团法人的设立与监管依据，这类法规性文件有 20 余种。（3）十多种免税法规性文件。其中，既有专门性的规定，如“教育、文化、公益、慈善机关或团体免纳所得税适用标准”等；也包括部分免税条款的文件，如所谓“营利事业所得税法”“遗产与赠与税法”等。（4）其他配套法规性文件。其所谓“社工师法”“志愿服务法”“公益劝募条例”等规范了相关慈善组织的募款行为，所谓“预算法”“政府采购法”“审计法”等对公设财团法人进行监督规范。

（二）慈善组织的监管机关

“人民团体法”规定人民团体的主管机关是“内政部”和县（市）政府，登记机关为法院。但其目的事业仍应受各该事业主管机关的指导、监督。这样，台湾地区慈善组织批准机关除了法院，还有比较复杂的行政登记机关，包括横向体系和纵向体系。横向上，“内政部”相对集中地主管着各类社会团体，其他 20 多个“部会”分别主管各目的事业财团法人。纵向上，各市、县政府的社会局也分别掌握着不同层级慈善组织的许可批准权。这样，社会团体的立案登记机关就包括“内政部”与各县市政府，财团法人基金会的立案登记机关就包括各政府主管机关与县（市）政府等。[①]

（三）社会团体类慈善组织的设立和管理

“人民团体法”将人民团体分为职业性团体、社会团体和政治团体，一些慈善组织属于其中的社会团体形式。“人民团体法”第 39 条将社会团体定义为：系以推展文化、学术、医疗、卫生、宗教、慈善、体育、联谊、社会服务或其他以公益为目的，由个人或团体组成的团体。按照“人民团体法”，这类慈善组织的设立程序有下列步骤：首先，由发起人填写申请书、章程草案及发起人名册，向主管机关申请许可。发起人须年满 20 岁，并应有 30 人以上。其次，社会团体经许可设立后，应召开发起人会议，推

① 郑振宇：《台湾社会组织管理的经验、问题与启示》，《探索》2013 年第 3 期。

选筹备委员，组织筹备会，筹备完成后，召开成立大会。筹备会会议及成立大会，均应通知主管机关，主管机关得派员列席。再次，社会团体应于成立大会后 30 日内检具章程、会员名册、选任职员简历册，报请主管机关核准立案，并发给立案证书及图记。最后，社会团体经主管机关核准立案后，得依规定向该管地方法院办理法人登记，并于完成法人登记后 30 日内，将登记证书影本送主管机关备查。

"人民团体法"对社会团体的内部治理结构作出了详细规定：社会团体由会员组成，又从会员中选举理事、监事，社会团体理事会、监事会应依会员（会员代表）大会的决议及章程的规定，分别执行职务。社会团体理事、监事的任期不得超过四年，除相关文件另有规定或章程另有限制外，连选得连任。理事长的连任，以一次为限。社会团体理事、监事均为无薪职。社会团体理事、监事执行职务，如有违反法令、章程或会员（会员代表）大会决议情事者，除依有关法令及章程处理外，得经会员（会员代表）大会通过罢免之，以作为处罚。

"人民团体法"对社会团体奖惩作出了规定：社会团体成绩优良者，主管机关得予奖励；其奖励办法由主管机关制定。社会团体有违反法令、章程或妨害公益情事者，主管机关得予警告、撤销其决议、停止其业务之一部或全部，并限期令其改善；届期未改善或情节重大者，主管机关可给予撤免其职员、限期整理、废止许可、解散。

为落实"人民团体法"，台湾地区行政主管部门颁布了四项授权命令，以作为主管机关"内政部"社会司管理社会团体的依据，这四项授权令是"人民团体选举罢免法""人民团体奖励办法""社会团体工作人员管理办法"和"社会团体财务管理办法"。"内政部"为了执行其管理行政任务，又制定了三种职权命令："督导各级人民团体实施办法""社会团体许可立案作业规定"及"人民团体立案证书颁发规则"。各级地方主管单位大致亦依上述各种规定，执行社团法人的管理任务。[①]

（四）财团法人类慈善组织许可及业务监督

台湾地区所谓"民法"第 32 条及第 59 条将财团法人的许可及业务监

① 冯燕：《自律与他律：非营利组织规范的建立》，载范丽珠主编《全球化下的社会变迁与非政府组织（NGO）》，上海：上海人民出版社 2003 年版，第 164 页。

督权限赋予主管机关，规定主管机关可以检查其财产状况及其有无违反许可条件与其他法规性文件的规定。“财团于登记前，应得主管机关之许可。”此前全省行政机关制定的20个财团法人管理监督命令，现在已基本废止。目前尚有几件规范性命令对一些财团法人实施管理监督。

表6－1　台湾地区财团法人部分主管机关及规章

主管机关	目的事业	文件名称
教育主管部门	分配补助学校财团法人或该文件修正条文施行前已设立之财团法人私立学校发展校务之支出	“财团法人私立学校兴学基金会组织运作及基金管理办法”
司法主管部门	监督并确保财团法人扶助基金会之正常运作及健全发展	“财团法人法律扶助基金会监督管理办法”
财政主管部门	监督管理所主管之财团法人，使其业务符合公益及捐助之目的	“财政部主管财团法人监督管理准则”

为补充“民法”规范的不足，实现其造福人群的公益目的，2017年4月，台湾地区行政主管部门通过“财团法人法”草案，区分“政府捐助财团法人”与“民间捐助财团法人”，对政府捐助财团法人实行高密度监督，对民间捐助财团法人则实行低密度监督。禁止财团法人将财产进行违反利益冲突规范的移转、运用。规定董事或监察人不得假借职务之便从事图利行为；有利益冲突者，应自行回避。规定民间捐助财团法人董事、监察人人数、任期、职权及消极资格。规定财团法人财务管理机制，强化内控及稽核制度。建构财团法人财务信息透明机制，通过社会监督，导引健全发展。规定财团法人财务信息公开的原则，财团法人财务报表与运作信息应送主管机关备查及主动公开，通过社会大众共同监督，引导财团法人健康发展。建立财团法人退场机制，明确其废止、合并及休眠的处理。规定财团法人废止许可要件、创设财团法人合并制度、建立休眠财团法人处理机制。强化对政府捐助或捐赠的财团法人的监督机制，维护公产、落实公益。由此可知，在慈善组织发展之际，政府机关担负起制定一套监督运作机制的责任，未来将有所谓“财团法人法”这一文件完整规范管理财团法人。

（五）慈善组织免税待遇

税收作为财政的主要来源，对慈善组织税收的减免可被看作是政府对慈善组织的间接扶助措施。台湾地区学者张嫦娥认为政府把免税当作诱饵，吸引公益、慈善、宗教组织等从事具社会公益的特定活动或行为，因为这些行为具有辅助政府组织功能的不足、节省财政支出及调整市场失灵的功能，因此，政府应给予免税扶助。[①] 目前，台湾地区与非营利组织有关的税收减免的规范性文件共有13种。这些文件大多是有部分条文与制定免税优惠、以鼓励捐赠给非营利事业有关，只有一种是特别规范非营利组织本身的免税待遇的。

为了鼓励人们从事公益赠与，上述文件中对于捐赠非营利组织的款项，有扣抵优惠的规定，对于捐赠人的扣抵优惠，以个人的综合所得税、遗产及赠与税以及营利事业的所得税为主。个人对于教育、文化、公益、慈善机构或团体的捐赠，可申报扣抵报税所得金额（列举扣除额），但是总额最高不得超过综合所得税总额的20%。遗产或财产赠与NPO，可不计入遗产或赠与总额课税。捐赠可申报和扣抵营利所得税，但最高不得超过所得税额的10%。

根据现行所谓“所得税法”第4条第1项第13款制定，由财政主管部门发布的“教育、文化、公益、慈善机关或团体免纳所得税适用标准”，规定教育、文化、公益、慈善机关或团体，符合行政主管部门规定标准者，其本身的所得及其附属作业组织的所得，除销售货物或劳务的所得外，免纳所得税。免税要件：盈余不可分配，不可从事非与创设目的事业，基金及收入存放银行，捐赠人及董事之间不得有不正常的财务关系，每年事业支出不得低于基金孳息及收入的60%，会计记录完整。

（六）对劝募行为的管理

台湾地区有关公益劝募的制度化，始于1952年制定的“统一捐募办法”，其后台北市、高雄市与台湾当局先后制订了相关的办法，然而这套

---

① 张嫦娥：《非营利组织——财团法人征、免税问题之探讨》，《今日会计》2004年第1期。转引自张维静：《我国慈善组织行政监管法律问题研究》，兰州大学硕士学位论文，2016年，第35～36页。

针对公益劝募的规范性文件，对劝募的定义、发起的主体、劝募活动结束之后的征信与劝募所得管理查核都未有清楚规范。此办法一直沿用了50余年，其中行政机关在1992年曾试图加以修正，却迟迟未获核准。随着社会的发展，这部制订于50余年前的管理办法不仅在内容上已经无法跟上时代的变迁，而且在效力位阶上只具有行政命令的位阶，因此台湾地区在2006年通过了所谓“公益劝募条例”，试图对公益劝募作出更完整的规范。

依据台湾地区所谓“公益劝募条例”第7条规定，慈善组织属于劝募团体的范围，但是属于劝募团体并不意味着拥有劝募资格，而需要向劝募活动所在地的主管机关申请劝募许可，并且劝募许可的取得不是永久性的，主管机关依据规定情形废止或撤销劝募许可。该“条例”第17条依据劝募活动所得资金的标准作出的三个必要支出比例的规定也可被看作考量劝募许可的一个重要参数，具体是：（1）劝募活动所得在新台币1000万元以下者，为15%；（2）劝募活动所得超过新台币1000万元未逾新台币一亿元者，为新台币150万元加超过新台币1000万元部分的8%；（3）劝募活动所得超过新台币一亿元者，为新台币870万元加超过新台币一亿元部分的1%。前项劝募所得为金钱以外之物品者，应依捐赠时之时价折算之。台湾地区对慈善组织的行政监管虽然也具有管控的传统，但是并不妨碍建立完整的、多样化的激励措施，不仅保证了捐款人的权益，使得捐款物资发挥慈善的最大效益，也保证了慈善组织对所募集资金的高效运作，促进了社会公益。

综上所述，虽然台湾地区慈善组织的行政监管具有管控的色彩，在具体的监管措施中也存在监管主体权责不对等、激励措施不系统等问题，但是由于明确了慈善组织的法人地位，资格的独立性赋予了台湾地区慈善组织向政府过度干预说不的权利，促使对慈善组织的行政监管不仅要考虑行政的便利性，还要兼顾到对慈善组织的权利的保障，从而造就了低准入门槛的许可主义，职权清晰的二元体制，以及丰富的激励措施的监管环境，是值得大陆地区借鉴的。

第四节　境外慈善事业行政监管的特点与启示

一、集中立法和分散立法的慈善立法模式

慈善立法模式有集中立法和分散立法两种模式。英国在其慈善法这个统一的法律框架下对各种类型的慈善组织进行统一的监管，设有专门的慈善委员会统一行使慈善组织的监管职能。德国形成了一个从宪法、民法典、社团法到相关专门法规和地方法规的完善的法律体系，通过严密规范的法律制度区分不同的民间组织并规定了相应的制度框架。从立法模式上看，国外发达国家一般采用集中立法和分散立法两种模式。集中立法模式，又称综合立法模式或统一立法模式，是指国家立法机关采取制定统一法典形式，将有关慈善组织的所有法律制度全部融入一部法典中。该法典全面规定关于慈善组织和慈善活动的各项基本制度，因而具有慈善组织基本法的地位。分散立法模式，又称分别立法模式、单项立法模式，是指将有关的慈善组织法律制度分散在不同的单行法中，每一个单行法只规定慈善组织的某个制度，多部法律的集合构成完整的慈善组织法律制度。

集中立法模式具有普适性，节省立法资源且能够保障法律制度的统一，但牵扯问题多，立法难度大。分散立法模式具有针对性强的特点，而且立法难度小，但分散立法容易造成立法资源的浪费和法律之间的协调性差等问题，不利于实现慈善法律制度的统一。相比较之下，集中立法模式优势较为明显。首先，采取集中立法模式制定专门的慈善组织法，可以统一规范慈善组织，解决原来多个单行立法所带来的矛盾与冲突问题，有助于实现慈善组织法律制度的系统性和完整性。其次，集中立法模式将有关慈善组织的法律规范集中在一部法典中，既可以避免法条之间冲突，又便于法律的遵守与执行。第三，采取集中立法模式制定统一的慈善组织法，可以更加全面、系统地规范慈善组织，填补分散立法空白。在具体的实践中，即使某些慈善领域的事项没有具体的条文规范，统一立法的目的、宗旨、基本原则也可以用来弥补法律条文的不足；而在分散式的立法模式下，这

样的问题很难解决。[1]

二、慈善行政监管模式类型多样

西方主要发达国家慈善事业监管模式不尽相同。“主权国家选择何种模式来监管非政府组织受到很多因素的影响。根据各自不同的宪法及其在文化、社会和经济方面的特点，每个国家都将形成其独有的界定、登记、支持及监管非政府组织的机制。”[2] 然而，从慈善组织监管机构或部门的性质和职能来看，各个国家对于慈善组织行政监管主体大体上可以划分为以下三种类型：

（一）独立机构集中监管

实行集中监管模式的典型国家是英国，负责慈善组织统一监管的组织是慈善委员会。该委员会负责对英国慈善组织实施登记、监督、年检，甚至可以对慈善组织的内部要员实施撤换。英国慈善委员会总部设在伦敦，并在利物浦、普顿和纽堡等设有分支机构。英国慈善委员会对于慈善组织的监管也没有实行分级管理，既不分级别，也不分地区，慈善组织在哪里注册登记，就接受设在哪里的慈善委员会监管。

（二）多部门综合统一监管

目前大部分国家采用综合统一监管模式。在美国，公共慈善机构、私人基金会等慈善组织的审批与登记注册部门分别为州务卿办公室和司法局；其免税以及税收监管权在州和联邦国税局；而在绝大多数州，首席检察官有权监督和管理慈善组织，慈善组织必须按照法律规定经常性地报告其业务活动情况和财务状况，甚至有些首席检察官还有权查阅慈善组织的账簿和记录。而且在美国，慈善组织的管理分为联邦和州两个层面，联邦主要由国税局负责组织财务税收监管，州则负责组织的注册、募款、财务等各种事务的管理。加拿大慈善组织的管理与美国十分接近，只不过其具体名称和法律依据有所差别而已。

---

① 崔冬：《慈善组织行政规制研究》，吉林大学博士学位论文，2015 年，第 120 ~ 121 页。

② ［英］肯尼斯·蒂博：《慈善团体及非政府组织的国际规管框架》，载民政部法制办公室编《中国慈善立法国际研讨会论文集》，北京：中国社会出版社 2007 年版，第 119 页。

（三）分行业和领域单独监管

分行业和领域单独监管模式是根据慈善组织所从事业务的行业性质，来对慈善组织的活动分别实施监督管理。在这种监管模式下，慈善组织的监管权分别由不同的对口业务部门实施，例如，在德国巴伐利亚州，根据《巴伐利亚州财团法》第18条，该州财团监督机关为各级政府。州科研艺术部，负责以科学、研究、艺术、文物保护或民俗风情保护为目的之财团；州文教部，负责以宗教、教育、课程、教养或者体育运动为目的之财团；州内务部，负责所有的其他财团。① 在日本，除根据《特定非营利活动促进法》成立的特定非营利组织统一由该特定非营利活动法人的主事务所所在地的都、道、府、县知事主管外，根据其《民法典》、学校法人、宗教法人、医疗法人、社会福利法人、职业训练法人、更生保护法人等公益法人等专门法，日本慈善组织设立，需要经过中央以及都道府县地方政府相关业务主管部门批准许可；许可后再到法务省以及法务省设在各地的登记机构进行登记。相对而言，业务主管部门拥有相对较大的监督管理权。分业单独监管模式建立在对不同行业和性质的慈善组织实施归口管理的基础上。这种监管模式的优势在于：分业管理有利于提高管理的效能；与综合统一管理相比，归口分别管理较大地分散、减轻了管理部门的负担。同样，这种管理模式也存在诸多诟病：在分散多头监管模式下，监管所适用的高层次法律可能是一致的，但各部门的具体监管标准、监管程序在内容和宽松程度等方面则存在较大不同，客观上会造成一国或者一地区范围内的慈善组织和运行待遇的差异。此外，慈善组织所从事的行业范围千差万别，重叠交织，极大地冲击着政府主管部门的有限性。②

三、慈善事业行政监管体制健全

美国建立了比较完善的慈善事业监管体制，包括政府监管、慈善组织内部治理和社会监督三个层次。首先，政府在监督慈善组织运作方面立法

---

① 金锦萍、葛云松主编：《外国非营利组织法译汇》，北京：北京大学出版社2006年版，第126～127页。

② 杨道波：《公益性社会组织约束机制研究》，北京：中国社会科学出版社2011年版，第168～170页。

相当宽松，政府对慈善组织监管不是直接参与其内部管理，而是表现为慈善组织向政府有关部门提供各种相应的报告，政府部门对此进行审查，进而判断其组织的合法性以确定其免税资格条件。美国每个州都设有专门的对慈善组织进行管理的组织，负责完成上述监督管理工作。再次，美国拥有强大的外部监督机制，它体现在慈善事业的行业监督上。行业组织既帮助慈善组织维护合法权益，为慈善组织服务，同时又帮助政府监督管理慈善组织，促进慈善组织的自律。如美国的国家慈善信息局专门评估公众筹款机构和服务机构的工作成效，并定期公布。第三，社会监督较为发达。美国政府对慈善组织监督管理的手段是“公开原则”。定期向社会公开民间组织的有关档案，尤其是公开慈善组织的财税状况，公民也可以自由查阅。此外，新闻媒体的舆论监督作用大，效果良好。正是各种有效的外部监督，为美国慈善捐赠打造了一个阳光透明的环境。①

四、准入监管模式分为登记许可制和登记备案制

通过对国外慈善组织的准入制度进行考察，慈善组织的准入模式主要有登记许可制、登记备案制两类。登记许可制是指慈善组织的设立必须取得登记机关的许可，否则该组织的合法性将受到质疑。德国、日本对慈善组织的设立实行登记许可制，慈善组织需向行政机关递交申请，由有关行政机关依据法律规定的条件，对申请者的资质条件进行审查，决定是否准予其许可。取得行政许可是慈善组织合法存在的前提和基础，慈善组织如果没有进行法定的登记就等于没有获得相应的行政许可，是不合法的。在德国，法律规定慈善组织需要满足一定的条件，向法院提出登记申请，由法院审核是否准予成立。经法院审核批准成立后，慈善组织具有了法人身份，也具有了法人的权利义务，慈善组织可以从银行贷款，可以雇用工作人员。根据德国相关法律规定，慈善组织的成立必须满足有具体的结社目的、慈善组织的名称、组织章程、固定住所等条件，而且慈善组织的成员人数不得少于7人。具备了上述条件，法院将赋予“注册慈善组织”资格，

① 刘亚娜:《我国慈善事业发展中的政府作用分析——基于中美比较的借鉴与启示》,《中国行政管理》2008年第8期。

并在报纸上公布慈善组织的登记号、名称和场所等相关信息。[①]

登记备案制是指登记不是慈善组织合法成立的条件，但是否登记是慈善组织能否享受各种优待政策的条件，如英国采取的是适度宽松的注册登记制度。英国2006年慈善法规定，年收入超过5000英镑的慈善组织必须在慈善委员会进行注册登记。也就是说，对于那些年收入少于5000英镑的慈善组织可以选择不办理注册登记，这是考虑到小规模慈善组织办理登记会比较困难，为促进小规模慈善组织发展允许其不办理注册登记手续。英国这种“抓大放小”的适度宽松的注册登记制度，不仅有利于小型慈善组织的自由发展，还有助于慈善委员会集中精力将监管重点放在规模较大的慈善组织上。加拿大的做法与之类似，加拿大法律没有规定慈善组织的强制登记制度，但如果要成立公司性质的慈善基金会，必须向政府负责登记部门提出登记申请，已经登记的慈善组织可以向加拿大联邦税务局申请税收优惠。登记许可制与登记备案制相比较更为严格，前者登记是慈善组织合法存在的前置条件，后者登记是慈善组织享受各种优待政策的条件。前者对慈善组织的准入采取严格的限制态度，后者则相对宽松，前者是行政许可，后者是备案。从促进慈善组织发展的角度考虑，登记备案制更为适宜。[②]

五、对我国慈善事业行政监管的启示

由于各国国情不同，采取的监管体制也不同。英国、美国、加拿大和德国的模式各不相同，有着自身独特的监管模式。但相比较而言，也呈现出一些共同的趋势和可借鉴的宝贵经验。

（一）根据中国国情，建立完善的慈善事业监管体制

任何行政管理和监督体制的构建都必须考虑其所处的社会生态环境。由丁在政治体制、经济水平、文化传统、法律传统等方面存在许多差异，各国慈善监管体制并不相同，但都结合本国传统并审慎地考虑本国的社会、

① 冯英、穆风龙、聂文倩编著：《外国的慈善组织》，北京：中国社会出版社2008年版，第76页。

② 崔冬：《慈善组织行政规制研究》，吉林大学博士学位论文，2015年，第139～140页。

政治、经济环境的特殊性。中国要根据自己的国情，建设有中国特色的慈善事业监管体制，要在慈善事业的发展中及时总结经验教训，加强立法调研，完善慈善法及其他慈善事业监管的法规政策，使慈善监管有法可依、执法必严、违法必究。

（二）政府监管从直接行政干预转变为通过经济、法律手段间接干预

慈善事业的发展需要政府担当组织者、资源提供者和监督管理者的角色，但是政府不能过多地干预慈善组织及慈善事业的具体运作。从制度的执行成本来看，政府部门的监管成本最高。当监管成本大于监管收益的时候，监管行为本身就变成了不划算的事情。所以在监管体系中政府的角色应该从直接行政干预转变为通过经济、法律手段进行间接干预。[①] 例如从税法的角度对作为税收优惠主体的慈善组织进行严格的界定，对其非营利收入进行税收减免，对其从事与宗旨无关的商业活动的收入进行征税，对向慈善组织捐赠的单位与个人给予所得税的优惠等。

（三）构建制度化的内部监督机制

慈善组织内部的监督机制是指慈善组织在做出具体的行为之后，由慈善组织的内部监督机构就该行为在程序、效果等问题上作出评价的制度。[②] 建立一套自律规范并保证真正贯彻落实的内部监督机制是保证慈善组织永葆活力的重要环节。构建制度化的内部监督机制要求从业人员具有高度的献身精神和责任心，并辅之以健全的信息公开制度。“阳光是最好的防腐剂，”通过将相关的信息公开披露，增强了慈善组织运作的透明性，加强了社会公众的监督，有助于达到善款善用的目标，同时提高了慈善组织的公信力，促进公民对慈善事业的信任和热情，降低法律监管的成本。

（四）进行慈善意识宣传，让更多的公众参与慈善监督

虽然中国相关法律对社会监督作了法律上的保证，但在现实生活中，公众主动地对慈善组织进行监督的行为相当少；而当他们的监督权被慈善

---

① 姚俭建、黄丹：《关于构筑中国特色慈善事业监督体系的思考》，《社会科学》2004 年第 10 期。

② 陈东利：《论中国慈善组织的公信力危机与路径选择》，《河北师范大学学报（哲学社会科学版）》2012 年第 1 期。

组织拒绝时的维权则更少。在建立和健全慈善事业监督体系的过程中，很重要的一点就是要唤醒广大公众的慈善意识和社会监督意识，让越来越多的人具有“善心”“爱心”“同情心”，让更多的有心人加入对慈善组织进行社会监督的队伍中来。①

（五）大力发展专业化的慈善行业自律组织

美国慈善事业健康发展表明，诸如美国基金会理事会、美国全国慈善信息局等组织机构在其慈善事业监督体系中发挥着极其重要的作用。这些监督和评估组织不仅能对慈善组织的工作绩效作出公正的评价，还能为社会公众选择有效的慈善组织进行捐赠提供信息。这种组织方式非常值得我们学习和借鉴。可以考虑建立各级慈善事业行业自律组织，并为这些组织的发展提供必要的经济支持和组织保证。同时，行业自律组织要进一步加强能力建设，强化社会责任感，切实履行信息咨询和社会监督的职能。② 在这方面，广州首创慈善组织第三方监督机制的做法值得推广。2013 年，广州在全国首创慈善组织第三方监督机制，成立了广州慈善组织社会监督委员会，履行第三方监督职责，工作为志愿性质，不因履职领取任何工作报酬。③

（六）发挥新媒体及网络监督的作用，及时应对和处理慈善网络爆料

当前特别要加强对新媒体及网络监督的引导，慈善事业中的各个主体，一方面要懂得如何运用新媒体和网络树立自身的积极形象；另一方面要及时掌握新媒体环境下慈善网络监督的动向，针对网络监督提出的各种问题及时加以研究和解决。政府有关部门要加强联合，建立类似自然灾害那样的突发事件的即时通报和应对机制，及时针对慈善网络爆料展开调查，及时主动地发布调查结论，主动澄清事实，加强与公众的互动，体现政府的公信力，最终赢得公众对慈善组织或慈善事业的信任，推动慈善事业的发展。

---

① 姚俭建、黄丹：《关于构筑中国特色慈善事业监督体系的思考》，《社会科学》2004 年第 10 期。

② 姚俭建、黄丹：《关于构筑中国特色慈善事业监督体系的思考》，《社会科学》2004 年第 10 期。

③ 赖雨晨：《广州成立第三方慈善监督组织：成员独立保证运行独立》，中国新闻网（http：//www.chinanews.com/gn/2013/06－21/4953411.shtml）。

(七)公开监督管理信息

民政部门要通过信息网站等途径向社会公开慈善事业发展和慈善组织、慈善活动相关信息,具体包括各类慈善组织名单及其设立、变更、评估、年检、注销、撤销登记信息和政府扶持鼓励政策措施、购买社会组织服务信息、受奖励及处罚信息、本行政区域慈善事业发展年度统计信息以及依法应当公开的其他信息。

(八)建立健全责任追究制度

民政部门作为慈善事业主管部门,要会同有关部门建立健全责任追究制度。对慈善组织按照“谁登记、谁管理”的原则,由批准登记的民政部门会同有关部门对其违规开展募捐活动、违反约定使用捐赠款物、拒不履行信息公开责任、资助或从事危害国家安全和公共利益活动等违法违规行为依法进行查处;对于慈善组织或其负责人的负面信用记录,要予以曝光。对其他社会组织和个人按照属地管辖的原则,由所在地的民政部门会同有关部门对其以慈善为名组织实施的违反法律法规、违背公序良俗的行为和无正当理由拒不兑现或不完全兑现捐赠承诺、以诽谤造谣等方式损害慈善组织及其从业人员声誉等其他违法违规行为依法及时查处。对政府有关部门及其工作人员滥用职权、徇私舞弊或者玩忽职守、敷衍塞责造成严重后果的,要依法追究责任。

参考文献

[1] [英] 安东尼·吉登斯:《第三条道路——社会民主主义的复兴》,郑戈译,北京:北京大学出版社 2000 年版。

[2] 北京地方志编纂委员会:《北京志·政务卷·民政志》,北京:北京出版社 2003 年版。

[3] [美] 贝希·布查尔特·艾德勒、大卫·艾维特、英格里德·米特梅尔:《通行规则:美国慈善法指南》,金锦萍等译,北京:中国社会出版社 2007 年版。

[4] 蔡磊:《非营利组织基本法律制度研究》,西南财经大学博士学位论文,2004 年。

[5] 陈东利:《论中国慈善组织的公信力危机与路径选择》,《河北师范大学学报(哲学社会科学版)》2012 年第 1 期。

[6] 陈为雷:《社会服务项目制的建构及其影响研究》,北京:中国社会科学出版社 2015 年版。

[7] 陈为雷:《我国慈善事业行政监管论纲》,载孙壮志主编《新常态下的社会发展》,北京:社会科学文献出版社 2016 年版。

[8] 陈为雷、毕宪顺:《美国慈善事业监管体制及其对中国的启示》,《东岳论丛》2015 年第 7 期。

[9] 陈为雷:《试论我国慈善监管的转型》,载孙壮志主编《全面建成小康社会,共享民生发展》,北京:社会科学文献出版社 2017 年版。

[10] 陈宥群:《台湾地区人民团体管理法制经验之研究》,中国政法大

学博士学位论文，2011 年。

[11] 陈瑜：《香港慈善监督管理机制及其启示》，《求索》2012 年第 5 期。

[12] 迟子华：《中国流民史·近代卷》，合肥：安徽人民出版社 2001 年版。

[13]《慈善教育说》，《东方杂志》第 1 卷，1904 年第 9 期。

[14] 崔冬：《慈善组织行政规制研究》，吉林大学博士学位论文，2015 年。

[15] 崔开华等：《组织的社会责任》，济南：山东人民出版社 2008 年版。

[16]〔清〕丁禹生：《抚吴公牍》（一），台北：华文书局股份有限公司 1968 年版。

[17] 冯燕：《自律与他律：非营利组织规范的建立》，载范丽珠主编《全球化下的社会变迁与非政府组织（NGO）》，上海：上海人民出版社 2003 年版。

[18] 冯英、穆风龙、聂文倩编著：《外国的慈善组织》，北京：中国社会出版社 2008 年版。

[19] 傅红伟：《行政奖励研究》，北京：北京大学出版社 2003 年版。

[20] 傅剑锋：《官方报告揭示"中国母亲"真相 "美国妈妈"打赢七年慈善战争》，《南方周末》2007 年 12 月 18 日。

[21] 公安部政策法律研究室：《公安法规汇编 1950—1979》，北京：群众出版社 1980 年版。

[22] 盖威：《市民社会视角的中国社团立法研究》，复旦大学博士学位论文，2010 年。

[23] 高鉴国：《美国慈善捐赠的外部监督机制对中国的启示》，《探索与争鸣》2010 年第 7 期。

[24] [英] 格里·斯托克：《作为理论的治理：五个论点》，《国际社会科学杂志（中文版）》1999 年第 1 期。

[25] 郭圣莉：《城市社会重构与新生国家政权建设》，复旦大学博士学位论文，2005 年。

[26] 弗朗索瓦 - 格扎维尔·梅里安:《治理问题与现代福利国家》,《国际社会科学杂志(中文版)》1999 年第 1 期。

[27] [日] 夫马进:《中国善会善堂史》,伍跃、杨文信、张学锋译,北京:商务印书馆 2005 年版。

[28] 韩丽欣:《我国慈善组织治理法治化研究》,吉林大学博士学位论文,2014 年。

[29] 何华兵:《〈慈善法〉背景下慈善组织信息公开的立法现状及其问题研究》,《中国行政管理》2017 年第 1 期。

[30] 何增科:《深圳市社会组织登记管理体制改革的案例研究》,《甘肃行政学院学报》2010 年第 4 期。

[31] [美] 贾恩弗朗哥·波齐:《国家:本质、发展与前景》,陈尧译,上海:上海人民出版社 2007 年版。

[32] 蒋军洲:《慈善捐赠的世界图景——以罗马法、英美法、伊斯兰法为中心》,北京:法律出版社 2016 年版。

[33] 姜明安主编:《行政法与行政诉讼法》,北京:北京大学出版社 1999 年版。

[34] 金锦萍:《我国慈善组织行政处罚制度审视——从登记管理机关的角度》,载陈金罗、刘培峰主编《转型社会中的非营利组织监管》,北京:社会科学文献出版社 2010 年版。

[35] 金锦萍、葛云松主编:《外国非营利组织法译汇》,北京:北京大学出版社 2006 年版。

[36] 全国人大常委会法制工作委员会编:《中华人民共和国慈善法释义》,北京:法律出版社 2016 年版。

[37] 康晓光、韩恒:《分类控制:当前中国大陆国家与社会关系研究》,《社会学研究》2005 年第 6 期。

[38] 康晓光等:《依附式发展的第三部门》,北京:社会科学文献出版社 2011 年版。

[39] [英] 肯尼斯·蒂博:《慈善团体及非政府组织的国际规管框架》,载民政部法制办公室编《中国慈善立法国际研讨会论文集》,北京:中国社会出版社 2007 年版。

[40] [美] 莱斯特·M. 萨拉蒙:《全球公民社会——非营利部门视界》,贾西津、魏玉等译,北京:社会科学文献出版社 2007 年版。

[41] [美] 莱斯特·M. 萨拉蒙:《公共服务中的伙伴——现代福利国家中政府与非营利组织关系》,田凯译,北京:商务印书馆 2008 年版。

[42] 李健:《慈善组织信息公开何以可能?——基于 PP-DADI 模型的综合分析》,《吉林大学社会科学学报》2018 年第 2 期。

[43] 李卫华:《慈善组织的公共责任与信息公开》,《理论探讨》2017 年第 6 期。

[44] 李文海、夏明方主编:《中国荒政全书(第一辑)》,北京:北京古籍出版社 2002 年版。

[45] 李永军:《慈善法律责任立法问题研究》,《聊城大学学报(社会科学版)》2014 年第 6 期。

[46] 李政辉:《非公募基金会的基本矛盾与规制研究》,北京:法律出版社 2015 年版。

[47] 林闽钢、朱锦程:《我国慈善立法的目标定位和基本框架》,《湖北社会科学》2014 年第 11 期。

[48] 林淑馨:《日本规范非营利组织的法制改革之研究》,《东吴政治学报》2004 年第 19 期。

[49] 林尹注译:《周礼今注今译》,台北:台湾商务印书馆 1979 年版。

[50] 梁其姿:《施善与教化:明清的慈善组织》,北京:北京师范大学出版社 2013 年版。

[51] 刘春:《当代中国社会组织发展史研究》,中国社会科学院研究生院博士学位论文,2013 年。

[52] 刘培峰:《非营利组织管理模式的思考》,《北京师范大学学报(社会科学版)》2012 年第 2 期。

[53] 刘鹏、孙燕茹:《走向嵌入型监管:当代中国政府社会组织管理体制的新观察》,《经济社会体制比较》2011 年第 4 期。

[54] 刘莘、张迎涛:《辅助性原则与中国行政体制改革》,《行政法学研究》2006 年第 4 期。

[55] 刘亚娜:《我国慈善事业发展中的政府作用分析——基于中美比

较的借鉴与启示》,《中国行政管理》2008 年第 8 期。

[56] 柳砚涛:《行政给付研究》,济南:山东人民出版社 2006 年版。

[57] 刘智琳:《新加坡慈善组织管理对中国慈善组织管理的启发》,《经济视角(上)》2012 年第 6 期。

[58] 陆波:《论新加坡公益慈善组织监管机制:以 NKF 事件为例》,《河南师范大学学报(哲学社会科学版)》2014 年第 2 期。

[59] 栾恺:《美国慈善组织外部监管机制研究》,外交学院硕士学位论文,2010 年。

[60] [美] 罗伯特·A. 达尔:《多元主义民主的困境——自治与控制》,周军华译,长春:吉林人民出版社 2006 年版。

[61] [美] 罗伯特·L. 佩顿、迈克尔·P. 穆迪:《慈善的意义与使命》,郭烁译,北京:中国劳动社会保障出版社 2013 年版。

[62]〔明〕吕坤:《吕坤全集(下)》,北京:中华书局 2008 年版。

[63] 吕鑫:《我国慈善募捐监督立法的反思与重构——全程监督机制的引入》,《浙江社会科学》2014 年第 2 期。

[64] 马驰骋:《论慈善法治构建中的最佳行政》,《山东社会科学》2015 年第 3 期。

[65] 毛刚:《我国非营利组织内部治理机制研究》,西南交通大学博士学位论文,2005 年。

[66] 民政部法制办公室主编:《中国慈善立法国际研讨会论文集》,北京:中国社会出版社 2007 年版。

[67] 莫于川:《行政职权的行政法解析与建构》,《重庆社会科学》2004 年第 1 期。

[68] 彭建梅:《中国慈善透明报告(2009—2014)》,北京:企业管理出版社 2014 年版。

[69] 彭泽益编:《中国近代手工业史资料(1840—1949)》(第二卷),北京:生活·读书·新知三联书店 1957 年版。

[70]《钦定大清会典事例(嘉庆朝)》(卷七七六),载沈云龙主编《中国近代史料丛刊三编》第 70 辑,台北:文海出版社 1992 年影印本。

[71] 故宫博物院明清档案部编:《清末筹备立宪档案史料》(下册),

北京：中华书局 1979 年版。

[72]［英］R. A. W. 罗茨：《新治理：没有政府的管理》，《经济管理文摘》2005 年第 14 期。

[73] 税兵：《非营利法人解释——民事主体理论的视角》，北京：法律出版社 2010 年版。

[74] 税兵：《非营利法人解释》，《法学研究》2007 年第 5 期。

[75] 苏永华：《"依附式"合作与双重推动：中国慈善组织与政府、企业的关系研究》，厦门大学硕士学位论文，2007 年。

[76]〔清〕孙希旦撰：《礼记集解（上）》，沈啸寰、王星贤点校，北京：中华书局 1989 年版。

[77] 覃青必：《慈善绑架问题及其防治》，《中州学刊》2015 年第 5 期。

[78] 谭日辉：《社会组织发展的深层困境及其对策研究》，《湖南师范大学社会科学学报》2014 年第 1 期。

[79] 田凯：《非协调约束与组织运作——中国慈善组织与政府关系的个案研究》，北京：商务印书馆 2004 年版。

[80] 田涛、郭成伟整理：《清末北京城市管理法规（1906—1910）》，北京：北京燕山出版社 1996 年版。

[81]［美］托马斯·西尔克：《亚洲公益事业及其法规》，北京：科学出版社 2000 年版。

[82]［英］托尼·布莱尔：《第三条道路：新世纪的新政治》，载陈林、林德山主编《第三条道路：世纪之交的西方政治变革》，北京：当代世界出版社，2000。

[83]〔元〕脱脱等：《宋史》，北京：中华书局 1977 年版。

[84]〔宋〕王溥：《唐会要》，北京：中华书局 1955 年版。

[85] 王名、刘培峰等：《民间组织通论》，北京：时事出版社 2004 年版。

[86] 王名、李勇、黄浩明编著：《英国非营利组织》，北京：社会科学文献出版社 2009 年版。

[87] 王名、李勇、黄浩明编著：《美国非营利组织》，北京：社会科学

文献出版社 2013 年版。

[88] 王名:《社会组织论纲》, 北京: 社会科学文献出版社 2013 年版。

[89] 王涛:《英国慈善法中的公益性标准及启示》,《聊城大学学报》2014 年第 4 期。

[90] 王涛:《〈慈善法〉的立法理念、制度创新和完善路径》,《法学论坛》2018 年第 1 期。

[91] 王雪琴:《论我国慈善组织法人治理机制的重构》,《法商研究》2015 年第 2 期。

[92] 王振耀主编:《日本公益法律制度概览》, 北京: 法律出版社 2016 年版。

[93] 温艳萍:《民间非营利组织的社会与经济效应研究》, 上海: 上海人民出版社 2008 年版。

[94] 王银春:《论当代中国公益慈善组织失信惩戒机制的构建》,《西部学刊》2013 年第 4 期。

[95] 吴玉章:《"政府管理社团"模式及其效果》, 载吴玉章主编《社会团体的法律问题》, 北京: 社会科学文献出版社 2004 年版。

[96] 夏东元编:《郑观应集》(上), 上海: 上海人民出版社 1982 年版。

[97] 徐立志:《"文化大革命"时期的结社政策》, 载吴玉章主编《社会团体的法律问题》, 北京: 社会科学文献出版社 2004 年版。

[98] 徐麟主编:《中国慈善事业发展研究》, 北京: 中国社会出版社 2005 年版。

[99]〔清〕徐松辑:《宋会要辑稿》(第七册), 北京: 中华书局 1957 年版。

[100] 徐永光:《走出困境 回归民间——关于中国慈善体制改革》,《中国党政干部论坛》2011 年第 12 期。

[101] 闫晶:《港澳台地区慈善事业概览》, 北京: 中国社会出版社 2014 年版。

[102] 杨道波:《我国非营利组织信息公开法律制度研究》,《河北法学》, 2008 年 9 期。

［103］杨道波：《公益性社会组织约束机制研究》，北京：中国社会科学出版社 2011 年版。

［104］杨建顺：《行政裁量的运作及其监督》，《法学研究》2004 年第 1 期。

［105］杨团主编：《中国慈善发展报告（2013）》，北京：社会科学文献出版社 2013 年版。

［106］杨解朴：《德国民间组织：发展状况与社会功能》，载黄晓勇主编《中国民间组织报告（2011—2012）》，北京：社会科学文献出版社 2012 年版。

［107］姚俭建、黄丹：《关于构筑中国特色慈善事业监督体系的思考》，《社会科学》2004 年第 10 期。

［108］尤乐：《论行政资助的概念、主体和目的》，《天津行政学院学报》2010 年第 5 期。

［109］全国人大内务司法委员会内务室编著：《中华人民共和国慈善法释义》，北京：中国法制出版社 2016 年版。

［110］俞可平：《全球治理引论》，《马克思主义与现实》2002 年第 1 期。

［111］俞祖成：《日本 NPO 法人的监督体制及其启示》，《中国社会组织》2013 年第 11 期。

［112］俞祖成：《日本公益法人认定制度及启示》，《清华大学学报（哲学社会科学版）》2017 年第 6 期。

［113］岳宗福：《近代中国社会保障立法研究（1912—1949）》，济南：齐鲁书社 2006 年版。

［114］［美］詹姆斯·N. 罗西瑙主编：《没有政府的治理》，张胜军、刘小林等译，南昌：江西人民出版社 2001 年版。

［115］张红：《论行政备案的边界》，《国家行政学院学报》2016 年第 3 期。

［116］张慧平：《行政奖励概念辨析》，《上海政法学院学报》2013 年第 1 期。

［117］张明：《非营利组织的治理机制研究》，暨南大学博士学位论文，2008 年。

［118］张维静：《我国慈善组织行政监管法律问题研究》，兰州大学硕

士学位论文，2016 年。

［119］甄茜：《跨国调查“中国母亲”胡曼莉》，《南方周末》2001 年 12 月 20 日。

［120］郑功成主编：《慈善事业立法研究》，北京：人民出版社 2015 年版。

［121］郑功成主编：《〈中华人民共和国慈善法〉解读与应用》，北京：人民出版社 2016 年版。

［122］郑振宇：《台湾社会组织管理的经验、问题与启示》，《探索》2013 年第 3 期。

［123］周志忍、陈庆云主编：《自律与他律——第三部门监督机制个案研究》，杭州：浙江人民出版社 1999 年版。

［124］周秋光、曾桂林：《中国慈善简史》，北京：人民出版社 2006 年版。

［125］周秋光主编：《中国近代慈善事业研究（中）》，天津：天津古籍出版社 2013 年版。

［126］周秋光、曾桂林：《中国慈善立法：历史、现状及建议》，《南京社会科学》2014 年第 12 期。

［127］褚松燕：《中外非政府组织管理体制比较》，北京：国家行政学院出版社 2008 年版。

［128］朱最新、曹延亮：《行政备案的法理界说》，《法学杂志》2010 年第 4 期。

［129］邹世允：《中国慈善事业法律制度完善研究》，北京：法律出版社 2013 年版。

［130］《财政部、民政部关于进一步明确公益性社会组织申领公益事业捐赠票据有关问题的通知》（财综〔2016〕7 号），中华人民共和国财政部网站（http：//www.mof.gov.cn/zhengwuxinxi/caizhengwengao/wg2016/wg201604/201608/t20160812_2387091.html）。

［131］《慈善组织保值增值投资活动管理暂行办法》，中华人民共和国民政部网站（http：//www.mca.gov.cn/article/gk/fg/shzzgl/201811/20181100012651.shtml）。

［132］《国办国务院办公厅关于实施〈国务院机构改革和职能转变方案〉任务分工的通知》，中华人民共和国中央人民政府网站（http：//www.gov.cn/zhengce/content/2013－03/28/content_7601.htm）。

［133］《国务院关于促进慈善事业健康发展的指导意见》（国发〔2014〕61号），中华人民共和国中央人民政府网站（http：//www.gov.cn/zhengce/content/2014－12/18/content_9306.htm）。

［134］《国务院关于印发完善城镇社会保障体系试点方案的通知》（国发〔2000〕42号）中华人民共和国国务院办公厅网站（http：//www.gov.cn/xxgk/pub/govpublic/mrlm/201011/t20101112_62507.html）。

［135］《国务院关于印发全面推进依法行政实施纲要的通知》（国发〔2004〕10号），中华人民共和国中央人民政府网站（http：//www.gov.cn/ztzl/yfxz/content_374160.htm）。

［136］Benjamin Gidron，Ralph Kramer，L. M. Salamon. *Government and the Third Sector*. San Francisco：Jossey-Bass Publishers，1992.

［137］Giving USA. U. S. Charitable Giving estimated to be ＄307.65 billion in 2008. http：//www.givingusa.org，2009.

［138］Peter halfpenny，Research on the Voluntary Sector—An Overview，presented at the Centre for Voluntary Organisation 20th Anniversary Conference，"Third sector organisation in a Changing Policy Context"，*London School of Economics and Political Science*，September 1998.

［139］Robert Wuthnow. *Between States and Markets：The Voluntary Sector in Comparative Perspective*. Princeton. N. J.：Princeton University Press，1991.

［140］U. S. Census Bureau，*Statistical Abstract of the United States* 2012. The National Data BookBernan Press，2011.

［141］White Arthur H. *Philanthropic Giving：Studies in Varietiesand Goals*. Richard Magat. London：Oxford UniversityPress，1989.

［142］William Ellery Channing. Remarks on Associations. in Collected Work of William Ellery Channing Boston：American Unitarian Association，1929. Quoted in Peter Frumkin. *On Being Nonprofit：A Conceptual and Policy Primer*. Harvard University Press，2005.

后　记

党的十九大指出，中国特色社会主义进入了新时代，我国社会主要矛盾已经转化为人民日益增长的美好生活需要和不平衡不充分的发展之间的矛盾。党中央提出，必须坚持以人民为中心的发展思想，不断促进人的全面发展、全体人民共同富裕，实现社会主义现代化和中华民族伟大复兴。慈善事业是中国特色社会主义事业的重要组成部分，在打赢脱贫攻坚战、全面建成小康社会、满足人民需要、推进国家治理体系和治理能力现代化方面发挥重要作用。慈善监管是慈善事业的重要组成部分之一，构建慈善事业整体性监管体制，完善慈善事业制度，对规范慈善活动，保护慈善组织、捐赠人、志愿者、受益人等慈善活动参与者的合法权益，促进慈善事业健康发展具有重要意义。

本书是国家社科基金后期资助项目“中国慈善事业整体性监管体制研究”的阶段性成果之一。在研究过程中，我把慈善事业整体性监管体制分为行政监管、慈善组织内部治理和社会监督三个部分，分别完成了这三部分的研究任务。此后，我对每一部分进行重新整理，把分散在不同章节的有关内容整合在一起，分别完成了《中国慈善事业行政监管论纲》《中国慈善组织内部治理研究》，加上此前已完成的《中外慈善事业比较研究》，交于出版社。

在从事本课题研究期间，我得到了多方帮助和支持，在此我怀着深深的感恩之情对他们表示由衷的感谢。感谢中国社会科学院社会学研究所景天魁研究员对本研究给予的指导。感谢国家社科基金后期资助项目和中国博士后科学基金面上项目资助。特别感谢山东人民出版社的编辑马洁女士，马编辑非常细心认真地校对书稿，核对法律原文和注释，修改格式，并为本书的顺利出版做了大量工作。

由于本人才疏学浅，书中难免存在不足和缺陷，请各位专家批评指正。

鲁东大学　陈为雷

2018 年 10 月 1 日